本书获得国家自然科学基金项目（71764009）、江西省高校人文社会科学研究
项目（JJ21104）和重点研究基地项目（JD19021）资助

邹艳芬　黄美娟　陆琳茁 ◎ 著

环境规制

对生态优势区产业升级的驱动效应及其形成机制研究

RESEARCH ON THE DRIVING EFFECT OF ENVIRONMENTAL
REGULATION ON INDUSTRIAL UPGRADING AND ITS
FORMATION MECHANISM IN ECOLOGICAL ADVANTAGE AREAS

经济管理出版社
ECONOMY & MANAGEMENT PUBLISHING HOUSE

图书在版编目（CIP）数据

环境规制对生态优势区产业升级的驱动效应及其形成机制研究/邹艳芬，黄美娟，陆琳苗著 . —北京：经济管理出版社，2023.9

ISBN 978-7-5096-9336-0

Ⅰ.①环⋯　Ⅱ.①邹⋯ ②黄⋯ ③陆⋯　Ⅲ.①环境规划—影响—产业结构升级—研究—江西　Ⅳ.①F127.56

中国国家版本馆 CIP 数据核字（2023）第 189180 号

组稿编辑：杜　菲
责任编辑：杜　菲
责任印制：许　艳
责任校对：张晓燕

出版发行：经济管理出版社
　　　　　（北京市海淀区北蜂窝 8 号中雅大厦 A 座 11 层　100038）
网　　址：www. E-mp. com. cn
电　　话：（010）51915602
印　　刷：唐山昊达印刷有限公司
经　　销：新华书店
开　　本：787mm×1092mm/16
印　　张：13.75
字　　数：301 千字
版　　次：2024 年 1 月第 1 版　　2024 年 1 月第 1 次印刷
书　　号：ISBN 978-7-5096-9336-0
定　　价：88.00 元

前　言

改革开放 40 多年来，中国经济飞速发展，但却付出了沉重的环境代价，经济增长与美好生态环境之间的权衡变得刻不容缓，为解决这一日益尖锐的矛盾，产业升级被社会公认为是最关键的手段之一。本书以江西省 11 个地级市为研究对象，在理论构建的基础上实证分析了环境规制对生态优势区产业升级的影响，并进一步剖析了影响的形成机理，以期为生态优势区的环境规制政策和产业升级政策提供合理建议。

第一，理论基础构建。通过总结国内外相关文献，分别对环境规制和产业升级的概念进行界定，将环境规制分为命令控制型、市场激励型和自愿型三种，同时寻找合适的指标对产业升级的动态特征进行合理刻画。进一步地，从理论方面深入分析环境规制影响产业升级的直接路径和间接路径，其中，间接路径包括消费需求、投资需求、自然资源利用、技术创新、FDI 五条。第二，多重视角分析环境规制对产业升级的驱动效应。分别在政府、行业和企业三个视角下引入政府行为变量（如财政压力、财政权力）、行业特征变量（如产业关联度、产业技术复杂度）和企业特征变量（如企业所有制性质、企业规模），探究其各自在环境规制和产业升级之间的调节效应及异质性等。第三，驱动效应形成机制研究。分别从中观区域、微观企业、规制工具三个方面剖析影响机理，构建符合理论设定的计量经济学模型，并运用SYS-GMM 的估计方法解决模型存在的内生性问题。即运用市级面板数据，从区域层面剖析区域异质性的影响形成机理；运用企业级面板数据，从微观层面剖释环境规制对产业升级的形成机理；运用市级面板数据，对比不同环境规制工具类型对产业升级的影响机理及其路径差异。第四，环境规制对产业升级的空间溢出效应研究。通过建立符合理论设计的空间计量模型，构建经济权重、地理权重和综合权重三种不同的类别进行对比分析；并运用江西省市级面板数据对空间溢出效应进行测算，以检验江西省内部环境规制的空间溢出效应大小；再分别检验三种环境规制政策的溢出效应差异。第五，政策建议。根据环境规制对产业升级的驱动效应和形成机制，分别从政府、行业和企业三个角度提出政策建议。

目　录

第一章
绪论

一、研究背景

改革开放以来，我国经济取得了令人瞩目的成就，然而这背后却隐藏着污染环境的重大危机。我国经济的蓬勃发展正遭受生态状况的制约，而现有的研究表明，产业升级是促进经济社会可持续发展的关键手段之一（Chang，2015），因此，深究环境规制和产业升级间的关联已经刻不容缓。本书的研究从中国国内及江西省内两个视角展开。

（一）国内视角

1. 改革开放铸就工业辉煌

我国经济发展进入"新常态"以来，经济增长速度大幅度下降，如图 1-1 所示，根据国家统计局发布的数据，受新冠肺炎疫情影响，2020 年我国经济增速约为 2.2%，为改革开放后的最低。

改革开放 40 多年来，我国建立了门类齐全的工业体系，成为世界上唯一拥有所有工业门类的国家。如表 1-1 所示，中国工业有 41 个大类、207 个中类、666 个小类，200 多种工业物资总量位居全球第一，是名副其实的全球第一大制造国。随着我国经济的飞速发展，工业行业出现了巨大的变革，尤其是 2008 年全球金融危机以后，政府目标主要是稳增长，推行积极的财政政策，出台被称为"四万亿"的刺激计划，因而许多产品的产量在出口市场转弱的情况下仍然增加，经济得到了结构性调整。我国制造业在持续扩大，工业连续多年保持快速增长[①]。2021 年全国规模以上工业企业增加值同比增长 9.6%，两年平均值达到 6.1%，高于 2019 年新冠肺炎疫

---

① 资料来源：《改革开放 40 年》编写组. 改革开放 40 年［M］. 中国统计出版社，2018.

情前的水平，尤其是制造业增加值同比增加 9.8%，两年平均增加 6.6%，我国工业经济良好，总体保持平稳状态①。

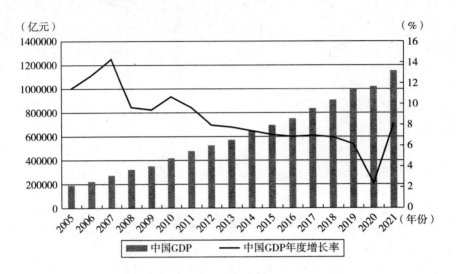

图 1-1　2005~2021 年中国 GDP 及增长趋势

资料来源：国家统计局。

表 1-1　2020 年中国工业产品产量情况

指标	总量	指标	总量
原煤（亿吨）	39.02	钢材（万吨）	132489.18
原油（万吨）	19476.86	精炼铜（万吨）	1002.51
天然气（亿立方米）	1924.95	原铝（电解铝）（万吨）	3708.04
原盐（万吨）	5852.68	氧化铝（万吨）	7313.19
精制使用植物油（万吨）	5476.22	发动机（万千瓦）	262652.03
成品糖（万吨）	1431.30	金属切削机床（万台）	43.89
罐头（万吨）	939.21	矿山专用设备（万吨）	653.60
啤酒（万千升）	3411.11	炼油、化工生产专用设备（万吨）	118.52
卷烟（亿支）	23863.73	大中型拖拉机（万台）	34.52
纱（万吨）	2618.28	铁路客车（辆）	538.00
布（亿米）	459.19	铁路货车（万辆）	4.12
机械纸及纸板（万吨）	12700.63	轿车（万辆）	923.98

---

① 资料来源：中国工业和信息化权威新闻．工信部：2021 年工业经济总体保持恢复发展、信息化发展取得积极进展　实现"十四五"良好开局［EB/OL］．https：//www.cnii.com.cn/yw/202201/t20220120_352425.html.

续表

指标	总量	指标	总量
汽油（万吨）	13171.69	客车（万辆）	44.07
柴油（万吨）	15904.85	载货汽车（万辆）	459.03
焦炭（万吨）	47116.12	摩托车整车（万辆）	2180.25
硫酸（折100%）（万吨）	9238.18	两轮脚踏自行车（万辆）	5541.65
烧碱（折100%）（万吨）	3673.87	发电机组（万千瓦）	13384.46
纯碱（碳酸钠）（万吨）	2812.37	家用电冰箱（万台）	9014.71
乙烯（万吨）	2159.96	房间空气调节器（万台）	21035.25
合成氨（万吨）	5117.13	家用电风扇（万台）	23630.83

资料来源：《中国统计年鉴（2021）》。

从世界各国的经济发展来看，服务业在其国民经济中的占比及发展水平可以直接反映出一个国家的发达程度。然而，我国的服务业却一直滞后于工业的发展。2013 年以前，服务业虽然一直保持着增长的态势，但仍然低于工业增速，即使在我国加入了 WTO 后，因为服务业对外开放迟迟晚于工业，加上服务业的准入门槛较高等，还是难以扭转此局面。自 2013 年以来，我国服务业的年均增速才慢慢赶上工业增速，并逐渐赶超，尤其是党的十八大以来，年均增速最高在 2015 年，突破了50%[1]，2019 年达到 53.9%，2020 年达到 54.5%，2021 年达到 53.3%。服务业的主导地位日趋巩固，已占据国民经济的"半壁江山"[2]。

2. 我国环境问题概况

我国经济快速增长的背后，意味着环境污染的加重，中国在生态环境方面正面临着日益严峻的挑战。本节通过整理 2000 年以来全国的污染数据，主要从水污染、大气污染、固体废物污染三方面分析我国的环境状况，具体内容如下：

（1）水污染。从 2000~2021 年我国废水及废水中化学需氧量（COD）、氨氮排放的具体情况来看（见表 1-2），我国废水排放总量为 12380.88 亿吨，全国平均每年排放量为 589.57 亿吨，如图 1-2 所示，2000~2018 年大致呈现上升趋势且在 2018 年达到峰值 750.00 亿吨，之后整体呈现下降趋势；我国废水中 COD 排放总量在 2000~2010 年保持较平稳的趋势，2011 年大幅度增加直至 2015 年，而 2016~2019 年发生较大转折，总量大幅度降低，2020 年又创历史新高，达到 2564.76 万吨。我国废水中氨氮排放总量与 COD 排放总量的整体趋势较相似，2011~2015 年大幅度增加，2016~2019 年总量达到历史最低，而 2020 年又有所增加。

---

① 资料来源：《改革开放 40 年》编写组. 改革开放 40 年［M］. 中国统计出版社，2018.
② 资料来源：国家统计局政府信息公开. 服务业释放主动力　新动能打造新引擎——党的十八大以来经济社会发展成就系列报告之五［EB/OL］. http：//www.stats.gov.cn/xxgk/jd/sjjd2020/202209/t20220920_1888502.html.

表 1-2　2000~2021 年国内废水及废水中的 COD、氨氮排放情况

年份	废水排放情况		废水中化学需氧量排放情况		废水中氨氮排放情况	
	总量（亿吨）	环比增长率（%）	总量（万吨）	环比增长率（%）	总量（万吨）	环比增长率（%）
2000	415.20	—	1445.00	—		—
2001	432.90	4.26	1404.80	-2.78	125.20	—
2002	439.50	1.52	1366.90	-2.70	128.80	2.88
2003	459.30	4.51	1333.60	-2.44	129.70	0.70
2004	482.41	5.03	1339.18	0.42	133.01	2.55
2005	524.51	8.73	1414.20	5.60	149.78	12.61
2006	514.48	-1.91	1428.20	0.99	141.33	-5.64
2007	556.85	8.24	1381.80	-3.25	132.34	-6.36
2008	571.68	2.66	1320.70	-4.42	126.97	-4.06
2009	589.09	3.04	1277.50	-3.27	120.29	-1.89
2010	617.26	4.78	1238.10	-3.08	120.29	-1.89
2011	659.19	6.79	2499.86	101.91	260.44	116.51
2012	684.76	3.88	2424.00	-3.03	253.59	-2.63
2013	695.44	1.56	2352.70	-2.94	245.66	-3.13
2014	716.18	2.98	2294.60	-2.47	238.53	-2.90
2015	735.32	2.67	2223.50	-3.10	229.91	-3.61
2016	711.10	-3.29	658.10	-70.40	56.80	-75.29
2017	699.66	-1.61	608.97	-7.47	50.87	-10.44
2018	750.00	7.19	584.22	-4.06	49.44	-2.81
2019	554.65	-26.05	567.10	-2.93	46.30	-6.35
2020	571.40	3.02	2564.76	352.26	98.40	112.53
2021	—	—	2530.98	-1.32	86.75	-11.84
总量	12380.88	—	34258.77	—	2924.40	—
均值	589.57	1.9	1557.22	16.26	139.26	5.45

资料来源：历年《中国环境统计年鉴》。

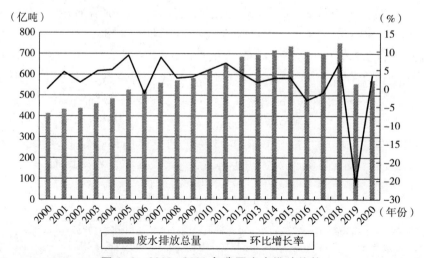

图 1-2　2000~2020 年我国废水排放趋势

此外，据历年《中国环境状况公报》和《中国生态环境状况公报》，自 2014 年以来，我国地下水质较差和极差的比重已超过 60%，且呈现明显的上升趋势，如表 1-3 所示。

表 1-3 2012~2021 年地下水水质状况

年份	优良	良好	较好	较差	极差
2012	11.8	27.3	3.6	40.5	16.8
2013	10.4	26.9	3.1	43.9	15.7
2014	10.8	25.9	1.8	45.4	16.1
2015	9.1	25.0	4.6	42.5	18.8
2016	10.1	25.4	4.4	45.4	14.7
2017	8.8	23.1	1.5	51.8	14.8
2018	1.9	9.0	2.9	70.7	15.5
2019	14.4			66.9	18.8
2020	13.6			68.8	17.6
2021	79.4				20.6

资料来源：由历年《中国生态环境状况公报》和《中国环境状况公报》整理得到。

然而，经过采取严格的环境保护措施，河流水质情况有所好转（见表 1-4），2021 年全国地表水优良（Ⅰ～Ⅲ类）水质断面比例自 2018 年稳定保持在 70% 以上（目标 70%），劣 V 类水质断面比例自 2019 年开始下降到了 5%（目标 5%）以下。

表 1-4 2012~2021 年地表水监测断面水质状况

年份	Ⅰ～Ⅲ类	Ⅳ～Ⅴ类	劣 V 类
2012	68.9	20.9	10.2
2013	71.7	19.3	9.0
2014	63.1	27.7	9.2
2015	64.5	26.7	8.8
2016	67.8	23.7	8.6
2017	67.9	23.6	8.3
2018	71.0	22.3	6.7
2019	74.9	21.7	3.4
2020	83.4	16.0	0.6
2021	84.9	13.9	1.2

资料来源：由历年《中国环境状况公报》和《中国生态环境状况公报》整理得到。

（2）大气污染。我国是耗煤大国，而煤的使用率太低导致较严重的大气污染，其主要污染成分是烟尘、二氧化硫等（邹艳芬和魏晓平，2017）。同时，氮氧化物、颗粒物和一氧化碳等也是大气污染的重要来源。此外，在工业发展过程中，以煤为主的能源消耗排放出大量的工业废气、烟（粉）尘和二氧化硫等，如表1-5所示。

表1-5　2000~2020年我国工业废气排放概况

年份	工业废气排放情况		工业二氧化硫排放情况		工业烟（粉）尘排放情况	
	总量（亿立方米）	环比增长率（%）	总量（万吨）	环比增长率（%）	总量（万吨）	环比增长率（%）
2000	138145	—	1612.51	—	2045.30	—
2001	160863	16.45	1566.00	-2.88	1842.60	-9.91
2002	175257	8.95	1562.00	-0.26	1745.20	-5.29
2003	198906	13.49	1791.60	14.70	1867.30	7.00
2004	237696	19.50	1891.40	5.57	1791.80	-4.04
2005	268988	13.16	2168.40	14.65	1860.10	3.81
2006	330990	23.05	2234.80	3.06	1761.70	-5.29
2007	388169	17.28	2140.00	-4.24	1469.80	-16.57
2008	403866	4.04	1991.40	-6.94	1255.60	-14.57
2009	436064	7.97	1865.90	-6.30	1128.00	-10.16
2010	519168	19.06	1864.40	-0.08	1052.00	-6.74
2011	674509	29.92	2017.20	8.20	1100.90	4.65
2012	635519	-5.78	1911.70	-5.23	1029.30	-6.50
2013	669361	5.33	1835.20	-4.00	1094.60	6.34
2014	694190	3.71	1740.40	-5.17	1456.10	33.03
2015	685190	-1.30	1556.70	-10.56	1232.60	-15.35
2016	698527	1.95	770.5	-50.50	1376.2	11.65
2017	838600	20.05	529.9	-31.23	1076.0	-21.81
2018	852900	1.71	446.7	-15.70	948.9	-11.81
2019	—	—	395.4	-11.48	925.9	-2.42
2020	—	—	253.2	-35.96	400.9	-56.70
总量	9006908	—	32145.31	—	28460.8	—
均值	474047.79	11.03	1530.73	-7.22	1355.28	-6.04

注：自2011年起，我国不再对工业烟尘和工业粉尘排放量数据进行单独统计，调整为统一统计烟（粉）尘，表内2000~2010年的数据由《中国环境统计年鉴》中单项指标加总得到。

资料来源：历年《中国统计年鉴》和《中国环境统计年鉴》。

从图1-3中不难看出，我国工业废气排放总量整体上呈现递增的趋势，2011年的增长率达到历史新高。而我国工业二氧化硫和烟（粉）尘排放总量从总体上呈现明显的下降趋势（见图1-4），分别从2000年的1612.51万吨、2045.30万吨减少至2020年的253.20万吨、400.90万吨，降幅均超80%。

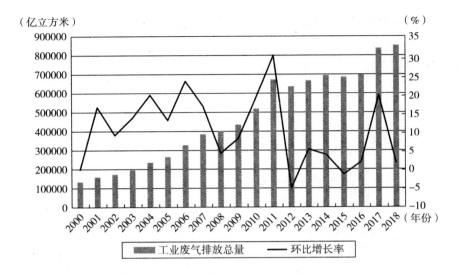

图 1-3　2000~2018 年我国工业废气排放趋势

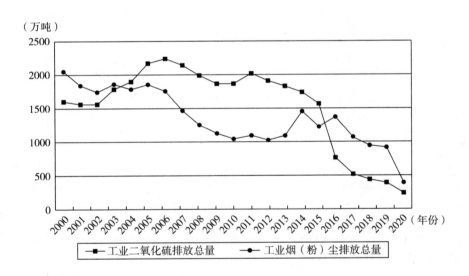

图 1-4　2000~2020 年我国工业二氧化硫、烟（粉）尘排放趋势

（3）固体废物污染。由表 1-6 可知，20 多年（2000~2021 年）来，我国一般工业固体废物产生量、处置量和综合利用量虽然在 2020 年有所下降，但整体上呈现较明显的上升趋势。其中，一般工业固体废物产生量由 2000 年的 81607.70 万吨增长到 2021 年的 397005.71 万吨，增加了约 3.86 倍，并在 2019 年达到 440809.70 万吨，突破了历史最高纪录。一般工业固体废物处置量由 2000 年的 9151.50 万吨提升到 2021 年的 88875.88 万吨，增加了约 8.71 倍。一般工业固体废物综合利用量则从 2000 年的 37451.21 万吨提高到 2021 年的 226659.48 万吨，增加了约 5.05 倍。

表 1-6 2000~2021 年我国一般工业固体废物产生量、处置量和综合利用量情况

单位：万吨

年份	一般工业固体废物产生量	一般工业固体废物处置量	一般工业固体废物综合利用量
2000	81607.70	9151.50	37451.21
2001	88840.00	14491.00	47290.00
2002	94509.00	16618.00	50061.00
2003	100428.00	17751.00	56040.00
2004	120030.00	26635.00	67796.00
2005	134449.00	31259.00	76993.00
2006	151541.00	42883.00	92601.00
2007	175631.60	41350.02	110311.46
2008	190127.00	48291.00	123482.00
2009	203943.41	47487.75	138185.82
2010	240943.50	57263.80	161772.00
2011	322772.34	70465.34	195214.62
2012	329044.26	70744.82	202461.92
2013	327701.94	82969.49	205916.33
2014	325620.02	80387.54	204330.25
2015	327078.66	73033.95	198807.43
2016	371237.00	85232.00	210995.00
2017	386750.53	94315.52	206158.56
2018	407799.00	103283.40	216860.00
2019	440809.70	110358.70	232079.00
2020	367545.96	91748.52	203797.60
2021	397005.71	88875.88	226659.48

资料来源：历年《中国统计年鉴》和《中国环境统计年鉴》。

具体而言，如图 1-5 所示，我国一般工业固体废物产生量的增长速度要高于一般工业固体废物综合利用量的增长速度，也高于一般工业固体废物处置量的增长速度，说明我国工业固体废物综合利用工作取得了较大的进展，但利用水平仍有待进一步提升。

3. 我国环境规制与产业结构概况

（1）环境规制的现状。一直以来，党中央、国务院高度重视环境污染问题，不断优化我国生态环境信访投诉举报管理平台和生态环境污染治理投资，具体情况如下：

1）环境信访情况。如图 1-6 所示，2000~2021 年，我国因环境污染接到群众的来信投诉数（环境信访数）从总体上大致经历了由快速增长到保持较高水平的过程，

直至 2015 年最高达 1760314 件，之后的环境信访数大幅度减少。

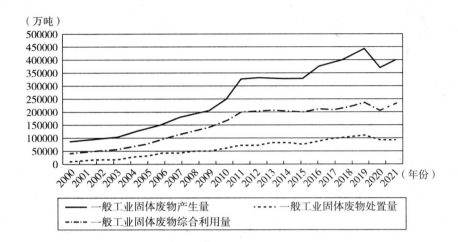

图 1-5 2000~2021 年我国一般工业固体废物产生量、处置量和综合利用量的变化趋势

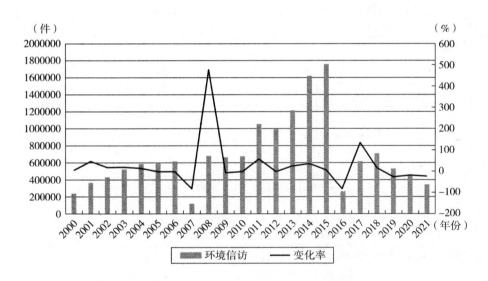

图 1-6 2000~2021 年我国环境信访情况

资料来源：历年《中国生态环境统计年报》，https：//www.mee.gov.cn/hjzl/sthjzk/sthjtjnb/。

2020 年的《中国生态环境统计年报》显示，2020 年，我国各地通过生态环境信访投诉举报管理平台的微信举报 204483 件，电话举报 231297 件，网络举报 33327 件，人大建议 4268 件，政协提案 5132 件。

2）环境污染治理投资情况。我国环境污染治理投资主要包括三部分，即老工业污染源治理投资、城市环境基础设施建设投资和建设项目竣工验收环保投资。如表 1-7 所示，我国环境污染治理投资总额从 2000 年的 1014.9 亿元提高到 2020 年的 10638.9 亿元，增加了约 9.48 倍。

表 1-7 2000~2020 年我国生态环境污染治理投资情况

年份	环境污染治理投资总额（亿元）	环境污染治理投资总额占 GDP 比重（%）	老工业污染源治理投资（亿元）	城市环境基础设施建设投资（亿元）	建设项目竣工验收环保投资（亿元）
2000	1014.9	1.02	234.79	561.3	260.0
2001	1106.6	1.01	174.50	655.8	336.4
2002	1367.2	1.14	188.40	878.4	389.7
2003	1627.7	1.20	221.80	1194.8	333.5
2004	1909.8	1.19	308.10	1288.9	460.5
2005	2388.0	1.30	458.20	1466.9	640.1
2006	2566.0	1.22	483.90	1528.4	767.2
2007	3387.3	1.36	552.40	1749.0	1367.4
2008	4937.0	1.57	542.60	2247.7	2146.7
2009	5258.4	1.54	442.62	3245.1	1570.7
2010	7612.2	1.86	396.98	4240.3	2033.0
2011	7114.0	1.45	444.36	4557.2	2112.4
2012	8253.5	1.53	500.46	5235.2	2690.4
2013	9037.2	1.52	849.66	5223.0	2964.5
2014	9575.5	1.49	997.65	5463.9	3113.9
2015	8806.3	1.28	773.68	4946.8	3085.8
2016	9219.8	1.24	819.00	5412.0	2988.8
2017	9539.0	1.16	681.53	6085.7	2771.7
2018	8987.6	1.00	621.27	5893.2	2397.0
2019	9151.9	0.90	615.15	5786.7	2750.1
2020	10638.9	1.00	454.26	6842.2	3342.5

资料来源：历年《中国生态环境统计年报》，https://www.mee.gov.cn/hjzl/sthjzk/sthjtjnb/。

实际上，如图 1-7 所示，2000~2020 年，我国环境污染治理投资总额稳中有升。城市环境基础设施建设投资为其中最主要的投资领域，占环境污染治理投资总额的比重平均为 60.4%，且呈现逐年递增的态势；而老工业污染源治理投资是其中最少的投资领域，占环境污染治理投资总额的比重平均为 11.3%，且相对来说，呈现递减的趋势；建设项目竣工验收环保投资整体上呈上升趋势，占环境污染治理投资总额的比重平均为 30.4%。

此外，如图 1-8 所示，2000~2020 年，我国环境污染治理投资总额占 GDP 比重总体上呈现先增后降的趋势，环境污染治理投资总额占 GDP 比重最高为 2010 年的 1.86%，最低为 2019 年的 0.90%，其占 GDP 比重的均值为 1.38%。

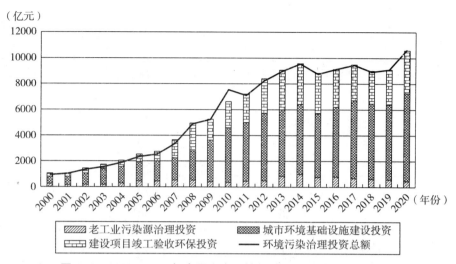

图 1-7 2000~2020 年我国生态环境污染治理投资的变化趋势

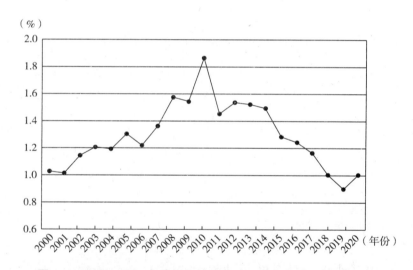

图 1-8 2000~2020 年我国环境污染治理投资总额占 GDP 比重

事实上，工业源是环境污染治理的重要抓手，而工业源污染治理投资是我国改善生态环境的关键举措。工业污染治理投资主要包括治理废水、废气、固体废物、噪声和其他投资。由表 1-8 不难得知，我国工业污染治理投资主要用于治理废气和治理废水两个方面，其中，2000~2021 年，平均用于治理废气的投资占工业污染治理完成投资总额的 54%，平均用于治理废水的投资占工业污染治理完成投资总额的 26%。

表 1-8 我国工业污染治理投资及其构成情况 单位：亿元

年份	工业污染治理完成投资	治理废水	治理废气	治理固体废物	治理噪声	治理其他
2000	234.79	109.59	90.92	11.47	1.37	21.44

续表

年份	工业污染治理完成投资	治理废水	治理废气	治理固体废物	治理噪声	治理其他
2001	174.50	72.90	65.80	18.70	0.60	16.50
2002	188.40	71.50	69.80	16.10	1.00	29.90
2003	221.80	87.40	92.10	16.20	1.00	25.10
2004	308.10	105.60	142.80	22.60	1.30	35.70
2005	458.20	133.70	213.00	27.40	3.10	81.00
2006	483.90	151.10	233.30	18.30	3.00	78.30
2007	552.40	196.10	275.30	18.30	1.80	60.70
2008	542.60	194.60	265.70	19.70	2.80	59.80
2009	442.62	149.46	232.46	21.85	1.41	37.43
2010	396.98	129.55	188.19	14.27	1.42	62.00
2011	444.36	157.75	211.68	31.39	2.16	41.38
2012	500.46	140.34	257.71	24.75	1.16	76.49
2013	849.66	124.88	640.91	14.05	1.76	68.06
2014	997.65	115.25	789.39	15.05	1.10	76.86
2015	773.68	118.41	521.81	16.15	2.79	114.53
2016	819.00	108.24	561.47	46.67	0.62	102.00
2017	681.53	76.38	446.26	12.74	1.29	144.87
2018	621.27	64.01	393.11	18.42	1.52	144.21
2019	615.15	69.90	367.70	17.07	1.42	159.06
2020	454.26	57.39	242.37	17.31	0.74	136.45
2021	335.24	36.12	222.10	3.66	0.54	72.81

资料来源：历年《中国统计年鉴》。

进一步地，由图1-9不难看出，2000~2021年，废气治理项目投资的变化趋势与工业污染治理完成投资的变化趋势非常相似，呈现先增再降的趋势，且皆在2014年达到历史最高，分别为997.65亿元和789.39亿元。而相对而言，废水治理项目投资整体上逐年下降，固体废物和噪声治理项目投资基本保持较平稳的状况，其他治理项目投资总体上逐年有所提升。

（2）产业结构的现状。在20多年的发展过程中，我国的产业结构一直在不断优化，如表1-9所示。2021年，我国GDP为1143670.00亿元，比上年提高了12.8%。分产业看，如图1-10所示，第三产业增加值的增速最快。其中，2021年，我国第一产业增加值为83085.52亿元，比上年提高了6.48%，两年平均增长8.6%；第二产业增加值为450904.50亿元，比上年提高了17.56%，两年平均增长8.82%；第三产业增加值为609679.70亿元，比上年提高了10.45%，两年平均增长5.24%。如图1-11所示，三次产业比重变化的规律大致为：第一产业的占比呈现递减的趋势；

第二产业的占比从整体上看有所下降，但相对较为平稳；第三产业的占比呈现递增的趋势。其中，2021 年我国第一产业增加值占 GDP 比重为 7.26%；第二产业增加值占 GDP 比重为 39.43%；第三产业增加值占 GDP 比重为 53.31%。

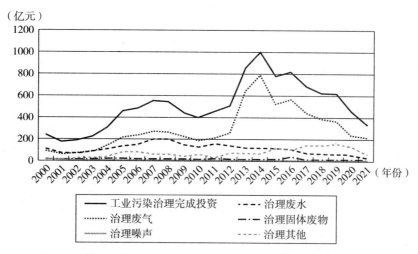

图 1-9　2000~2021 年我国工业污染治理投资的构成及变化趋势

表 1-9　2000~2021 年我国 GDP 及三次产业增加值情况

年份	GDP（亿元）	第一产业增加值（亿元）	第二产业增加值（亿元）	第三产业增加值（亿元）	第一产业增加值占 GDP 比重（%）	第二产业增加值占 GDP 比重（%）	第三产业增加值占 GDP 比重（%）
2000	100280.10	14717.36	45663.67	39899.12	14.68	45.54	39.79
2001	110863.10	15502.50	49659.38	45701.25	13.98	44.79	41.22
2002	121717.40	16190.23	54104.09	51423.11	13.30	44.45	42.25
2003	137422.00	16970.25	62695.76	57756.03	12.35	45.62	42.03
2004	161840.20	20904.32	74284.98	66650.86	12.92	45.90	41.18
2005	187318.90	21806.72	88082.18	77430.00	11.64	47.02	41.34
2006	219438.50	23317.01	104359.20	91762.24	10.63	47.56	41.82
2007	270092.30	27674.11	126630.50	115787.70	10.25	46.88	42.87
2008	319244.60	32464.14	149952.90	136827.50	10.17	46.97	42.86
2009	348517.70	33583.82	160168.80	154765.10	9.64	45.96	44.41
2010	412119.30	38430.85	191626.50	182061.90	9.33	46.50	44.18
2011	487940.20	44781.46	227035.10	216123.60	9.18	46.53	44.29
2012	538580.00	49084.64	244639.10	244856.30	9.11	45.42	45.46
2013	592963.20	53028.07	261951.60	277983.50	8.94	44.18	46.88
2014	643563.10	55626.32	277282.80	310654.00	8.64	43.09	48.27
2015	688858.20	57774.64	281338.90	349744.70	8.39	40.84	50.77

续表

年份	GDP（亿元）	第一产业增加值（亿元）	第二产业增加值（亿元）	第三产业增加值（亿元）	第一产业增加值占GDP比重（%）	第二产业增加值占GDP比重（%）	第三产业增加值占GDP比重（%）
2016	746395.10	60139.20	295427.80	390828.10	8.06	39.58	52.36
2017	832036.00	62099.54	331580.50	438356.00	7.46	39.85	52.68
2018	919281.10	64745.16	364835.20	489700.80	7.04	39.69	53.27
2019	986515.20	70473.59	380670.60	535371.00	7.14	38.59	54.27
2020	1013567.00	78030.90	383562.40	551973.80	7.70	37.84	54.46
2021	1143670.00	83085.52	450904.50	609679.70	7.26	39.43	53.31

资料来源：历年《中国环境统计年鉴》。

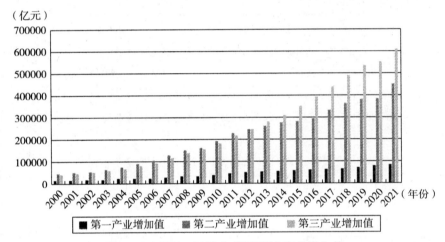

图1-10　2000~2021年我国三次产业增加值

资料来源：历年《中国环境统计年鉴》。

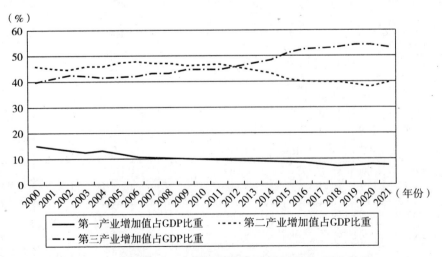

图1-11　2000~2021年我国三次产业增加值占GDP比重

资料来源：历年《中国环境统计年鉴》。

分行业看，如图 1-12 所示，20 多年来，我国工业增加值占 GDP 的比重大体上有所下降，但在各行业增加值占 GDP 比重中最高；相对而言，住宿和餐饮业增加值占 GDP 比重以及交通运输、仓储和邮政业增加值占 GDP 比重比较平稳；农、林、牧、渔业增加值占 GDP 比重呈现下降的趋势；而其他行业（如建筑业、金融业、房地产业、批发和零售业）增加值占 GDP 比重有所上升。

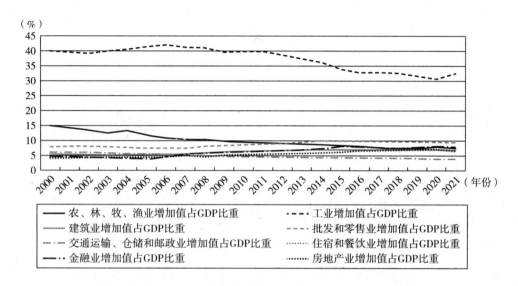

图 1-12   2000~2021 年我国各行业增加值占 GDP 比重

资料来源：历年《中国环境统计年鉴》。

不难看出，我国三次产业结构由 2000 年的 14.68：45.54：39.79 调整为 2021 年的 7.26：39.43：53.31，可见我国产业结构转型升级的成效较为显著，但相较于发达国家①仍有较大的优化空间。

（二）江西省内视角

1. 环境问题概况

江西地处我国东南部，长江中下游南岸，面积 16.69 万平方千米，2021 年常住人口约 4500 万，辖 11 个设区市（南昌、九江、景德镇、萍乡、新余、鹰潭、赣州、宜春、上饶、吉安、抚州）。江西作为长江三角洲、珠江三角洲、闽南三角洲地区的腹地，党中央加大贸易、运输基础设施的投入和建设，各种政策（如三年免税措施）扶持使得江西的经济迅速发展。但随着江西省经济社会高速发展的却是日益严重的环境问题，工业"三废"（工业废水、废气、废物等）污染物的大肆排放导致了严重的自然环境污染问题，在极大程度上危害了人们的生活质量，更妨碍了国民经济、

---

① 据世界银行统计，发达国家的第三产业增加值占 GDP 的比重一般在 60% 以上。

社会的可持续发展。本部分通过整理 2003~2020 年江西省的污染数据，从水污染、大气污染、固体废物污染三方面剖析该省状况。

（1）水污染现状。从江西省 2003~2020 年工业废水排放量的具体数值来看（见表 1-10），工业废水排放总量为 1089813 万吨，全省平均每年排放量为 60545 万吨。如图 1-13 所示，2003~2016 年有波动但整体呈现上升的趋势且 2016 年达到峰值 85527 万吨，2016 年之后整体呈现下降趋势。

表 1-10　江西省 2003~2020 年工业废水排放情况

年份	工业废水排放量（万吨）	变化量（万吨）	变化率（%）	年份	工业废水排放量（万吨）	变化量（万吨）	变化率（%）
2003	50206	—	—	2012	67871	−3325	−5
2004	55091	4885	10	2013	68230	359	1
2005	54190	−901	−2	2014	64856	−3375	−5
2006	64112	9922	18	2015	76412	11557	18
2007	71410	7298	11	2016	85527	9114	12
2008	68681	−2729	−4	2017	41207	−44320	−52
2009	67192	−1488	−2	2018	39557	−1650	−4
2010	72526	5333	8	2019	35061	−4496	−11
2011	71196	−1330	−2	2020	36488	1427	4
总量	1089813	—	—	均值	60545	—	—

资料来源：根据历年《江西统计年鉴》整理。

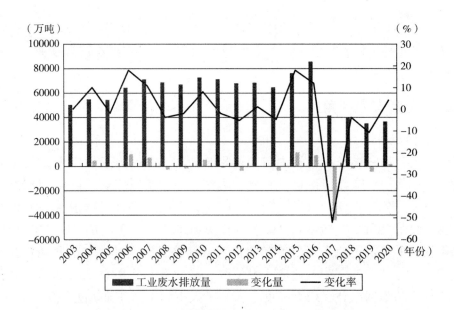

图 1-13　江西省 2003~2020 年工业废水排放量情况

资料来源：根据历年《江西统计年鉴》整理。

（2）大气污染现状。随着各方长时间的努力，江西省的大气污染状况得到了明显改善。从环境空气质量角度来看，2020 年，江西省设区市空气细颗粒物（PM2.5）平均浓度为 30 微克/立方米，比上年下降了 5 微克/立方米；二氧化硫（SO_2）平均浓度为 13 微克/立方米，与上年持平；二氧化氮（NO_2）平均 22 微克/立方米，比上年约下降了 2 微克/立方米；可吸入颗粒物（PM10）平均浓度为 51 微克/立方米，比上年下降了 8 微克/立方米；一氧化碳（CO）平均浓度为 1.2 毫克/立方米，比上年下降了 0.2 毫克/立方米；臭氧平均浓度为 138 微克/立方米，比上年下降了 13 微克/立方米。11 个设区市优质（达标）天数比平均为 94.7%（见图 1-14），比上年上升 5.0 个百分点，其中最主要的污染物仍然是臭氧（O_3）和细颗粒物（PM2.5）。

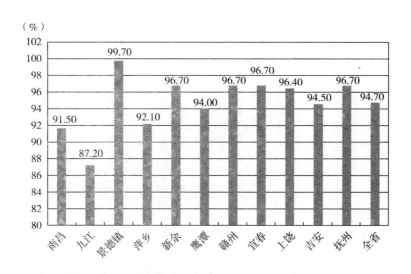

图 1-14 2020 年江西省及设区市环境空气质量优良天数比例

资料来源：《2020 年江西省生态环境状况公告》。

总体来说，按照《环境空气质量标准》（GB3095-2012）二级标准进行评价，2020 年江西省 6 项空气质量指标（NO_2、SO_2、CO、O_3 8 小时浓度、PM10、PM2.5）全面达到二级标准，在中部地区率先实现省级空气质量达标，实现历史性突破。但二氧化硫和工业烟（粉）尘的排放量依然是大气环境产生污染的主要来源（见表 1-11 和图 1-15）。

表 1-11 江西省 2003~2020 年二氧化硫和工业烟（粉）尘排放量 单位：吨

年份	二氧化硫排放量	工业烟（粉）尘排放量	年份	二氧化硫排放量	工业烟（粉）尘排放量
2003	437241	333000	2006	634000	348000
2004	519000	354000	2007	621000	330000
2005	613000	350000	2008	583000	299000

续表

年份	二氧化硫排放量	工业烟（粉）尘排放量	年份	二氧化硫排放量	工业烟（粉）尘排放量
2009	583000	263000	2015	528065	480600
2010	557000	224000	2016	276900	333100
2011	584061	396000	2017	215500	279500
2012	567687	357400	2018	231100	408400
2013	557704	356300	2019	210700	368000
2014	534415	462300	2020	86400	110900

资料来源：根据历年《江西统计年鉴》整理。

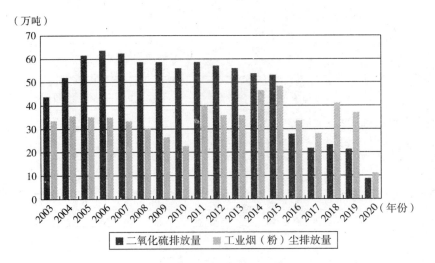

图 1-15 江西省 2003~2020 年二氧化硫和工业烟（粉）尘排放量情况

资料来源：根据历年《江西统计年鉴》整理。

（3）固体废物污染现状。表 1-12 收集了江西省 2003~2020 年工业固体废物排放量的数据，排放趋势如图 1-16 所示。不难看出，江西省工业固体废物的排放量虽然有一定的波动，但总体呈现增长的态势，分别在 2004 年、2009 年和 2016 年达到排放量的极大值。

表 1-12 江西省 2003~2020 年工业固体废物排放量　　　　　　单位：吨

年份	工业固体废物排放量	年份	工业固体废物排放量
2003	95500	2008	123100
2004	117300	2009	139900
2005	102800	2010	132300
2006	83000	2011	113720
2007	82400	2012	111340

续表

年份	工业固体废物排放量	年份	工业固体废物排放量
2013	115180	2017	123410
2014	108210	2018	116650
2015	107770	2019	—
2016	126650	2020	—

注：由于第二次全国污染源普查数据对 2020 年和 2021 年《江西统计年鉴》进行调整，调整数据未最终确定，故 2019 年和 2020 年的工业固体废物排放量数据暂缺。

资料来源：根据历年《江西统计年鉴》整理。

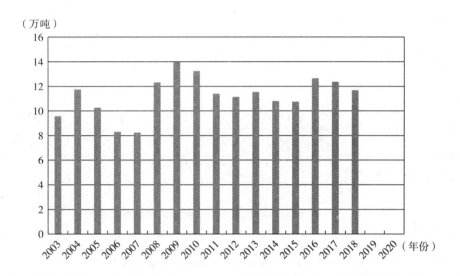

图 1-16　江西省 2003~2020 年工业固体废物排放量情况

资料来源：根据历年《江西统计年鉴》整理。

2. 环境规制的概况

伴随着环境污染的压力，江西省政府制定了许多与环保有关的规章制度和法律法规，同时不断加大环境规制的力度（邹艳芬等，2021），投资兴建了许多环境污染整治的项目，2018 年江西省环境污染治理投资总额 357.11 亿元，比 2012 年增长 55.3%。江西省污染治理设施运行费用 75.4 亿元，比 2012 年增长 42.4%，工业废气治理设施运行费用 52 亿元，增长 56.3%；废水治理设施运行费用 23.40 亿元，增长 47.6%。工业源污染治理得到高度关注，如表 1-13 和图 1-17 所示，江西省工业污染治理完成投资总额整体呈现较明显的递增趋势。

另外，追溯到 1981 年，江西省就出台了首部环境资源保护的地方性规章制度《江西省矿产资源保护暂行办法》。截止到 2021 年底，江西省的相关环境资源法律建设没有缺位，先后颁布和修改了将近 200 项/件有关环境资源保障的法规（见表 1-14）。

表1-13　江西省2003~2020年工业污染治理完成投资总额　　　单位：亿元

年份	工业污染治理完成投资总额	年份	工业污染治理完成投资总额
2003	—	2012	3.95
2004	5.95	2013	15.52
2005	7.23	2014	12.35
2006	6.86	2015	14.78
2007	8.27	2016	10.45
2008	5.07	2017	10.64
2009	3.95	2018	—
2010	6.38	2019	20.12
2011	6.62	2020	9.3

资料来源：根据历年《江西统计年鉴》和《江西省环境统计年报》数据整理。

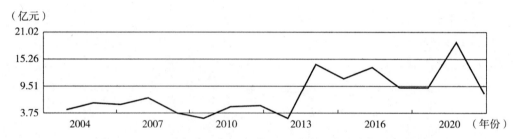

图1-17　江西省2003~2020年工业污染治理完成投资趋势

资料来源：根据历年《江西统计年鉴》和《江西省环境统计年报》整理。

表1-14　江西省环境规制相关政策文件

年份	相关文件
2003	提出了《江西省省级自然保护区评审标准》，发出《关于申报省级自然保护区有关问题的通知》，颁布《关于加强东江源区生态环境保护和建设的决定》，颁布《江西省排污费收缴使用管理办法》和《江西省环保部门收支两条线管理后经费安排实施办法》，颁布《江西省环境保护行政执法文书规范》、《江西省环保申请人民法院强制执行程序规则（试行）》、《关于对涉嫌环境犯罪案件移送工作的指导性意见（试行）》等
2004	颁布了《江西省排放水污染物许可证实施方案》，制定《南昌市高污染燃料禁燃区管理办法》，通过《关于加强生活饮用水水源污染防治确保生活饮用水安全的决议》，完成《江西省环境保护监督管理条例》，出台《江西省环境保护局行政执行公示制度》、《江西省环境保护局规范性文件制定和备案规定》等规章制度，完善《江西省环境保护局实施行政执法责任制办法》，制定《江西省环保系统推进依法行政实施规则（试行）》等
2005	制定《江西省生活饮用水水源污染防治实施办法》，负责《江西省危险废物污染环境防治办法》的草拟管理工作，编写《江西省突发环境事件应急预案》，制定《江西省环保系统依法行政考评办法》，建立了对各设区市行政管理执法检查情况在江西环保网及《江西环保信息》的公布制度
2006	出台了《江西环保局污染防治监管、监察、监测联动工作规则》，修订充实《江西省环保局行政执法责任制评议办法》、《江西省环保局实施行政执法责任制办法》，发布《江西省环保局行政执法依据目录》，颁布了《江西省生活饮用水水源污染防治办法》，发布《江西省人民政府关于全面落实科学发展观加强环境保护的若干意见》，《江西省危险废物污染防治办法》、《江西省污染源自动监控管理条例》和《江西省环境污染事故行政责任追究办法》已纳入市政府2007年的立法工作规划

年份	相关文件
2007	制定了《江西省环境污染事件行政责任追究办法》、《江西省污染源自动监控管理条例》、《江西省环境污染防治条例》，调研并修订了《江西省危险废物污染环境防治办法》，制定《江西省环保系统行使行政处罚自由裁量权规制（试行）》
2008	调研、制定并通过了《江西省环境污染防治条例》，制定并印发了《江西省环境保护行政处罚自由裁量权细化标准（试行）》，对常用的25部环保法律法规和管理条例所涉及的共104条法则细化为465项具体处罚标准
2009	研究、修订和审定《江西省五河源头和鄱阳湖生态环境保护条例》，《江西省环境污染事件行政责任追究办法》、《江西省污染自动监控管理条例》和《江西省危险废物污染环境防治办法》列入市政府当年立法计划作为调研论证项目
2010	修改了《江西省建设项目环境保护条例》，并起草了《环境保护部、江西省人民政府共同推进鄱阳湖生态经济区建设合作框架协议》，新出台了《放射性物品运输安全管理条例》，并为修改后的《江西省环境污染防治条例》涉及的行政处罚制定了自由裁量权细化标准，开展了《行政执法证》和《行政执法监督证》的重新核发工作
2011	承担了《鄱阳湖生态经济区环境保护条例》起草、调研、修改及审议工作，完成了《江西省生活饮用水水源污染防治办法》起草工作，《江西省环境污染事件行政责任追究办法》、《江西省危险废物污染环境防治办法》和《江西省污染源自动监控管理条例》等列入市政府当年立法计划作为调研论证项目
2012	承担了《鄱阳湖生态经济区环境保护条例》和《江西省生活饮用水水源污染防治办法》的调研、修订和审议工作，申报了《江西省危险废物污染环境防治办法》、《江西省环境污染事件行政责任追究办法》、《江西省辐射环境管理办法》三项立法项目，制定了《放射性同位素与射线装置安全和防护管理办法》、《危险化学品安全管理条例》、《固体废物进口管理办法》和《放射性废物安全管理条例》行政处罚自由裁量权细化标准
2013	提交了《江西省环境污染防治条例》（修订）、《江西省机动车排气污染防治条例》两项地方性法规立法项目建议表，开展了《江西省机动车排气污染防治条例》起草、调研、修订工作，通过了《江西省机动车排气污染防治条例》
2014	制定了《落实大气污染防治行动计划实施细则重点工作部门分工方案》，出台了《江西省环境保护厅辐射事故应急预案》，督导11个设区市完成辐射事故应急预案编制（修订）管理工作，印发了《江西省生物多样性保护战略与行动计划（2013—2030年）》
2015	印发了《江西省环境保护厅关于做好新〈大气污染防治法〉学习宣传贯彻工作的通知》和《关于加强环境行政执法与刑事司法衔接配合工作的实施意见》，制定了《江西省举报环境违法行为有功人员奖励办法》，推动环境法治建设的不断进步
2016	开展了《江西省大气污染防治条例》的草拟、研究、论证和修订工作，制定印发了《江西省党政领导干部生态环境损害责任追究实施细则（试行）》，出台了《大气污染防治法行政处罚自由裁量权细化标准》，进一步健全环境保护行政裁量权基准
2017	制定并公开颁布了《农作物秸秆露天禁烧和综合利用的决定》，制定并出台了《江西省党政领导干部生态环境损害责任追究办法实施细则》，印发了新修订的《江西省环境保护行政处罚自由裁量权细化标准》
2018	推进了《江西省土壤污染防治条例》的立法进程，开展了《江西省生态环境损害赔偿制度改革实施方案》起草修改工作，印发了《江西省生态环境损害赔偿制度改革实施方案》
2019	发布实施了江西省推荐性地方环境标准《污染地块风险管控与土壤修复效果评估技术指南》，立项了《钨冶炼固体废物处理处置污染防治可行技术指南》等9项地方环境标准草案等，制定了《江西省农村生活污水处理设施水污染排放标准》等9项地方标准

年份	相关文件
2020	出台了《江西省土壤污染防治条例》，立项了《江西省赣江流域水生态环境保护条例》，开展了《江西省环境污染防治条例》修订的前期调研论证工作，发布实施了两项推荐性地方环境标准和一项强制性地方标准（《建设用地土壤污染风险管控标准（试行）》）等
2021	调研并起草了《江西省赣江流域水生态环境保护条例》和《江西省生态环境保护条例》，修订调研了《江西省环境污染防治条例》，申报将《江西省非道路移动机械排气污染防治条例》、《江西省赣江流域生态环境保护条例》和《江西省生态环境保护条例》列入市政府 2022 年立法计划，印发了《江西省排污权交易规则（试行）》等

资料来源：根据历年《江西省环境状况公报》汇总。

此外，江西省率先出台了《江西省生态环境保护督察工作实施办法》，形成了较完备的生态环境保护监察体系。2021 年江西省生态环境厅就加强全省环境监测、监管能力建设，投入了资金 20786 万元。其中，水污染防治支出资金 1098 万元；大气污染防治支出资金 1139 万元；固体废物与化学品污染防治支出资金 245 万元；核与辐射安全环境保护支出资金 352 万元；应对气候变化支出资金 344 万元；环境执法监察支出资金 322 万元；环境监测支出 10591 万元；科技方面支出 2523 万元；其他环保支出资金 4172 万元。2021 年，江西省还出台了《土壤污染防治法》、《固体废物污染环境防治法》自由裁量权标准等，推动了生态文明制度和依法治省落地见效。2021 年，资溪县被生态环境部命名为第五批"绿水青山就是金山银山"实践创新基地；共青城市、石城县、吉安县、广昌县被命名为国家生态文明建设示范区。

3. 产业结构升级的概况

2021 年，江西省全省 GDP 为 29619.7 亿元，按可比价核算，较上年提高了约 8.8%，超过全国平均约 0.7 个百分点，GDP 总量排名第 15 位，处于全国中游水平，而 GDP 增长速度居全国第 4（排在湖北、海南、山西之后）、中部第 3（排在湖北、山西之后）。如图 1-18 所示，虽然江西省的年经济增长率保持着良好的态势，但同样存在着环境及产业结构不合理的问题。

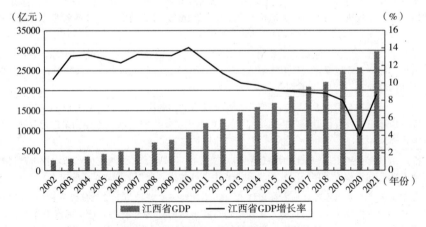

图 1-18 2002~2021 年江西省 GDP 趋势

资料来源：江西省统计局。

在近 20 年的发展过程中，江西省的产业结构一直处于不断变化中，如表 1-15
和图 1-19 所示。从产业结构的角度看，2021 年江西省地区，第一产业增加值为
2334.3 亿元，比上年提高了 7.3%，两年平均增长 4.8%；第二产业增加值为
13183.2 亿元，比上年提高了 8.2%，两年平均增长 6.1%；第三产业增加值为
14102.2 亿元，比上年提高了 9.5%，两年平均增长 6.6%。三次产业结构为 7.9：
44.5：47.6，三次产业对 GDP 增长的贡献率分别为 7.3%、40.4% 和 52.3%。这表
明第二产业的贡献比例仍高于第三产业，相比于发达国家第三产业增加值的贡献比
例为 60%~70% 来说，江西省第三产业发展相对滞后，产业结构仍然有较大优化空
间。环境规制如何在有效保护自然生态环境的同时推动地方产业结构的转型升级，
这一问题的研究将有利于更深入一步地认识环境规制与产业结构之间的关联，对江
西省的自然生态保护和产业结构优化升级有着重大的理论和实践意义。

表 1-15　2002~2021 年江西省产业结构情况

年份	生产总值（亿元）	第一产业占比（%）	第二产业占比（%）	第三产业占比（%）
2002	2450.48	21.9	38.4	39.7
2003	2812.70	19.5	42.8	37.6
2004	3398.06	19.6	44.3	36.1
2005	4056.76	17.9	47.3	34.8
2006	4670.53	16.3	50.2	33.5
2007	5500.25	15.6	51.3	33.1
2008	6971.05	15.2	51.0	33.8
2009	7655.18	14.4	51.2	34.4
2010	9451.26	12.8	54.2	33.0
2011	11702.82	11.9	54.6	33.5
2012	12948.88	11.8	53.6	34.6
2013	14410.19	11.4	53.5	35.1
2014	15714.63	10.7	52.5	36.8
2015	16723.80	10.6	50.8	38.6
2016	18364.40	10.3	47.7	42.0
2017	20818.50	9.4	47.9	42.7
2018	21984.78	8.6	46.6	44.8
2019	24757.50	8.3	44.2	47.5
2020	25691.50	8.7	43.2	48.1
2021	29619.70	7.9	44.5	47.6

资料来源：根据历年《江西统计年鉴》整理。

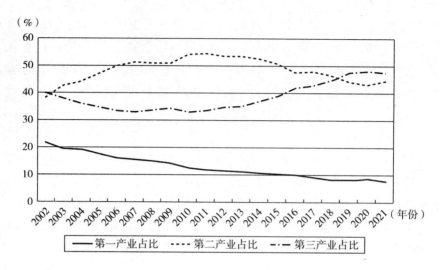

图 1-19 2002~2021 年江西省产业结构变化趋势

资料来源：江西省统计局。

通过对江西环境规制与产业结构升级的变化与状况的剖析可以看出，江西的环境规制正在不断完善，政府一直以来注重并不断完善环境规制的相关法律法规。从江西省各种污染数据及工业污染治理完成投资情况可以看出，江西省重视环保，污染防治攻坚战成效可见。从江西省产业结构整体来说，虽然产业结构优化升级已经获得了一定的进步，但总体仍存在第三产业发展相对滞后，产业结构有较大优化空间的问题。作为江西这样的生态优势区来说，一方面要发展经济，另一方面要全面贯彻落实习近平生态文明思想，究竟环境规制是否会对生态优势区的产业升级产生影响？如果会，又会产生何种影响？这些都是值得深入探讨的话题。

二、研究意义

已有研究表明，环境规制会影响产业集中度和企业的行为决策，进而影响产业结构。研究环境规制对产业升级的驱动效应及其形成机制能够为缓解资源环境和经济三者矛盾提供一种新的思路。值得深入思考的是，江西省的环境规制是否能够在保护生态环境的同时促进各地级市的产业结构的优化升级，这一问题的研究有助于更深一步地了解环境规制与产业结构之间的关系，对于江西省的生态环境保护与产业结构升级具有重要的学术与应用价值。

（一）学术价值

已有文献多考虑环境规制对地区产业转移、企业技术创新、地区经济发展等经济变量的影响，对环境规制和产业升级相关研究较为缺乏，本书从相关理论出发，首先从政府权力特征、行业特征和企业行为选择等多重视角出发，着重分析政府、行业、企业三者的一些特征在环境规制对产业升级中的影响效应。其次，分析环境规制对产业升级的直接影响和间接影响，探索环境规制对产业升级的驱动效应，进一步地，综合考虑多方面的因素系统梳理环境规制对产业升级的影响路径，尝试揭示环境规制对产业升级的驱动效应及其形成机制。最后，讨论了环境规制对产业升级的空间溢出效应以及规制类型的空间异质性等，以期丰富相关研究领域的内涵。

（二）应用价值

当前，我国经济发展已步入新常态。经济增长速度减慢使产业结构的调整与升级进入了阵痛期，也为改变资源环境日趋恶劣的发展形势带来了全新契机。江西省虽然生态环境质量排在全国前列，属于生态优势区，但经济发展却有些欠缺，产业结构主要以第二产业为主，本书旨在通过环境规制政策这双"有形的手"实现江西省环境保护与经济发展之间的均衡，通过考察江西省环境规制实施状况和目标以及江西省内各产业特征，根据省情为环境规制政策和产业升级政策提供合理建议。此外，产业升级并不是一蹴而就的，它具有内在的演化逻辑和形成机制，研究环境规制对产业升级的驱动效应和形成机制对江西省产业长远的绿色发展有直接的现实意义。

三、文献综述

依据产业经济相关理论，严格的环境规制会增加企业的生产成本，从而影响产业结构升级。国内外关于环境规制与产业升级方面的研究较多，大致可以分为环境规制对产业升级的驱动效应、形成机制、空间溢出和异质性研究。

（一）环境规制对产业升级的驱动效应研究

1. 环境规制对产业升级的效果评测

国内外有关研究成果多聚焦在探讨环境规制对产业升级的驱动作用的判别上，但学者们的研究结果莫衷一是，大致有三种看法。

（1）认为环境规制对产业升级具有推动作用。原毅军和谢荣辉（2014）、李强（2013）、龚海林（2013）、薛曜祖（2016）、袁晓玲等（2019）皆发现环境规制有利于地区的产业结构调整和产业升级。林秀梅和关帅（2020）认为环境规制能有效地推动本区域制造业转型升级，其影响超过对其他区域的空间溢出效应，环境规制可成为制造业转型新的内驱力。原毅军和谢荣辉（2014）发现产业结构成为协同经济发展和环保的重要途径，环境规制能够有效倒逼产业结构优化升级。Burton等（2011）利用环境规制对纸浆和造纸业展开的调查表明，环境规制对该类中小型企业的发展有着明显的推动作用，进而能够倒逼纸浆和造纸业行业的产业结构优化升级。徐开军和原毅军（2014）的研究则表明，环境规制的强度越高，越能够促进产业升级。李强（2018b）基于河长制的视角，研究了环境规制对长江经济带产业转型的影响，发现环境规制推动了其产业转型。程中华等（2017）以我国地级市为研究样本，分析了环境规制对各地级市产业结构的影响，认为环境规制能够有效推动各地级市的产业转型升级，不过其推动效果受到了各地区经济发展程度的影响。王小宁等（2017）以中国国内的丝路经济带区域为例，采用了 SYS-GMM 模式，探讨了环境规制对产业结构调整的作用，认为环境规制对该区域的产业结构转型有促进作用。刘和旺等（2019）以我国制造业企业数据为例，通过准自然实验评估了我国"十一五"期间的环境规制政策对产业转型的影响，发现环境规制促进了产业转型升级。

（2）认为环境规制对产业升级具有抑制效应。Kheder 和 Zugravu（2012）对法国制造业企业在选址时环境规制的影响做了研究，指出这类企业在选址过程中"污染天堂假说"成立，也就是说，环境规制不利于企业转型升级。李强（2013）对新兴服务业部门的环境规制进行了研究，发现相对于传统工业部门，服务业部门同样存在着"污染天堂效应"。此外，吴敏洁等（2019）利用制造业面板数据分析发现环境规制抑制了制造业的产业结构升级。游达明等（2019）的研究表明，环境规制在财政分权和晋升激励的调节作用下抑制了产业结构升级。对于创新能力较弱的区域而言，环境规制会抑制制造业产业结构升级，甚至导致其退出市场（卫平和余奕杉，2017；郭晓蓓，2019；宋林和张杨，2020）。尹礼汇等（2022）研究指出，较弱的行政化环境规制缺乏与市场化环境规制的有效结合，会导致正式环境规制抑制产业结构升级。

（3）认为环境规制对产业升级的驱动效应具有不确定性。一方面这种效果很可能不存在，另一方面也因为受到了不同时期、不同行业、不同地域、不同企业等特征的影响，所以环境规制对产业结构升级的影响具有不确定性（Mulatu 等，2010）。原毅军和谢荣辉（2014）研究认为，环境规制政策对产业升级之间的关系具有先阻碍、再促进、后阻碍的非线性关系。肖兴志和李少林（2013）研究发现，我国东部地区的环境规制强度对产业升级方向的路径呈现出正向影响，而东西部地区则并不显著。童健等（2016）研究了环境规制对我国工业行业转型的影响，结果发现环境规制对中国工业行业转型升级具有先抑制、后促进的 J 形特征。孙玉阳等（2018）

研究了不同环境规制工具对产业升级的影响，结果表明，不同类型的环境规制对产业升级的影响具有异质性，具体来说，行政命令型和市场激励型环境规制与产业升级具有促进、抑制、促进的倒 U 形关系，而公共参与型环境规制则并不能影响产业结构升级。毛建辉和管超（2019）的研究结果表明，环境规制对产业升级具有区域异质性，也就是说，环境规制在我国东部区域推动了产业转型升级，而在中部区域却抑制了产业转型升级，可是在西部区域对产业结构升级并不产生影响。钟茂初等（2015）通过门槛值回归模式研究了环境规制如何倒逼产业结构升级，结果表明，环境规制如何推动产业结构优化将决定于环境规制力度的强弱，只有当环境规制的力度超过了某一门槛值时，环境规制才会对产业转型产生积极的促进作用。

2. 不同视角下环境规制对产业升级的影响研究

环境规制对产业升级的关系中蕴含着政府—企业—行业三个不同的主体，因此不能简单地一概而论，需要进一步剖析三种不同视角下环境规制与产业升级的驱动效应。

（1）政府视角。从 1994 年我国税制改革开始，中央分权组织结构充分地调动了各地人民政府对发展地方经济的积极作用，各地政府财政享有了更大的裁决权（郑金铃，2016；薄文广等，2018）。在此现实情境下，各地区政府的基本特征和行为选择势必会影响环境规制与产业升级的关系。基于此视角，毛建辉和管超分别在 2019 年和 2020 年将政府行为变量纳入分析框架中，研究发现地方政府官员晋升压力和财政分权程度倒逼当地产业升级，财政收支压力负向影响产业升级。郑金铃（2016）深入研究了在财政分权情况下，政府不同的环保竞争战略对产业结构调整的相互关系，研究成果表明，由政府模仿战略所主导的环境规制政策的竞争会对相邻区域的产业升级形成正向溢出效应。王宇澄（2015）曾对中国政府在各污染物上的环境规制问题进行分析，并提出由于我国区域政府环境规制竞争而产生跨区域溢出效应的理论论断。政府行为在"环境规制—产业结构升级"路径中具有重要作用。因为在我国环境规制政策出台与实施过程中，通常是中央统一出台规定，由各地政府具体实施，加上竞争机制等因素的影响，各级政府部门容易受到多种因素的干扰，导致环境规制政策法规实施发生差异。政府部门为增加本地税收，很可能会保护本地企业，往往做出降低当地环境规制执行力度和标准，以保持本地污染密集型制造型企业的竞争优势和竞争地位（Barrett，1994；田光辉等，2018）。另外，当各地政府部门为争取企业的加入而进行差异化竞争时，为吸纳更多的新企业，部分地方政府会借机调低本地环境规制的标准，从而谋求经济发展（王文普，2013；沈坤荣和周力，2020）。李晓英（2018）研究了地方政府竞争在 FDI、环境规制对产业升级的影响，认为环境规制对产业升级具有"倒逼作用"，导致地方政府之间的环保监管与执法等的相互效仿。

（2）行业视角。产业升级依赖于该产业的行业特征，如技术复杂度、行业发展情况、与其他产业的关联等。当前研究鲜有文献从这些角度出发，仅有韩晶等

（2014）的研究指出，环境规制与产业技术复杂度的交乘项在统计学上显著为正，但系数较小，这种结果可能是由我国产业层次和环境规制水平偏低造成的。徐敏燕和左和平（2013）从产业角度入手，研究了产业聚集作用下的环境规制与产业竞争力间的关联，指出环境规制的创新效应和产业集聚的共同作用能够增强行业竞争力，从而实现保护环境与发展经济的"双赢"目标。童健等（2016）分析了环境规制和工业行业转型升级之间的理论机理，构建了计量模型，并运用我国 2002~2012 年工业行业的省级面板数据进行验证，实证结果表明，环境规制直接影响了工业行业转型升级，它们之间具有 J 形的关系特征，但我国东、中、西部的 J 形曲线的拐点却大不同。解垩（2008）通过研究环境规制对我国省际间工业生产率的影响，利用我国 1998~2004 年工业行业面板数据，发现提高环境规制水平对工业生产率并没有显著的影响。李玲和陶锋（2012）基于不同污染程度行业的视角考察了环境规制对产业绩效的影响，结果表明，环境规制有利于提高重污染行业的全要素生产率，但与中或轻污染行业的全要素生产率之间呈现了倒 U 形的关联。刘金林和冉茂盛（2015）通过我国 2000~2011 年 30 个省份的相关面板数据，实证分析了环境规制对 17 个行业重点领域生产技术进步的作用，研究结果显示，环境规制对各个领域生产技术进步的作用具有差异性，其中，与部分地区重污染与中污染行业呈现明显的 U 形或者倒 U 形关联，而对其余行业的作用则不明显。张成等（2015）以 1996~2011 年中国工业部门的 18 个行业的相关面板数据为例，通过面板门槛方法解析了三种类型的环境规制变动率及其对生产工艺进步变化率的不确定性作用，研究发现，环境规制强度变化率对生产技术进步变化率的影响均存在两个门槛效应，只有适度的环境规制强度变化率才能引致理想的生产技术进步变化率。Burton 等（2011）在深入研究了环境规制对美国的泥浆造纸工业市场结构影响后认为，环境规制是影响泥浆造纸工业市场需求结构变化的一项关键因素。

（3）企业视角。现有文献研究表明，在我国市场经济转型时期，所有制类型不同的企业所面临的内外部制度环境、产权制度等有所不同，因此环境规制政策效果在不同所有制企业之间也会具有差别性；不同规模的企业因为所面临的外部制度约束不同，其升级程度也会不同。在此基础上，刘和旺等（2019）探究了我国"十一五"期间环境规制对产业结构影响的所有制类型异质性和企业规模异质性，研究发现，环境规制更容易刺激非国有企业进行技术创新进而促进产业转型升级，同时，大型企业具有规模经济性和范围经济性，在环境规制带来的压力下能够有效整合资源，提高产业技术水平，形成产业转型升级。Zhao 和 Sun（2016）利用 2007~2012 年我国污染密集型企业的面板数据研究表明，从总体上看，环境规制政策能够显著地促进我国企业创新，但分地区而言，我国东部地区与中部地区均存在"弱波特假说"，而西部地区不显著。颉茂华等（2014）以我国 A 股 2008~2013 年重污染行业上市公司为例，实证考察了环境规制对 R&D 投入的影响，以及 R&D 投入对企业经营绩效的影响，分析结果发现，环境规制对我国重污染行业的 R&D 投入有一定的推动作用，但企业的 R&D 投入对经营绩效的影响存在一定的滞后效应。Pashigian（1984）对美国制造业的研究发现，相对于大型企业而言，环境规制对小型企业的影响更大，环境规制不仅会减少受影响企业的数量，同时还会减少小企业的市场份额（因为工厂规模和企业规模呈正相关）。王艳丽和钟奥（2016）认为环境规制政策的实行常常会迫使"三高企业"转出本地，并倒逼本地"三高企业"减少污染物的排放。Burton 等（2011）研究环境规制对纸业类企业规模性成长的影响，发现产业结构的变化依赖于环境规制成本的变化。

（二）环境规制对产业升级的形成机制研究

现有文献中，国内外不少学者将路径研究、机理研究作为环境规制与产业升级关系研究的重点。梳理已有文献，大致可分为直接影响和间接影响两类。

1. 环境规制对产业升级直接影响的形成机制

以政府为实施主体的环境规制政策会影响产业和企业群的竞争生态，直接关系到企业的生存与发展，促使产业相对份额的变化。现有文献主要从市场竞争角度，发现环境规制对产业升级的直接效应。具体路径可以分为三条。

（1）污染行业的市场集中度。环境规制会对被规制企业产生成本压力，促使其调整生产规模，从而影响产业集度进而限制产出（刘和旺和张双，2019）。原毅军和谢荣辉（2014）认为政府环境规制力度的加大会对相应的行业和企业产生强制性的"精洗"，从而形成优胜劣汰效应，并最终驱动产业升级。颉茂华等（2014）运用 2008~2013 年沪深 A 股上市公司的污染数据进行研究，发现环境规制可以提高对我国重污染行业的 R&D 投入。李斌和郭庆（2010）研究发现环境规制体系的完善能够推动山东省污染密集型产业的结构调整。朱平芳等（2011）证实了"污染天堂效应"的存在，即地方政府可以通过降低环境规制的强度来吸纳外商直接投资及新企业的进入，进而扩大了污染密集型企业的规模，使该地区产业结构更趋污染密集型。聂普焱等（2015）研究了三类不同行业市场集中度与保护环境之间具有行业异质性，并指出高耗能行业市场集中度与环境保护之间具有显著的负向关系。

（2）绿色进入壁垒。环境规制约束带来的成本上升会在资本和技术层面对新进企业形成进入壁垒效应，减少了新企业的进入意愿（龚海林，2013）。Wang 和 Shen（2016）基于我国的环境规制与工业行业的现实情况，深入研究了环境规制对产业升级的影响效应，并指出虽然环境规制促进了清洁行业的发展，但对污染密集型产业结构调整的影响效果仍有一定滞后性，且较难在短时间内判断。Millimet 等（2009）深入研究了实施严格的环境规制对确定性竞争行业（企业进入、企业退出是内生的，企业投资是用于减少未来的环境规制的遵循成本）的影响，并假设企业的遵循成本主要取决于当期的产出水平、企业过去累计投资数量以及对环境规制实行的严厉程度等，研究还指出企业会通过扩大投资来减少环境规制的遵循成本，但从长期来看，这类型的企业未来很可能会被挤出市场。Burton 等（2011）在研究环境规制对美国泥浆造纸工业市场结构的影响时，发现对于泥浆造纸业的潜在进入者来说，环境规制的实行会形成进入壁垒，还会导致企业之间兼并现象的出现，进而会对该行业的市场结构产生深远影响。

（3）资本的产业间转移。环境规制有助于促进以服务业为代表的清洁型工业在绿色发展方面获得比较竞争优势（陈林和万攀兵，2019），相对而言，绿色产业更容易获得财政政策和产业政策上的扶持，影响资本在产业间的调整（郑加梅，2018）。沈坤荣等（2017）以我国285个地级及以上城市2004~2013年的面板数据，运用空间自滞后模型实证分析得出环境规制确实引起了污染产业的就近转移。范玉波和刘小鸽（2017）对中国2003~2011年19个中西部省份的11个污染型制造业的研究发现，环境规制促进了中国污染型制造业的西迁。Tang（2015）基于50个东道国和美国出口导向型的外商直接投资数据，研究得出环境规制强度显著影响产业转移的区位选择。Zhu等（2014）研究发现，环境规制能够促进产业结构升级，在环境规制的约束下，中国污染密集型产业可以通过提高技术水平、优化生产布局等方式实现转型升级。

2. 环境规制对产业升级间接影响的形成机制

经过文献梳理发现，现有文献主要提供了六种间接影响路径。

（1）技术创新。江小国和张婷婷（2019）基于系统GMM模型和固定效应模型认为，由于环境规制产生的排污成本内在化以及外在约束，皆可以"倒逼"企业技术创新从而促进产业结构优化升级。古典经济学派认为在技术、资源配置和消费者需求固定的前提下，实施环境规制会间接提高生产要素的价格，企业不得不"遵循成本"的上升，这增大了企业的生存压力，影响行业的生产规模（Lanjouw和Mody，1996）。Porter和Linda（1995）提倡的"波特假说"指出，科学合理的环境规制政策强度可以激励被规制企业在变动约束的条件下，仍然进行资源合理配置并改进技术水平，利用创新收益补偿"遵循成本"带来的损失，即激发"创新补偿"效应。企业迫于环境规制压力采用绿色工艺、绿色技术生产能带动相关绿色产业的投资，从而达到促进产业结构变迁的目的（郑加梅，2018；何枫等，2015）。沈能和刘凤朝（2012）研究了环境规制对我国区域技术创新的影响，发现我国东部地区环境规制对技术创新的推动作用显著，而在中部和西部地区则不显著。原毅军和陈喆（2019）深入分析了环境规制的技术创新效应对产业结构升级的影响。蒋伏心等（2013）采用了江苏省28家制造业2004~2011年的统计资料，实证结果认为环境规制与工业技术创新呈现出U形曲线的关系。宋马林和王舒鸿（2013）根据我国1992~2011年的省级面板统计资料，实证得出环境规制带动了中国东部区域的技术创新，但对中、西部区域的创新效果不明显。谢婷婷和郭艳芳（2016）探讨了技术创新在环境规制与产业结构升级之间中介效应，并指出了技术创新是环境规制得以推动产业结构升级的前提条件，更是产业升级的内生动力。于连超等（2019）则认为，增加环保税有助于推动企业通过绿色技术创新来促进产业结构升级。

（2）FDI 的转移。现有文献主要围绕"污染避难所假说"展开（李子豪，2016）。因为世界各地的环保标准存在着一些差别性，发达国家或地区的环境成本普遍要高于发展中国家或地区，因此很多发达国家或地区为了规避巨大的环境遵循成本，会倾向于把本国或本地的污染密集型企业向环境规制强度弱、环境成本低的发展中国家或地区转移，进而影响转入地的产业升级（蒋伏心等，2013）。值得一提的是，不少文献也将这一路径拓宽至国际贸易、产业转移等相似概念中（Feix 等，2008；李强和徐康宁，2017；林伯强和刘泓汛，2015）。肖兴志和李少林（2013）研究了我国产业结构升级的路径，研究发现环境规制政策主要通过需求因素、技术创新和外商直接投资三条传导路径来影响产业升级。李晓英（2018）则基于地方财政竞争，研究了环境规制、外商直接投资（FDI）与产业结构优化升级之间的关系，结果表明，环境规制政策能够倒逼产业结构优化升级，也会进一步引发政府间环境监管与执行之间的效仿。

（3）消费者需求和投资者需求角度。政府的环境规制政策无形中向公众弘扬了绿色消费理念，引导消费者购买绿色产品；环境规制所引起的成本增加部分会被企业转嫁给消费者，造成产品价格上涨，消费者会减少这类产品的消费量或是寻找替代品，居民消费结构变化进而影响产业结构变化。环境规制政策的实施会引导投资者的投资倾向，使其投资意愿向绿色环保产业方向倾斜。梅国平和龚海林（2013）研究了产业结构优化升级的传导路径，指出环境规制主要通过技术创新、进入壁垒和国际贸易三条路径间接影响产业升级。肖兴志和李少林（2013）则认为，环境规制除通过技术创新和国际贸易两条传导机制影响产业升级外，还通过需求因素间接影响产业结构优化升级。韩超和桑瑞聪（2018）不拘泥于企业层面，深入产品发现环境规制能够通过产品转换而提升行业产品质量，进而提升竞争力。张忠杰（2019）则主要通过技术创新、国际贸易和社会需求三条路径影响产业结构升级，研究发现，环境规制主要通过社会需求间接影响产业结构升级。

（4）人力资本水平。韩晶等（2014）通过实证研究指出，人力资本对产业升级具有积极作用。孙玉阳等（2020）从人力资本及技术创新的视角入手，发现当人力资本处于较低水平时，环境规制会抑制产业升级；而当人力资本处于中等或偏高的水平时，环境规制则会"倒逼"产业优化升级。纪玉俊和刘金梦（2016）也从人力资本的视角出发，研究环境规制对产业升级的影响，结果发现环境规制对产业升级的影响具有门槛效应，即在人力资本水平由低到高的转变过程中，环境规制对产业升级的影响先是不显著为正，再是显著为正，最后是不显著为负。薛曜祖（2016）从劳动力的视角出发，研究了环境规制对产业结构的影响，结果发现环境规制有助于推动劳动力向第三产业转移，从而有利于产业结构升级。

（5）全要素生产率。环境规制政策会引起生产要素在国民经济不同产业之间的转移或是在同一产业内部效率低的部门和效率高的部门之间的流动，从而引起生产效率的变化（Hidalgo 和 Hausmann，2009；刘和旺等，2016）。李玲和陶锋（2012）

认为重污染行业的环境规制有利于提高行业的全要素生产率，进而促进工业行业的转型升级。殷宝庆（2012）研究发现环境规制与制造业绿色全要素生产率之间存在U形关系。Zhao等（2018）则探讨了环境规制与我国碳密集行业的全要素生产率之间的关系，结果表明，在考察期内，环境规制的影响由创新补偿转变为增加合规成本，但从长期来看，环境规制并不影响全要素生产率。孙玉环等（2018）通过建立长期均衡模型来分析环境规制与全要素生产率之间的关系，发现环境规制强度的增强可以在一定程度上激励企业开展创新活动，但并不能抵消因企业的污染治理和生产性投资的不足所造成的巨大经济损失，也即意味着全要素生产率的下降。蔡宁等（2014）先计算包含非期望产出的30个省份工业绿色全要素生产率，再利用面板模型研究得出环境规制促进了工业绿色全要素生产率的提高的结论。薛曜祖（2016）利用理论与实证相结合的分析方法，探讨了环境规制对产业结构的直接和间接影响，发现环境规制能直接推动产业升级，并通过全要素生产率和经济增长两个途径间接促进产业升级。李春米和魏玮（2014）利用DEA方法发现环境规制抑制了我国西北地区工业的全要素生产率。王杰和刘斌（2014）则基于1998~2011年我国工业企业数据，发现环境规制的强度与企业全要素生产率之间呈现抑制、促进、再抑制的倒N形关联，并且不同的环境规制水平对全要素生产率及不同污染程度企业的影响具有差异性。

（6）资源禀赋状况。资源禀赋优渥的地区往往会利用先天的资源优势来发展经济和资源型产业，这已经成为一种共识，其产业结构成为路线依赖式的递进，易于成为路径依赖（李虹和邹庆，2018）。然而，由于大量使用矿产资源，使得资源丰裕地区面临着更为严峻的环境问题，从而影响环境规制政策的制定。李虹和邹庆（2018）研究了环境规制、资源禀赋在资源型、非资源型城市间的产业转型及环境规制能促进资源型城市的产业升级（高级化和合理化）。Wang和Shen（2016）运用我国2008~2012年的省级面板数据进行研究，发现环境规制可以有效减少能源密集型行业的能源消耗，进而降低污染。Nesta等（2014）指出环境规制政策对能源行业结构的影响具有异质性，只有在国际能源市场相对自由的大环境下，环境规制政策才能通过创新活动作用于行业内部结构，进而推动能源行业的转型升级。

（三）环境规制对产业升级的空间溢出研究

根据地理学第一定律，相邻事物之间比远距离事物之间的联系更为紧密（Tobler，1970）。相邻区域间的行业空间结构优化设计具有正、负两种空间的溢出效果：当正空间溢出效果高于负空间溢出效果时，显示出了产业结构优化设计的协同效果；而当负空间溢出效果超过正空间溢出效果时，则显示出了产业结构优化设计的零和效果。李强和丁春林（2019）则从波特假说和壁垒效应两个角度研究了环境规制影响产业升级的内部机制，认为忽略环境规制的溢出效应，将会导致其对产业升级影响的过高估计。林秀梅和关帅（2020）从中国地域特点和地方社会经济特点的角度分别建立了空间权重矩阵，结果表明我国制造业转型升级具有明显的正向空间溢出效应，且能够搭上邻地制造业转型升级的"便车"，也即当邻地制造业的转型升级能够倒逼本地制造业的升级。王宇澄（2015）对政府在污染物上的规制进行研究，得出中国地方政府环境规制竞争存在跨界溢出效应的结论。李强和丁春林（2019）以长江经济带为例，从波特假说、壁垒效应理论出发分析了环境规制和产业升级的空间溢出效应，研究发现长江经济带区域间的环境规制存在着"逐底竞争"现象。于斌斌（2017）根据 2003~2012 年我国 285 个地级及以上城市的统计资料，采用指标法核算产业升级，并实证检验了金融聚集的效应，认为金融聚集对产业结构升级具有明显的空间溢出效应。王文普（2013）通过使用大规模的工业企业样本数据，检验了产业竞争力与环境规制之间的关联，认为环境规制具有较强的正向空间溢出，并且因此有可能引发地区之间的环境规制竞争。张华和冯烽（2020）研究发现环境规制能够遏制碳排放，环境规制影响碳排放绩效的空间溢出效应在地理位置和地理距离相邻的地区表现为"涓滴效应"，而在经济发展水平相邻的地区表现为"极化效应"。吴伟平和何乔（2017）通过检验环境规制对污染排放的门槛效应及空间溢出效应，发现环境规制能够倒逼污染减排。

（四）环境规制对产业升级的异质性研究

1. 不同类型的环境规制对产业升级的异质性研究

随着管理实践的发展，环境规制的内涵得到了丰富。通常可以把环境规制分为正式与非正式两种类型：其一，正式环境规制，如命令控制型环境规制，指政府以非市场方式对环境资源使用进行禁令、许可证等直接干预（李强，2018a）；其二，非正式环境规制，如市场激励型环境规制，指以市场激励为基础的政府间接干预的行为，包括环境税、补贴、押金退款等经济刺激手段（廖文龙等，2020）。随着群众环保意识的崛起和市场制度的逐步完善，以公众环保意识为核心的非正式环境规制的概念由 Wheeler 和 Pargal（1996）正式提出，并引起了学界的广泛重视。环境规制类型多种多样，不同环境政策具有不同的效果，在此基础上，不少学者分析了不同类型环境规制对产业升级的异质性。Cole 等（2005）的研究表明，正式环境规制与非正式环境规制都可以遏制污染型企业规模的扩大，从而降低污染的总排放量，减少环境污染，并推动产业结构的转型升级。高明和陈巧辉（2019）研究了双重环境规制（指命令型和激励型环境规制）对产业升级的影响，结果表明双重环境规制对产业升级的影响分别呈现倒 N 形和 N 形的关系。孙玉阳等（2018）则研究了三种不同类型的环境规制对产业升级的影响，结果发现命令型和激励型环境规制与产业升级之间都存在着倒 U 形的关系，而公众参与型环境规制对产业升级暂时并没有任何影响。童健等（2016）认为正式环境规制在促进产业结构优化的过程中倒逼作用极为明显。而原毅军和谢荣辉（2014）利用面板门槛模型却发现，非正式环境规制对产业升级的影响不显著为正，正式环境规制对产业升级的影响则显著为正。王文哲等（2020）选取了我国中部区域相关面板数据，研究了正式和非正式环境规制对产业升级的影响，提出两种环境规制工具对产业升级都具有促进作用的假设，并进一步检验了其门槛效应和空间异质性，结果却显示正式环境规制具有倒逼效应，但非正式环境规制的影响程度不一。Zheng 和 Shi（2017）把环境规制工具分为命令控制型、市场型和公众参与型环境规制，并实证检验了我国"污染避难所假说"的存在性，发现市场型环境规制和公众参与型环境规制能够迫使污染密集型企业的迁移，进而倒逼产业升级。刘慧（2015）以长三角为例，进一步验证了不同类型环境规制对产业升级之间存在差异性的影响，具体而言，正式型环境规制是关键动力，能够有效倒逼长三角地区的产业转型升级；非正式环境规制对长三角地区产业升级也具有正向的促进作用，但这种影响效应刚刚开始显现。尹礼汇等（2022）从环境规制的不同类型出发，分析了命令—控制型和市场—激励型环境规制政策工具对产业升级的影响，当实行适当的环境规制强度时，命令—控制型和市场—激励型环境规制政策工具都能够倒逼产业转型升级，但当环境规制的强度过高时，市场—激励型环境规制政策将适得其反，会阻碍产业转型升级。

2. 环境规制对产业升级的空间异质性研究

环境规制不仅会影响本地的产业结构转型，同时由于各地环境规制政策的差异会引起地区间经济要素的转移，产生环境规制的溢出效应。袁嘉琪和卜伟（2017）的研究指出，环境规制对北京市的产业升级具有溢出效应，且空间距离越近，溢出效应越强。郑金铃（2016）研究发现全国所有地区环境规制政策的累计空间溢出均值是直接效应的 3.8 倍。原毅军和谢荣辉（2014）构建了面板门槛效应模型，利用 1999~2011 年我国 30 个省级的面板数据分析了环境规制水平的变化对产业升级的影响，发现环境规制对产业升级的影响呈现阻碍、促进、再阻碍的关系，在此基础上作者还对地区的异质性进行了分析。韩晶等（2014）指出环境规制政策能够倒逼产业的转型升级，也实证证明了我国环境规制政策对产业升级的作用效果具有地区异质性，具体而言，我国东部地区的倒逼效果最为显著，其次是中部地区，西部地区的倒逼作用将慢慢显现。Zhao 和 Sun（2016）运用中国 2007~2012 年污染密集型行业的统计数据资料分析表明，我国东部和中部区域环境规制的"波特假说"效应并不存在，但西部地区存在不显著的"波特假说"效应。肖兴志和李少林（2013）则认为在我国东部地区，环境规制政策工具能够推动绿色经济的发展，进而也能够倒逼产业升级；而在中西部地区则不然，这种效果并不明显或不存在。李眺（2013）选取我国省级面板数据资料，考虑了环境规制对产业升级作用的地区异质性，认为在我国东部地区，环境规制能够推动第三产业的发展，从而推动了产业转型升级；而在我国中西部区域，环境规制对产业升级却几乎没有影响。李鑫等（2014）研究了环境规制对工业全要素生产率的影响，结果表明，环境规制对全要素生产率的作用具有很大的地区差异性，具体而言，在我国东部地区，这种作用效果是显著为正的；而在我国中西部地区，这种作用效果却是显著为负的。李拓晨和丁莹莹（2013）

的研究结果表明，命令控制型环境规制对高技术产业绩效的空间影响在统计学上显著为负，也就是说命令控制型环境规制抑制了产业升级。

（五）研究评述

综上所述，已有文献关于环境规制对产业升级影响的研究较为丰富，但在其驱动效应的结论上存在一定争论。原因可能包括：第一，已有研究采取了不同的样本时期和样本容量，造成了结果的巨大差别，而且大部分学者都采用中国省级面板数据展开分析，很少细化到城市层面、产业层面和企业层面，环境规制对产业升级的影响直接作用于产业层和企业层，采用省级数据有一定的偏颇。第二，以往研究很少从政府特征、行业特征以及企业特征三个视角对环境规制和产业升级的关系进行研究，环境规制政策主体在于政府，产业升级的主体在于产业和企业群体，一方面政府环境规制的制定会受到政府权力特征的影响；另一方面，产业升级依赖于产业特征和企业的行为选择。因此有必要从这三个视角进一步深化环境规制对产业升级的影响。第三，现有文献的路径研究较为笼统，缺乏全面而细致的框架对影响机理进行划分，有必要对影响路径/形成机制进行系统性的梳理与验证。第四，各地环境规制严厉程度存在差异，会引起地区间产业转移，进而间接影响各地产业结构，本书希望验证江西省内各地级市之间的环境规制是否存在溢出效应。第五，不同环境规制政策对产业结构升级的影响效果不同，且规制政策工具之间经常搭配使用，现有研究往往考虑单一规制政策的单一效应，忽略了这种协调效应。第六，环境规制对产业升级之间存在内生性问题，环境规制对产业升级有直接和间接影响，产业结构升级会影响政府对环境规制政策的制定。现有文献鲜有对模型内生性问题的处理，对此，本书采用SYS-GMM对回归模型进行校正，以期获得无偏的参数估计值。

四、研究框架及内容

本书主要从以下几个方面展开：

（一）理论基础构建

首先，经过阅读并梳理国内外有关环境规制与产业结构的文献，分别对环境规制与产业升级做出了概念界定，将环境规制政策工具划分为正式环境规制与非正式环境规制，而正式环境规制又可以分为命令控制型环境规制和市场激励型环境规制，同时寻找合适的指标对产业升级的动态特征进行合理的刻画。其次，从理论方面，深入分析环境规制对产业升级的直接和间接路径，直接影响主要基于市场集中度、绿色进入壁垒和资本的产业间转移三条路径；间接影响主要包括技术创新、消费者和投资者需求、资源利用状况、FDI 转移四条路径。

（二）多重视角下环境规制对产业升级的驱动效应研究

首先，在政府视角下，引入政府行为特征变量，如财政压力、财政权力，考察政府特征在环境规制和产业升级变量之间的调节效应。其次，在行业视角下，引入行业特征变量，如产业关联度、产业技术复杂度，探究产业特征变量在环境规制和产业升级变量之间的调节效应。最后，在企业视角下，分析不同所有制性质、不同规模企业在环境规制和产业升级变量之间的异质性。

（三）驱动效应形成机制研究

首先，构建符合理论设定的计量经济学模型，拟从中观区域、微观企业、规制工具三个方面剖析影响机理，并运用 SYS-GMM 的估计方法解决模型存在的内生性问题。其次，实证检验环境规制对产业升级直接与间接效应的形成机制，运用市、县级面板数据，从区域层面，剖析区域异质性的影响形成机理。再次，运用企业面板数据，从微观层面深入剖析环境规制对产业升级形成的影响机理。最后，运用市级层面面板数据，对比不同环境规制工具类型对产业升级的影响机理及其路径差异。

（四）环境规制对产业升级的空间溢出效应研究

首先，建立符合理论设计的空间计量模型，构建经济权重、地理权重和综合权重三种不同的类别，进行对比分析。其次，运用江西省市级层面的面板数据对空间溢出效应进行测算，以检验江西省内部环境规制的空间溢出效应大小。最后，分别检验三种不同类型环境规制政策的溢出效应差异。

（五）政策建议

根据本书中环境规制对产业升级的驱动效应和形成机制，初步拟定从政府、行业和企业三个角度提出政策建议。政府方面，从政策财政权力特征、FDI 引进和产业政策等角度展开；产业方面，从产业投资、产业关联度、产业集中度等角度展开；企业方面，从技术创新等角度展开。

五、研究方法

本书在已有研究成果的基础上，参考经济增长、产业结构等相关的研究理论，并根据统计学、计量经济学等有关研究方法，针对不同研究具体内容选择合适的研究方法进行实证检验，具体研究方法如下：

（一）归纳分析与演绎分析相结合

如图 1-20 所示，归纳法与演绎法尽管思路完全相反，但两者互补，且作为逻辑推理中不可缺少的方法，在经济学研究中同样扮演着重要角色。综合应用归纳法与演绎法有助于帮助发现问题，透过经济现象看本质，最终找到解决问题的方法。

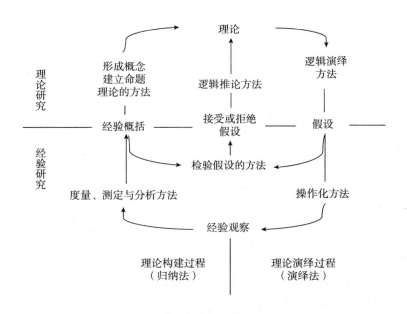

图 1-20 归纳与演绎相结合示意

中轴线的左边是理论形成的基本步骤，即采用概括法由经验观察归纳出研究结论，继而逐步升华至更抽象的定义、命题或理论学说。中轴线的右边是理论演绎的过程，即运用演绎法把理论应用到经验观察中。依据这一理论推导出研究假设，然后在现实中观察具体现象以检验理论的正确性。研究可以结合两条不同的探索途径：①由观察出发，使用归纳法，通过经验归纳提出结论，通过这一理论描述并阐述最初的观点；②从现有理论学说出发，先利用演绎法提出研究假设，再利用经验观察来验证（证实或否定）最初理论推导的结论。

该模式是对社会科学研究中所有逻辑步骤过程的总结，并指出科学研究的范式，即"理论→研究假设→观察→研究概括或验证新的理论研究……"就是这么一种周而复始、无穷循环的步骤。其中，归纳法、演绎法是连接经验观察和抽象理论的重要桥梁。

本书在构思阶段先系统梳理环境规制对产业升级的相关文献，组织课题组成员定期开展文献讨论课，汇报所阅读的文献，讨论、总结当前研究现状与不足。现有研究单独分析了技术创新、投资结构、需求结构、资源利用状况以及 FDI 等间接传导路径，很少将四者统一纳入研究框架，因而以此为突破口，结合相关理论，构建本书的理论框架。最后，通过阅读相关文献，开展项目组成员研讨会，共同探讨新视角的可行性和必要性，据此，初步确定本书的研究思路。

（二）面板数据 OLS 估计分析方法

由于本书选用的样本数据是江西省各地级市的面板统计数据，运用 Stata16.0 软件，通过面板数据的固定效应（FE）和随机效应（RE）来验证各变量的关系，以判断理论假设是否成立，力求为环境规制和产业升级之间关系提供现实依据。

1. 面板数据模型

面板数据（Panel Data）利用横截面混合统计数据与时间序列（Pooled Time Series and Cross Section Data），是横截面上的个体在不同时间节点上重复观察得到的数据。面板数据模型的通常形式如下：

$$y_{it} = \alpha + \beta x_{it} + u_{it} \tag{1-1}$$

其中，i 表示不同的个体，$i=1, 2, \cdots, N$；t 表示面板数据的不同时点数，$t=1, 2, \cdots, T$；N 表示个体数，T 表示时间序目的最大值；α、β 代表系数，误差项 u_{it} 可分为三个变量，$u_{it}=\rho_i+\gamma_i+\sigma_i$，分别代表只随截面个体数改变而变化的变量、只随时间改变而变化、随截面个体和时间改变而变化的变量。

对比简单的横截面模型和时间序列模型，面板数据模型有着许多优点，首先能够表达个体相互之间产生的差异性，其次可以降低多重共线性，更重要的一点是它能够容纳更多的数据信息和自由度，进而使统计估计出的参数值更加可信，面板数据的统计量也通常是标准的渐进分布。

2. 最小二乘法

最小二乘法（Ordinary Least Square，OLS）是在单一方程线性回归模型中常用、基础的估算方式。通常来说，假定从总体中随机抽取 n 个总体单位（也即个体），那么一元线性回归模型如下：

$$y_i = \alpha + \beta x_i + \varepsilon_i \tag{1-2}$$

其中，$i=1, \cdots, n$，y_i 为因变量，也即被解释变量，x_i 为自变量，也即解释变量，α 为截距项或常数项，β 是斜率，将 α 与 β 统称为回归关系或参数，ε_i 是随机误差项或干扰项，通常包括遗漏的变量、变量的测量错误、回归函数的使用错误（如忽略了非线性项）或者人类活动的内在随机性等。除 x_i 外，影响 y_i 的一切其他因素都在随机误差项 ε_i 中。

OLS 是线性回归模型的基本估计方法，就是选择 $\hat{\alpha}$、$\hat{\beta}$，使得残差平方和最小化，有关估计量 $\hat{\alpha}$、$\hat{\beta}$ 的方程组如下：

$$\begin{cases} \hat{\alpha} = \overline{y} - \hat{\beta}\overline{x} \\ \hat{\beta} = \dfrac{\sum\limits_{i=1}^{n}(x_i - \overline{x})(y_i - \overline{y})}{\sum\limits_{i=1}^{n}(x_i - \overline{x})^2} \end{cases} \tag{1-3}$$

通过方程组，可求解出 OLS 估计量 $\hat{\alpha}$、$\hat{\beta}$，得到 $y = \hat{\alpha} + \hat{\beta}x_i$，称为样本回归线或样本回归函数。

（三）系统广义矩（SYS-GMM）的估计方法

由于环境规制与产业升级的关系在很大程度上受一些核心变量内生性的影响使得估计结果发生偏差，且由于各个地区的经济发展水平、资源禀赋状况等存在差异性，再加上在构建模型时容易犯遗漏某些变量的错误等。鉴于此，本书在开展实证检验过程中，采用了 SYS-GMM 的估计方法分别检验三种不同类型的环境规制对产业升级的影响。

在对面板数据模型进行基准回归的过程中，必须充分考虑变量的内生性问题，固定效应（FE）、随机效应（RE）以及混合回归效应的估计方法，并不能解决由于变量之间的内生性所引起的回归估计结果有偏的问题。为此，参照了白重恩等（2008）的处理方法，运用 SYS-GMM 来进行回归估计，以被解释变量的滞后项作为模型的一个工具变量以解决可能出现的内生性问题。在实证研究中，SYS-GMM 的估计结果必须经过两个验证过程：一是 Arellano-Bond 检验，即对模型进行自相关性的检验，对差分方程随机误差项的二阶序列的相关性进行验证；二是 Sargan 检验，即对模型进行是否过度识别的检验，这是对工具变量的可靠性进行的检验。SYS-GMM 估计的一般形式如下：

$$\begin{cases} y_{it} = \alpha y_{i(t-1)} + x'_{it}\beta + \varepsilon_{it} \\ \Delta y_{it} = \alpha \Delta y_{i(t-1)} + \Delta x'_{it}\beta + \Delta \varepsilon_{it} \end{cases} \tag{1-4}$$

其中，$\varepsilon_{it} = \mu_i + v_{it}$，$E[\mu_i] = E[v_{it}] = E[\mu_i v_{it}] = 0$。第一个方程是水平方程，第二个方程是差分方程。在差分动态 GMM 的计算中，实际只估计了差分方程，并运用 $E[y_{i(t-1)} \cdot \Delta \varepsilon_{it}] = 0$ 这一假定，用内生变量的滞后项 $y_{i(t-1)}(l \geqslant 2)$ 作为差分项的工具变量。而 SYS-GMM 则基于前者的假定，再提出水平方程，并在假定 $E[\Delta y_{i(t-1)} \cdot \varepsilon_{it}] = 0$ 下，采用内生变量的差分滞后项 $\Delta y_{i(t-1)}(l \geqslant 1)$ 作为水平项的工具变量。

因此，SYS-GMM 一般适用于那些模型中的内生变量较平稳的情况。主要是因为内生变量平稳，其变化范围相对较小。若只使用水平项作为差分方程，很可能会得到不显著的估计结果；而当使用差分项作为工具变量来计算估计模型时，这种情况往往可以得到改善。此外，由于 SYS-GMM 的估计方法能够同时运用差分项和水平项的变化信息，因而 SYS-GMM 估计法比差分方式 GMM 估计法更加有效，这也是SYS-GMM 估计法能够在实证研究中使用广泛的主要原因（Roodman，2006）。

（四）空间计量的估计方法

各地的环境规制水平具有差异，这种强度差异会引起地区间产业的转移，进而影响地区间产业结构调整。因此，可通过建立经济权重、地理权重和综合权重三种空间权重，来探讨省内各地级市之间环境规制的空间溢出效应。

1. 空间数据关联模式

空间数据主要描述的是观测对象在地理空间上的排列特性，而空间关联则是空间数据的主要特征之一，它指出了空间单元之间所有可能存在的相互作用，能够通过构建一个空间权重矩阵予以描述。空间关联分析的特殊之处在于，首先，它能够利用空间权重矩阵来确立某个地域及其周边领域之间的空间关联性；其次，它能够利用空间滞后算子（即地域观测值矢量和空间权重矩阵的乘数）来定义每一块区域所处的状态，为定量分析地域的空间分布格局奠定方法基础。一般情况下，通过定义一个二元对称空间权重矩阵 $W_{n \times n}$（n 是研究的区域单元数），来描述 n 个单位在分析域的空间位置与邻近关系，其表达形式如下：

$$W_{ij} = \begin{bmatrix} W_{11} & W_{12} & \cdots & W_{1n} \\ W_{21} & W_{22} & \cdots & W_{2n} \\ \vdots & \vdots & \vdots & \vdots \\ W_{n1} & W_{n2} & \cdots & W_{nn} \end{bmatrix} \tag{1-5}$$

根据邻接标准，W_{ij} 表示区域范围 i（i = 1, 2, …, n）与 j（j = 1, 2, …, n）的相邻关系，当空间对象 i 与 j 相邻时，空间权重矩阵的元素 W_{ij} 为 1，其余情况则为 0，那么其表示如下：

$$W_{ij} = \begin{cases} 1, & i 与 j 相邻 \\ 0, & i 与 j 不相邻 \end{cases} \tag{1-6}$$

依据距离标准，当空间对象 i 与 j 在已知的间距范围 d 内，空间权重矩阵的元素 W_{ij} 表示为 1，其余情形则为 0，因此其表达式如下：

$$W_{ij} = \begin{cases} 1, & i 与 j 距离小于 d \\ 0, & 其他 \end{cases} \tag{1-7}$$

假定能够通过属性值 x_j 和二元空间权重矩阵来界定一种加权空间邻近程度的方法，那么其相应的空间结构权重矩阵也可定义为：

$$W_{ij} = \frac{W_{ij}x_j}{\sum_{j=1}^{n} W_{ij}x_j} \tag{1-8}$$

2. 空间权重矩阵

大部分的地理现象都具有空间相关特性，即距离越近的事物越相似。地理事物在一定空间中的此起彼伏与相互作用过程借助于它们间的相互关联才能进行，而空间权重矩阵就是传载这一相互作用过程的主要实现手段。所以，建立空间权重矩阵是研究空间自相关的基本前提之一。空间自相关研究一般包含了全程空间自相关研究和局部区域空间自相关研究，空间自相关研究主要是用来说明和找出存在的空间聚集特征属性或者共同的聚焦点。空间自相关研究采用的空间数据类型一般为点或面数据类型，研究的目标对象一般也是具备点或者面的分布特征的属性。此外，全程空间自相关分析用于研究在全部研究区域内，某些关键的属性是否具备自相关的特征；而局部空间自相关分析则用于研究在一些局部区域范围内，某些关键的属性是否具有自相关的特征。若有正相关性的特征，那么当前位置和其邻近位置的属性存在着很大的相似性；若有负相关性的特征，那么当前位置和其邻近位置的属性存在着较大的差异性。以下给出两种常见的计算空间自相关性的方法：

（1）Moran's I 指数。

1）对于全程空间自相关，Moran's I 定义如下：

$$\text{Moran's I} = \frac{\sum\limits_{i}^{n} \sum\limits_{j\neq i}^{n} w_{ij}(x_i - \overline{x})(x_j - \overline{x})}{S^2 \sum\limits_{i}^{j} \sum\limits_{j\neq i}^{n} w_{ij}} \tag{1-9}$$

2）对于局部位置 i 的空间自相关，莫兰指数 I（Moran's I）的概念界定如下：

$$I(d) = Z_i \sum\limits_{j\neq i}^{n} w_{ij} Z_j \tag{1-10}$$

其中，n 表示观测值的总数；x_i 表示位置 i 的观测值；Z_i 表示 x_i 的标准化形式，$Z_i = \frac{(x_i - \overline{x})}{\sigma}$。$\overline{x}_i = \frac{1}{n}(\sum\limits_{i}^{n} x_i)$，$S_i^2 = \frac{1}{n}[\sum\limits_{i}^{n}(x_i - \overline{x})^2]$。$w_{ij}$ 表示对称的空间权重矩阵，具体见表 6-5。w_{ij} 按照行和归一化后的空间权重矩阵（每行的和为 1），表示非对称的空间权重矩阵。

莫兰指数 I（Moran's I）的范围处在 -1~1，0 代表不相关，若大于 0 则代表正向自相关，当前位置与相邻位置是低低或高高的关系，也就意味着，低值和低值是相邻的或者高值和高值是相邻的；小于 0 则代表负向自相关，当前位置与相邻位置是低高或高低的关系，也就是说，低值和高值是相邻的。根据前面假定的空间数据分布特征能够计算莫兰指数 I（Moran's I）的均值（期望值）和方差。

对于正态分布假设：

$$E(I) = -\frac{1}{n-1} \tag{1-11}$$

$$Var(I) = -\frac{n^2 w_1 - nw_2 + 3w_0^2}{w_0^2(n^2-1)} \tag{1-12}$$

对于随机分布假设：

$$E(I) = -\frac{1}{n-1} \tag{1-13}$$

$$\text{Var}(I) = -\frac{n[(n^2-3n+3)w_1-nw_2+3w_0^2]-k_2[(n^2-n)w_1-2nw_2+6w_0^2]}{w_0^2(n-1)(n-2)(n-3)} \tag{1-14}$$

其中，$w_0 = \sum_i^j \sum_j^n w_{ij}$，$w_1 = \frac{1}{2}\sum_i^j \sum_j^n (w_{ij}+w_{ji})^2$，$w_2 = \sum_i^n (w_{i.}+w_{.i})^2$，$w_{i.}$ 是

第 i 行权重值的总和，$w_{.i}$ 是第 i 列权重值的总和。$k_2 = n\dfrac{\sum_i^n (x_i-\bar{x})^4}{[\sum_i^n (x_i-\bar{x})^2]^2}$。

原假定为没有空间自相关。通过对下列标准化统计量的正态分布，可进行假设检测：

$$Z_i = \frac{I-E(I)}{\text{Var}(I)} \tag{1-15}$$

Moran's I（莫兰指数 I）如果在统计学上显著为正，则说明存在着正向的空间关联性，即在一个区域中各位置的观测值是相似的；如果 Moran's I 在统计学上是显著为负，则说明存在着负向的空间关联性，那么意味着在一定区域中各位置的观测值之间并不相似；若 Moran's I 接近于零，则表明观测值之间的空间分布是随机的，并无空间关联性。

（2）Geary's C 指数。

1）对于全局空间自相关，Geary's C 的计算表达式如下：

$$C(d) = \frac{(n-1)\sum_i^n \sum_j^n w_{ij}(x_i-x_j)^2}{2nS^2\sum_i^n \sum_j^n w_{ij}} \tag{1-16}$$

2）对于局部位置 i 的空间自相关，Geary's C 的计算表达式如下：

$$C_i(d) = \sum_{j\neq i}^n w_{ij}(x_i-x_j)^2 \tag{1-17}$$

其中，w_{ij} 代表空间权重矩阵。C（d）和 C_i（d）分别为全局空间自相对与局部位置的空间自相关系数，其值总是为正的。此处假设检验结果若是没有空间自相关性，那么 C 的平均数是 1；如果显著性的值是低值（处在 0~1），则表示具有正向的空间自相关；显著性的值若是高值（大于 1），则表示具有负向的空间自相关。

六、技术路线

本书技术路线如图 1-21 所示，研究推进具体包括以下内容：

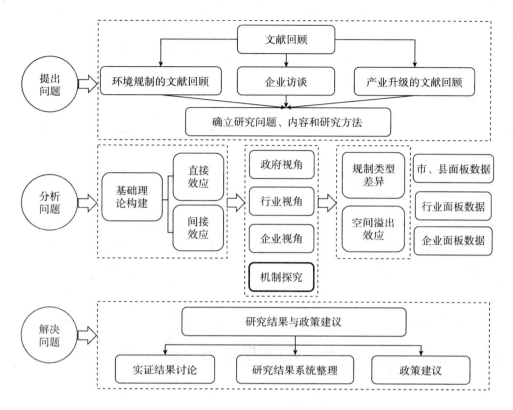

图 1-21 技术路线

（1）根据研究目标与研究内容进一步收集、整理相关文献。重点关注环境规制与产业结构转型的相关文献和研究成果；基于文献研究，归纳研究逻辑，从理论上提炼环境规制对产业结构升级的驱动效应和影响机理。

（2）确立研究问题，有针对性地与政府相关部门和江西省部分高污染、高耗能等企业进行访谈，并通过结合访谈法从宏观和微观角度初步了解江西省环境规制政策与产业结构、产业布局的现状。

（3）从政府、行业、企业三个视角将不同的特征变量引入模型，考察其调节效应。同时，考虑到环境规制类型差异，对比分析，从市级层面分析环境规制政策的溢出效应。

（4）基于文献研究法、访谈法的研究成果，进行实证研究设计，提出研究模型与研究假设。依据研究目标结合既有研究成果，建立环境规制对产业结构转型影响的研究模型、研究假设和实证方案。

（5）根据研究模型，构建合适的指标体系，进一步联系江西省统计局选择合适的数据库进行匹配，收集江西各市级层面的面板数据；利用计量经济学模型进行数据分析与讨论。依据研究假设，选择 SYS-GMM 及空间计量模型等不同的面板数据回归方法，并进行对比分析、假设检验、结果讨论与分析。

第二章
理论基础

　　本章重点介绍本书所涉及的理论基础，为实证研究提供理论依据，主要从三个方面展开论述：一是环境规制理论基础；二是产业结构升级理论基础；三是环境规制与产业结构理论基础。

一、环境规制理论

（一）环境规制概述

　　一般而言，环境规制是指一国政府为降低环境污染和保护环境所拟定并执行的一系列保护生态环境的政策方案与办法的总称，它主要包括收取排污费用、制定环境标准、加大环境治污投入、实施排污许可证制度、控制污染物排放总量制度等。

　　广义的环境规制可以划分为管制型、市场经济型、信息型或劝导型、协作型四类。管制型环境规制指政府行政部门所出台的关于保护生态环境的方针政策、方案、措施和法规等，并规定企业应当无条件地执行相应的规章制度和法规，一旦企业触犯了相关法规，就会受到相应的行政处罚。市场经济型环境规制指政府部门利用市场机制、价格机制和竞争机制进行资源配置、供需平衡与优胜劣汰，以鼓励企业降低废物的排放量。市场经济型环境规制一般划分为费用型环境规制和投资型环境规制两种，包括交易许可证、排污费、环保税收、经济补贴等规制手段（张平等，2016）。信息型或劝导型环境规制涉及自然教育、生态环境标签、环境公开信息等规制手段。协作型环境规制涉及自愿调解、自愿协议和森林认证等规制手段。在这四大环境规制类别中，市场经济型环境规制可以有效降低环境成本，激励企业进行技术创新，产生技术激励效应，成为今后环境规制发展的主要趋势之一。

　　而学术界一般将环境规制分为三种类型，如表2-1所示。鉴于此，本章探讨了这三种不同类型的环境规制对产业结构转型的影响效应（具体见第六章）。

表 2-1 环境规制的分类和优缺点

分类	优点	缺点
命令—控制型环境规制	对于企业应付更繁杂的生态问题与科学技术风险问题有优越性	每个企业都负担了一定份额（通常是相同）的污染物控制，但并未将企业的成本差异问题考虑进来，同时很可能会影响污染物控制方面的技术创新，打击企业进行技术创新的积极性
市场—激励型环境规制	以相对低廉的成本达到了较好的环境管理效果，能持续性激励企业进行技术革新级的扩散	实施过程中将面临着诸多阻碍，如来自利益集团的强烈阻挠、社会公众的强烈抵触以及复杂的方案设计与执行过程程序
自愿型环境规制	公众参与和社会舆论监督，可以减少对政府部门的监督成本，并赋予公司更大灵活性以形成更强的技术创新激励（李青原和肖泽华，2020）	如果无政府强制，这种规制工具很可能会流于形式并沦为欺诈消费者的广告宣传工具

实际上，未来的经济发展，既需要正式环境规制工具（如命令—控制型环境规制），又需要非正式环境规制工具（如市场—激励型、公众参与型或自愿型环境规制），更需要不同环境规制政策工具的联合使用，以确保生态环境的状态保持在较为良好的水平上。

（二）我国环境规制演进情况

我国环境规制的发展历程与经济转型的阶段相融合，根据经济发展不同阶段可将环境规制的演进划分为以下阶段：

（1）经济快速发展阶段（1978~1993年）。1978年党的十一届三中全会的召开，标志着改革开放的开始，也是我国经济体制从计划经济转变为市场经济的标志。在这一时期，虽然由于改革开放的有利政策使国民经济发展步入了快速增长时期，但之前我国计划经济体制的实行，国家统一负责物资的调拨和分配，使制造型企业的信息完全封闭及缓慢发展造成了资源的浪费和低效率，从而引发了严重的环境污染问题。在这一时期之前，我国把关注力主要放在了发展经济上，并没有对环境进行有效的管控。直到1978年，我国首次将保护环境写入《宪法》中，这标志着我国环境规制的伊始。第二年，我国就颁布了《中华人民共和国环境保护法（试行）》，使环境规制的工作有法可依；随后，我国分别在1983年和1989年召开了两次关于保护环境的主题会议，使得人们逐渐认识到应将发展经济与保护环境统一起来；更具历史性的事件发生在1992年，我国签署了《联合国气候变化框架公约》，这标志着我国开始将经济发展战略向清洁能源技术和可持续发展方向的转折（金刚等，2020）。此阶段中国环境规制政策的发展历程如表2-2所示。

表2-2　中国经济快速发展阶段的环境规制

年份	组织机构	相关法律	行政法规	部门章程	其他
1978					中国第一次将环境保护列入《宪法》之中
1979		颁布《中华人民共和国环境保护法（试行）》			
1982	撤销了国务院环保领导小组办公厅，城市建设工程环境保护部对内增加环保局				
1983					第二次全国环境保护会议召开
1984	5月成立环境保护委员会，12月环境保护局改名为国家环境保护局				
1986		颁布《中华人民共和国渔业法》			
1987			公布《化学危险物品安全管理条例》		
1988	国家环境保护局成立				
1989		颁布《中华人民共和国环境保护法》		公布《饮用水水源保护区污染防治管理规定》	第三次全国环境保护会议召开
1991		颁布《中华人民共和国水土保持法》		公布《全国机动车尾气排放检测管理制度》（暂行）	
1993			公布《核电厂核事故应急管理条例》		

资料来源：依据中华人民共和国生态环境部和中国环境标准网（http://www.es.org.cn.cn.）数据汇总。

（2）经济高速发展阶段（1994～2012年）。党的十四届五中全会和党的十五大明确提出了要实行可持续发展战略和两个"根本转变"，即要从过去的计划经济体制和粗放型增长方式向社会主义市场经济体制和集约型的增长方式转变。直到党的十七大的召开，强调要深化改革开放，加快转变经济增长方式，全面建设小康社会。在这一发展阶段，我国经济发展方式实际上明显落后于我国经济的增长速度，我国依靠人口红利和能源红利等在推动经济的增长，而技术推动的作用较少，最终导致一系列的环境污染问题（资源枯竭、水体污染、空气污染、土壤污染等）的出现。鉴于此，我国颁布了许多环境规制政策，其中主要包括：1994年《中国21世纪议程》的提出，该议程中明确提出了环境污染问题的有效解决办法，是联合采用立法和经济等手段；1996 年和 2002 年，我国先后召开了全国第四次和第五次环境保护会议，在会议上分别颁布了《关于加强环境保护若干问题的决定》和《国家环境保护"十五"计划》，并明确提出了环保是实现可持续发展战略的关键所在，全面系统组织部署"十一五"时期的环保管理工作，并明确提出了环保管理工作的目标、各项任务和具体措施；2009 年，我国领导人在联合国国际气候峰会上做了重要讲话，承诺了要进行"减排四举措"，即加强节能减排、增强能效、降低二氧化碳排放量、优先发展可再生能源和核电（许广月，2010；黄和平等，2021）；2010 年我国"十二五"规划的制定，主要就新能源开发和现代能源产业的建设及发展问题做了讨论，提出要变革能源生产及利用方式，还要建立稳定、安全、洁净、经济的现代能源体系等（陆宇海和邹艳芬，2021）。此阶段中国环境规制政策的发展历程具体如表 2-3 所示。

表 2-3 中国经济高速发展阶段的环境规制

年份	组织机构	相关法律	行政法规	部门章程	其他
1994			公布《中华人民共和国自然保护区条例》		我国政府发表了《中国 21 世纪议程》、《中国 21 世纪人口、环境与发展白皮书》
1995		颁布《中华人民共和国固体废物污染环境防治法》			明确提出《关于国民经济和社会发展"九五"计划和 2010 年远景目标建议》
1996		颁布《中华人民共和国环境噪声污染防治法》	公布《中华人民共和国野生植物保护条例》		第四次全国环境保护会议召开
1997			公布《关于加强农用运输车管理意见的通知》和《电磁辐射环境保护管理办法》		
1998	国家环境保护局升格为国家环境保护总局（正部级）	修正《中华人民共和国森林法》	公布《关于酸雨控制区和二氧化硫污染控制区有关问题的批复》和《关于限制停止生产销售使用车用含铅汽油的通知》	公布《国家危险废物名录》	

续表

年份	组织机构	相关法律	行政法规	部门章程	其他
1999		颁布《中华人民共和国气象法》；修订《中华人民共和国海洋环境保护法》		公布《近岸海域环境功能区管理办法》、《关于加强社会生活噪声污染管理的通知》、《污染源监测管理办法》和《环境保护行政处罚办法》	
2000		颁布《中华人民共和国大气污染防治法》；修订《中华人民共和国渔业法》			
2001		颁布《中华人民共和国防沙治沙法》		公布《关于发布轻型汽车和柴油车限期停产车型名录的通知》、《关于划分高污染材料燃料的规定》、《关于加强铁路噪声污染防治的通知》和《畜禽养殖污染防治管理办法》	
2002		修订《中华人民共和国水法》、颁布《中华人民共和国环境影响评价法》和《中华人民共和国清洁生产促进法》	公布《危险化学品安全管理条例》，并废止《化学危险物品安全管理条例》；公布《排污费征收使用管理条例》	公布《摩托车报废标准暂行规定》	党的十六大召开、第五次全国环境保护会议召开
2003		颁布《中华人民共和国放射性污染防治法》	公布《医疗废物管理条例》		中共十六届三中全会召开
2004		修订《中华人民共和国固体废物污染环境防治法》	公布《危险废物经营许可证管理办法》		
2005	成立中华环保联合会	颁布《中华人民共和国可再生能源法》	公布《放射源分类办法》		公布《关于落实科学发展观加强环境保护的决定》
2006			公布《防治海洋工程建设项目污染损害海洋环境管理条例》和《中华人民共和国濒临危险野生动植物进出口管理条例》	公布《关于修改〈放射性同位素与射线装置安全许可管理办法〉的决定》、《国家级自然保护区监督检查办法》等	第六次全国环境保护会议召开

续表

年份	组织机构	相关法律	行政法规	部门章程	其他
2007		颁布《中华人民共和国城乡规划法》；修订《中华人民共和国节约能源法》	公布《全国污染源普查条例》	公布《城市放射性废物管理办法》和《环境检测管理办法》	党的十七大召开
2008	国家环境保护总局升格为环境保护部，成为国务院组成部门	颁布《中华人民共和国循环经济促进法》	公布《废弃电器电子产品回收管理条例》	公布《国家危险废物名录（新）》、《危险废物出口核准管理办法》等	
2009			公布《放射性物品运输安全管理条例》	公布《限期治理管理办法（试行）》、修订《新化学物质环境管理办法》等	
2010			公布《消耗臭氧层物质管理条例》	公布《突发环境事件应急预案管理暂行办法》、《放射性物质运输安全许可管理办法》等	
2011					发布《国家环境保护"十二五"规划》、第七次全国环境保护大会召开
2012			发布《气象设施和气象探测环境保护条例》		党的十八大报告把生态文明、经济、政治、文化和社会建设并列起来，并特别强调了生态文明建设

资料来源：依据中华人民共和国生态环境部和中国环境标准网（http：//www.es.org.cn.cn.）的资料整理。

（3）经济增速转换阶段（2013年至今）。我国经济逐渐进入"新常态"，高速增长的经济步伐有所减缓，转向中高速增长阶段。由强调速度、规模的粗放型增长方式转变为强调效率、质量的集约型增长方式，从增量扩能向调整存量、做优增量的转变，经济发展动力由传统强调规模、速度增长转向强调创新驱动增长。这一阶段，环境规制出现了新的问题，一旦处理不当，将会使环境危机进一步加剧，新问题累积，从而错失提高环境质量的大好机会（王镝和唐茂钢，2019）。同前几个阶段一样，生态环境问题虽也有所改善，但还面临着经济社会发展较多地依靠资源红利（资源过度使用）、资源能耗高消耗、污染物排放量高强度、产出率低和经济效益差等特点。面对这些环境问题，我国强调了要将经济社会的发展和社会主义生态文明建设协调统一起来，也强调了政府、企业和个人都是生态文明的重要建设者，尤其是绝不能因为一时的经济增长而牺牲环境（谢伦裕等，2018）。此阶段中国环境规制政策的发展历程具体如表 2-4 所示。

表 2-4　中国经济增速转换阶段的环境规制

年份	组织机构	相关法律	行政法规	部门章程	其他
2013			发布《城镇排水与污水处理条例》、《畜禽规模养殖污染防治条例》	发布《突发环境事件应急预案管理暂行办法》	
2014		颁布《中华人民共和国环境保护法》（第八次修订）			
2015		颁布《中华人民共和国大气污染防治法》		发布《突发环境事件调查处理办法》	
2016		颁布《中华人民共和国环境影响评价法》、通过了《中华人民共和国环境保护税法》	发布新《中华人民共和国节约能源法》、新《中华人民共和国水法》等	发布《环境监测数据弄虚作假行为判定及处理办法》、《放射性物品运输安全监督管理办法》等	
2017		颁布《中华人民共和国土壤污染防治法（草案）》	修改《建设项目环境保护管理条例》、《中华人民共和国环境保护税法实施条例》	发布《建设项目竣工环境保护验收暂行办法》	党的十九大召开
2018	组建生态环境部，中华人民共和国生态环境部正式揭牌	开始实行《环境保护税法》，开始推行新修订的《水污染防治法》、《中华人民共和国核安全法》等		发布《实施环境保护查封、扣押暂行办法》、《排污许可管理办法（试行）》等	第八次全国生态环境保护大会召开
2019		正式修订了《中华人民共和国环境影响评价法》	发布《规划环境影响评价条例》	发布《土地储备管理办法》、《畜禽养殖废弃物资源化利用工作考核办法（试行）》等	第十三届全国人民代表大会常务委员会第七次会议取消了环评资质
2020		颁布《中华人民共和国固体废物污染环境防治法》、《中华人民共和国长江保护法》等	发布《碳排放权交易管理暂行条例》	发布《废旧轮胎综合利用航运业规范公告管理暂行办法》、《土壤污染防治基金管理办法》等	《排污许可证申请与核发技术规范》等
2021			发布《排污许可管理条例》	发布《碳排放权交易管理办法（试行）》、《企业环境信息依法披露管理办法》等	《辐射环境监测技术规范》、《固体废物信息化管理通则》等

资料来源：中华人民共和国生态环境部-生态环境标准（https：//www.mee.gov.cn/ywgz/fgbz/bz/）的资料整理。

此外，我国环境法律体系建设情况如表 2-5 所示。

表 2-5　2002~2020 年我国环境法律体系建设状况

年份	全国已办理人大、政协环保建议与提案数（件）	制定环境保护地方性法规数（件）	制定环境保护地方性政府规章数（件）	设立地方环境标准数（项）	受理环境行政复议案件数（起）	做出环境行政处罚决定的案件数（起）
2002	11045	32	83	7	285	100103
2003	11614	25	56	25	230	92818
2004	12391	22	58	16	271	80079
2005	12240	30	40	12	211	93265
2006	10253	38	41	24	208	92404
2007	11726	20	32	26	520	101325
2008	12718	21	29	13	528	89820
2009	10888	22	17	11	661	78788
2010	11600	22	20	103	694	116820
2011	12974	—	—	15	838	119333
2012	19467	23	33	19	427	117308
2013	18212	29	41	31	550	139059
2014	21236	31	27	14	544	97084
2015	19917	22	30	38	701	102084
2016	19023	61	31	58	562	124706
2017	18272	91	41	48	1077	233000
2018	14479	125	50	100	1360	186000
2019	15313	152	42	72	1239	163000
2020	9400	87	152	22	685	126000
均值	14356	47	46	34	610	118579

资料来源：根据历年生态环境统计年报和《中国环境年鉴》整理。

（三）环境规制理论

1. 外部性理论

外部性又称溢出效应、外部影响等，是由经济学家马歇尔于 1890 年在其《经济学原理》一书中首先提出的，他将外部性定义为企业或个人对其他群体（或个人）造成的无意的且不用补偿的副作用。萨缪尔森把外部人界定为个人或公司的经济行为使自己以外的人受益或受损的情况，厂商或个人的经济行为会对社会与他人产生的非市场化影响，即经济活动中存在着不用支付交易成本的交易。斯蒂格利茨认为，如果个人或企业的经济行为对他人产生了影响，却没有对该行为带来的后果给予支付或获取利益，就会产生外部性等。

综上所述，尽管学术界对外部性的理解有着不尽相同的说法，但其含义大致反映在以下两个方面：一是社会经济参与者（社会或个人）的经济活动对他人造成的影响；二是由于这些影响中具备的非市场化的特点，也即外部性特征很难通过市场机制表现，从而使得价格机制无法有效地反映市场上资源紧缺的信号，进而导致了社会资源配置无效无能的现象。

此外，对外部性所引起的经济影响也可分成两类：一是正外部性，又称外部经济，指某一经济主体的经济行为或活动会让其他经济主体获利，而并不能直接从对方获取经济回报的行为；二是负外部性，又称外部不经济，指某一经济主体的经济行为或活动会侵犯其他经济主体的权益，而并不要求给对方做出赔偿的行为。

2. 环境标准竞次假说

环境标准竞次假说是研究能源资源、贸易与环境规制政策工具的主要学说之一，指一个国家或地区为发展经济，实行相对次优的环境规制政策（较为宽松的环境管制），压低环境标准，这使得世界其他国家为了保持市场竞争性，也相继降低环境标准的现象，导致环境污染进一步加剧（王洪庆和张莹，2020）。或者说，一些发达国家担心严厉的环境规制政策将会导致本国的污染性工业产业的竞争力减弱（金碚，2009），从而会降低本国的环境规制标准，其他国家出于相同的目的也会陆续降低环境标准，导致整个世界环境质量的下降。

在经济全球化阶段，一些跨国企业为了谋求利润最大化，往往将环境污染密集型产业转移到发展中国家。发展中国家为推动经济增长，增加就业机会，会降低环境标准，以吸引更多来自其他国家企业的投资。发达国家严格的环境规制政策，大大提高了企业的治污成本，从而导致本国工业整体竞争力的减弱，以及企业无法生存而进行裁员等（张峰等，2019）。所以为了保持企业原有的国际竞争优势，发达国家往往会实行较为宽松的环境规制。发达国家的这些行为也会使得发展中国家逐步放宽环境规制标准，如此便产生了恶性循环。

3. 环境成本转移说

环境成本转移学说把价格低廉的初级商品（即资源密集型商品）在各国之间的流转称作"生态流转"，发展中国家进行专业化制造并将初级的劳动密集型和资源密集型商品出口到发达国家，而发达国家则通过大量进口发展中国家的各种资源密集型商品来满足本国的消费需求，将污染物留在了发展中国家。所以，资源密集型商品的"生态流转"实质上是把发达国家的环境成本转移到了发展中国家。更自由化的贸易导致更多的环境压力由进口国向出口国传递，结果就是发达国家或地区的环境质量得到了提高，但其他国家的环境恶化。

一国"环境成本转移"的方式主要有以下四种：①直接进口初级商品。通过直接进口其他国家的初级产品，来替代本国的同类产品，在节约本国自然资源的同时减少了本国生产初级产品的污染排放，而出口国在获得经济利益的同时承担了这部分自然资源成本和环境污染成本。②危险废物的跨境转移。这种转移在很大程度上通过国际贸易来实现。③污染性商品与设备的跨境转移。指企业将淘汰而不用但又无污染配置设施的商品或设备，抑或是将本国明令淘汰或限制使用的生产设备与商品，以国际贸易或其他直接投资方式转让至其他国家，使得其依赖这些设备和工艺等生存的企业又将大量有毒、有害的工业废水、废气、废弃物等未经适当处置就排放到自然环境中，从而造成了污染的传播与扩散。④污染密集型产业转移。污染密集产业的跨国界或跨地区转移造成污染物的空间转移，从而实现环境成本转移。

（四）环境规制强度的测度

环境规制水平或强度代表各地区环保管理的规范程度及管制的严格程度。环境规制强度的测度至今仍然没有一个统一的衡量方法，不同的学者基于不同的原因或视角等使用不同的衡量方法，当前学术界关于环境规制强度的测度方法具体总结如表 2-6 所示。

表 2-6　环境规制强度的衡量方法

衡量方法	代表文献
用工业污染防治投入与产业增加值之间的比例衡量	张文彬等（2010）、张成等（2011）
通过由污染与排放指数所构成的环境规制强度综合指标来评价（即使用污水、废气和固体废弃物的各项指数的加权综合指标来评价）	原毅军和谢荣辉（2014）、傅京燕和李丽莎（2010b）、王杰和刘斌（2014）
用废气与废水污染治理的运行费用与工业总产值的比值来表示	沈能（2012）
用人均收入来反映对环境规制的严格程度，人均收入水平越高，环境规制的力度就越大	林伯强和邹楚沅（2014）
用环境污染治理投资来衡量	Rubashkina 等（2015）、宋马林和王舒鸿（2013）
根据国民生产总值与能源消耗的比率及国民生产总值与空气污染物排放量的比率综合评价	Naughton（2014）
使用与环境规制政策工具有关的立法数量、严格的监督惩罚事件和对媒体的披露程度的综合指标作为环境规制的衡量方法	Cole 等（2008）、Berman 和 Bui（2001）
用居民收入水平、受教育水平、法律援助、政府补助、人口密度和年龄结构等来综合衡量非正式环境规制的指标	Wheeler 和 Pargal（1996）
基于二氧化硫去除率、工业烟（粉）尘去除率两个单项指数，运用加权线性和法逐步建立的正式环境规制政策的综合指标	沈坤荣等（2017）、宋雯彦和韩卫辉（2021）
选取各区域的收入水平、受教育程度和人口密度（规模、结构等）三个指数来衡量非正式环境规制的指标，并运用客观权重赋值法（CRITIC）对城镇在岗员工的平均年薪、城市从业员工大专以上受教育的比率以及人口密度的加权来综合衡量非正式环境规制的强度	原毅军和谢荣辉（2014）、宋雯彦和韩卫辉（2021）
用各地区工业污染治理投资额与该地区 GDP 的比值（百万元/亿元）作为度量环境规制强度的指标，改变量数据值越大，表明环境规制强度越严格	张成等（2011）、郑加梅（2018）

续表

衡量方法	代表文献
根据美国减污运行成本占工业增加值的比重来计算	Ederington 和 Minier（2003）
用环境污染整治投资额和工业废水排放量的比例来衡量	闫文娟等（2012）
选用工业废水处理运营费用与工业废水排放总量的比率以及工业废气治理运营费用与工业二氧化硫排放量的比率为环境规制严格程度的评价标准，比率越高说明环境污染治理的费用越大，表示环境规制越严厉	徐开军和原毅军（2014）
通过地区工业生产废水排污处理达标率、二氧化硫除去率、工业生产烟（粉）尘去除率、单位生产总值废气排放量、固体废物综合使用率、工业生产固体废物处置率六个单项指标来综合反映区域城市废水、废气、废渣等的整治状况，对各污染物给出权重，并通过加权测算正式环境规制指标	王文哲等（2020）
对工业行业环境规制综合的测量方法已扩大到地区层面，具体来看，就是通过加权线性和法，使用工业二氧化硫去除率、工业烟（粉）尘去除率两个单项指数综合构建环境规制指标	王杰和刘斌（2014）、沈坤荣等（2017）
工具变量法，由于市管辖建设区的园林绿化覆盖面与环境治理程度高度关联，受绿色技术创新的影响程度较小，因此选择市管辖建设区园林绿化覆盖面来代替环境规制指标，这有利于克服采用成本类变量的内生性问题。一般而言，市辖区建成区的绿化覆盖率越高，环境规制越严厉	邝嫦娥和路江林（2019）、李敬子等（2015）
至今中国国内因为对于环境规制指标并不能建立同一认识，所以对于环境规制的评价指标体系比较集中在对某些污染物的企业治理与监管等较微观层次的研究，采用不同污染物的排放密度或者排放量来代替环境规制指标	Cole 和 Elliott（2003）
采用某种污染物的治理水平、对厂商接受环保稽查的严格程度、对工厂污染的投入与企业总成本的比率，或是用水污染处理投资总额占工业产出的比例来衡量	钟茂初等（2015）
选取废水排放率、固体废弃物、二氧化硫去除率、烟尘和粉尘去除率来综合衡量	游达明等（2019）

然而，在实证研究中，由于有关数据难以获得且质量不高，在一定程度上也影响着有关研究的进行。通过对表2-6的梳理发现，学者们针对关键变量统计因素的不同，提供了不同方法来衡量环境规制的水平或强度。综合来看，大致有单项指数衡量法、关键经济环境变量替代法、赋值计算法和综合指标衡量法（如第三章使用废水、废气、废物和第五章使用熵值法来衡量环境规制指标）[①]。

1. 基于单项指标的环境规制强度测算方法

Christer 和 Martin（2005）主要从企业的治污行为入手，使用企业的环境治理成

---

① 单项指标测算法是指依托某一直接反映环境规制成本或效应的统计指标进行测算的方法；其他经济变量替代型测算法是指利用与环境规制有关的非污染物指标，近似地度量环境规制的强弱大小；赋值测算法是指依照一定标准，人为地用数字来描述环境规制的严格程度；综合指标型测算法是指通过运用多种环境规制的度量方法，融合多种单项指标以其多方位、较全面地衡量环境规制强度大小的构建方法。

本来衡量环境规制的水平。张成等（2011）衡量了环境规制的强度，认为我国各省级的厂商平均制造成本或者工业污染投资额能够计算这一指标。为满足研究的需求，康志勇等（2018）从"万家企业"[①] 的节能减排行为入手，根据"万家企业"的目标"减碳"规模的大小来衡量环境规制水平的高低。

2. 采用其他经济变量替代型的环境规制强度测算方法

Dasgupta 等（2001）把某个地区的收入水平视为对环境规制力度的替代指数，并认为一个地方收入水平的高低与这个地方治污力度的大小呈正相关关系。陆旸（2009）使用人均 GDP 来代替环境规制强度的高低，重点研究了环境规制下对"高污染、高能耗"类商品进行贸易的相对优势。唐鹏程和杨树旺（2018）从企业利益相关者的视角入手，把企业社会责任评分作为关键指标，研究了生态环境保护对企业发展的影响。

3. 基于人为赋值的环境规制强度测算方法

Van Beers 和 Van Den Bergh（2000）对一个地区的环境规制强度进行量化，按照 1~7 的顺序进行赋值，赋值的大小表示环境规制强度的高低。苦于传统的权重赋值法无从对某一地区的环境规制工具强度的大小进行衡量，李昭华与蒋冰冰（2009）对此进行了拓展，重新确定了赋值的增幅大小，研究了欧盟的环境规制强度的高低对我国纺织业与服装出口的绿色壁垒效应。另外，部分研究者采用虚拟变量来赋值环境规制，若某一地区实施了环境规制政策，则赋值为 1，否则赋值为 0。李永友和沈坤荣（2008）也采用了虚拟变量来衡量我国减排政策，在采用我国省级工业污染数据来考察减排政策时，将我国可以进行污染许可证交易的地区赋值为 1，否则赋值为 0。

4. 基于构建综合指标的环境规制强度测算方法

Dasgupta 等（2001）对 31 个国家和地区的环境规制指标进行了衡量，包括与环境相关的法律法规、环境报告及其他政策等。Feix 等（2008）综合了三种单项指标（即治污监管、治污投入和环境绩效）来衡量环境规制的严厉程度，并研究了这些环境规制的综合指标对农产品的出口状况的影响。而国内学者根据研究需要，也采用了一些方法建立综合指标来衡量环境规制的强度。例如，傅京燕和李丽莎（2010a）采用了五个单项指标（即 SO_2 去除率、废水排放达标率、固体废物综合利用率、烟尘去除率和粉尘去除率）的综合来衡量环境规制的严格程度。刘满凤和李昕耀（2018）则使用均方差赋权法对三个单项指标（即工业废水、工业废气和工业固体废物）的污染排放数据进行综合评价来衡量环境规制的严厉程度，并探讨了我国不同区域内环境规制对产业转移的影响。

———————————

① 根据《中华人民共和国国民经济和社会发展第十二个五年规划纲要》和《"十二五"节能减排综合性工作方案》的指导，国务院会同多部委共同制定了《万家企业节能低碳行动实施方案》。该政策要求选取 2010 年综合能源消费量 1 万吨标准煤以上以及有关部门指定的年综合能源消费量 5000 吨标准煤以上的重点用能单位（以工业企业为主），全国共有 17000 家左右，故称为"万家企业"。

二、产业结构升级理论

产业结构升级的概念界定可以追溯到 1940 年前后，人们通常认为，产业结构升级一般是指，在国民经济中各行业组织内部及其与各产业组织内部之间的技术与数量联系。英国经济学家罗斯托最先提出了产业升级的定义，但一直到现在，国内外学者对于产业升级的定义还没有达成一致的看法（张彦彦，2021）。综合来看，国外学者普遍是从微观角度来界定产业升级，并指出产业升级是企业用来增强竞争力的行为（Gereffi，1999）；涉及行业内、生产要素之间、产品功能间等产业升级的类型（Ernst，2001）；包含技术工艺、跨行业、产品功能等产业升级的类型（Humphrey 和 Schmitz，2002）；也是企业由生产中低附加值产品向高附加值产品发展的过渡（Poon，2004）；是由劳动密集型到资本、技术、知识密集型产业转移的过程（Gereffi 等，2005）；是遵循产品空间理论的产业升级演化的过程（Hausmann 和 Klinger，2007）。而国内学者则多从宏观经济视角来界定产业升级，指出产业转型升级的路径具体表现为产业结构调整（韩永辉等，2015）、产业链升级（杨玲，2017）和产业集群升级（吴义爽，2016；王节祥等，2018）。

本书的产业升级包括两个方面：一是产业结构合理化；二是产业结构高级化。其中，产业结构合理化反映的是产业内部结构比例的合理性，是生产要素投入与产出的耦合程度；产业结构高级化则反映三次产业之间演变的一种形态，指产业形态从低级向高级的演变过程。必须注意的是，产业升级是一种动态的发展阶段，因此产业升级既指产业内的整体结构的升级，也指产业之间形态的升级（如第三产业占比增加、第一产业占比减少等）。此外，因为产业结构调整、产业转型升级、产业结构优化、产业结构升级、产业升级等的定义大同小异，很多文献中将它们等同进行使用，而并未区分。故本书并不把这些概念加以区分，而是混合使用，皆认为是"产业升级"。

（一）产业结构演变理论

通过文献梳理，可以将产业升级发展的演进历程大致分为三个阶段，每个阶段的代表人物和主要观点如表 2-7 所示。

1. 配第—克拉克理论

1672 年，威廉·配第在其作品《政治算术》中阐述了三次产业之间收入的差异性。1940 年，克拉克（Colin Clark）以威廉·配第的研究为基础，在《经济进步的条件》一书中通过分析全球 40 多个国家和地区在不同时期的三次产业的情况，验证

表 2-7 产业升级理论发展的演进历程

阶段划分	时间	代表人物	主要观点
产业升级理论的早期阶段	17~19 世纪	威廉·配第	阐述了三次产业之间收入的差异性
		魁奈	研究了社会各个阶层对纯产品生产的作用和分配比例关系
产业升级理论的形成阶段	20 世纪三四十年代	费希尔	首次提出了三次产业的革命性的划分办法
		赤松要	提出产业发展的雁行形态理论（1935 年），于 20 世纪 60 年代得到了深入探究
		克拉克	总结了不同收入水平下的就业人口在三次产业中分配结构的基本规律，并提出了配第—克拉克定律
		库兹涅茨	论述了居民收入水平和产业结构之间的重要联系，发明了库兹涅茨法则
产业升级理论的较快发展阶段	20 世纪五六十年代	里昂惕夫	对美国经济结构作出了较深入系统的研究剖析
		刘易斯	提出了二元市场经济构成模式，认为市场经济由现代的资本主义部分和传统农业部分构成
		罗斯托	阐述了产业发展的阶段论和主导产业扩散效应论
		拉尼斯	和费景汉共同对刘易斯的二元经济发展理论进行补充与完善，建立了托尼斯—费模式，把二元经济结构的演化过程划分为三个阶段
		筱原三代平	认为收入弹性原则和生产力增长基本原则是日本政府在未来产业结构建设中所应该坚持的原则

了威廉·配第的论点。因此，便有了配第—克拉克理论，该理论把三大国民经济产业划分为农业、工业制造业、建筑业和广义服务业四大行业（于刃刚，1996）。威廉·配第和克拉克在对三次产业变化特征的研究中发现，随着经济的发展和国民人均收入的不断提高（Dagum，1997），劳动力会发生转移，从第一产业转移到第二和第三次产业，从而造成了第一产业劳动力就业人数的下降，而第二产业和第三产业的劳动力就业人数升高的现象（许和连等，2019）。这些产业间的演变与劳动力转移的最主要原因在于，不同产业之间巨大的收入差距。克拉克在威廉·配第研究的基础上展开了更深入的探究，并提出一个国家的经济社会发展可以分成三个阶段：在第一阶段，农业是经济发展最主要的动力，但由于农业的劳动生产率低下，居民的人均可支配收入较少；在第二阶段，制造业成为国民经济发展最主要的动力，由于农业的劳动力大量向劳动生产率较高的制造业转移，居民的人均可支配收入得到了明显的提高；在第三阶段，商业和服务业是经济发展最主要的动力源泉，劳动力再次发生转移，由制造业向迅速崛起的商业和服务业转移，居民的人均可支配收入得到了巨大提高。因此，不难看出，劳动力将会随着国民经济发展水平的提升和劳动生产率的提高而发生转移，一般情况下，劳动力会从第一产业转移至第二产业，再向第三产业转移。表 2-8 总结了以上三个阶段的特征。

表 2-8　经济发展阶段的特征

阶段	特征	劳动生产率比重	国民收入比重	劳动力变动情况
初级阶段	经济发展以农业为主	较低	较低	主要在农业部门从事生产工作
中级阶段	经济发展以制造业为主，制造业部门发展迅速且速度快于农业部门	相对较高	有所提高	从农业部门向制造业部门转移
高级阶段	经济发展以商业和服务业为主，商业和服务业部门发展迅速且速度快于农业和制造业部门	较高	进一步提高	从农业和制造业部门向商业和服务业部门转移

2. 库兹涅茨产业结构论

美国著名的经济学家库兹涅茨在其著作《国民收入与其构成》中提出了产业结构论，他主要从三次产业的劳动力分布情况和国民收入的比重入手，得到了重要发现：①因为农业的劳动生产率较低，农产品的刚需强、弹性小，收入弹性也小，随着居民平均收入的增加，农业部门的劳动力占比和国民收入比重都会逐渐减少；②随着科学技术不断取得突破性进展，制造业投资规模报酬递增，工业部门劳动力占比变化较小，而国民收入占比得到了明显的提高；③由于服务业收入弹性高，劳动力资本集聚相对容易，但其国民收入占比与劳动力占比并非同步上升，因此其劳动力比重逐渐增加，国民收入略有上升。

3. 钱纳里工业化阶段理论

钱纳里依据工业化国家的历史产业相关数据，提出了标准产业结构，指出一个国家的工业化进程一般经历以下六个阶段：第一阶段被称为农业经济阶段，以农业为主，经济发展水平相对较低下；第二阶段被称为工业化初期阶段，这一阶段以生产食品、挖掘和烟草等劳动密集型的初级产品为主；第三阶段被称为工业化中期阶段，这一阶段服务业开始兴起，制造业逐步由轻型生产转向重型生产；第四阶段被称为工业化后期，这一阶段第三产业发展快速，第一产业和第二产业协调发展；第五阶段被称为后工业化社会阶段，这一阶段专业化程度高，分工明确，以技术密集型产业为主导；第六阶段被称为现代化社会阶段，这一阶段科技发展突飞猛进，人们追求个性化需求，经济社会发展将产生持续性的创新动力，以多元化的消费和知识密集型产业为主导。表 2-9 中汇总了钱纳里工业化阶段理论的不同经济发展阶段的相关内容。作为现代化理论的一个重要学说，罗斯托的经济发展阶段论为从经济不发达的发展中国家赶超经济领先的发达国家提供了理论支撑。同时，罗斯托还指出，经济发展阶段论中的第三阶段（即起飞阶段，见表 2-10）是所有阶段中最重要的转折阶段，是一个国家或区域从摆脱贫穷落后时期向繁荣发展时期转变的关键分水岭。

表 2-9 钱纳里工业化阶段理论的经济发展阶段分析

时期	阶段	产业类型	产业结构特征
初级产业	传统社会阶段	传统产业	以农业为主，没有或极少有现代工业
初级产业	工业化初期阶段	劳动密集型产业	以农业为主的传统结构逐渐向以现代化工业为主的工业化结构转变
中期产业	工业化中期阶段	资金密集型产业	由轻型工业向重型工业转变，第三产业开始迅速发展
中期产业	工业化后期阶段	新兴服务业发展较快	第一、第二产业协调发展的同时，第三产业持续高速增长，成为区域经济增长的主要力量
后期产业	后工业化社会阶段	技术密集型产业迅速发展	制造业由以资本密集型产业为主导向以技术密集型产业为主导转变，生活方式更加现代化
后期产业	现代化社会阶段	知识（智力）密集型产业兴起	知识（智力）密集型产业开始从服务业中分离出来，并占主导地位，人们的需求更加多样化

4. 罗斯托经济成长阶段理论

作为经济发展的历史模型，经济成长阶段论又常被称为罗斯托模型或者罗斯托起飞模型。1960 年，罗斯托在其论著《经济成长的阶段》中指出，依据生产力发展状况、科技发展水平、生产结构的演变特征和国民经济主导部门的情况，一个国家或地区的社会经济发展史一般可以分为五个阶段（或称经济成长阶段）。之后的1971 年，罗斯托又在其另一本专著《政治和成长阶段》中为经济成长阶段增加了一个阶段，即第六阶段，又被称为超越大众消费阶段。表 2-10 总结了罗斯托所提出的经济成长的六个阶段的特征等。

表 2-10 罗斯托经济成长各阶段的特征

阶段	主导产业	特征
第一阶段：传统社会阶段	农业部门	通常为孤立或封闭的经济，没有现代科学技术，是以生存为目的而展开的经济
第二阶段：准备起飞阶段	第一产业或劳动密集型的制造业	从传统社会摆脱贫穷落后转向繁荣富强的准备阶段，此阶段的重要任务是经济体制改革
第三阶段：起飞阶段	非耐用消费品的生产部门（如纺织业）和铁路运输业	外国投资增加显著，国家出现一个或多个区域性的增长极，国际贸易从农业产品出口转向劳动密集型产品出口是本阶段完成的标志
第四阶段：走向成熟阶段	重化工业和制造业体系	有效吸收现代化的科学技术成果，并应用于生产中，投资的重点转向资金密集型产业，部分已有的经济增长逐渐向技术创新转变
第五阶段：大众消费阶段	耐用消费品部门	经济部门从以制造业为主转向服务业，经济主体大量利用高科技发展的已有成果，工业高度发达
第六阶段：超越大众消费阶段	提高居民生活质量的部门	生活质量的不断提高是该阶段的发展目标，主导产业部门逐步转向如旅游、教育、社会福利等旨在提高生活质量的部门

（二）产业结构调整理论

1. 刘易斯二元结构转变理论

刘易斯把发展中国家的经济部门界定为两种：一是传统农业生产部门，以农林牧渔业为中心的产业；二是现代城市的经济部门（城市工业部门），主要是以现代制造业为主导的产业。这两类经济部门被称为二元经济结构。由于农业生产率要低于工业生产率，因而农业的工资水平明显要低于工业的工资水平，导致劳动力逐渐由农业生产部门向城市工业部门转移，农业部门的边际生产率有所提高，工业部门的边际生产率有所降低。若农业部门的劳动力全部转移到城市工业部门，那么二元经济结构就变成了一元经济结构。

2. 赫希曼不平衡增长理论

著名的经济学家赫希曼提出了不平衡增长理论学说，他指出，一个国家的经济发展过程实际上是一个不平衡的增长过程，并且往往是先从该国的主导部门开始，逐渐传递到其他部门。不平衡增长理论认为，一个国家应该将有限的资金投入到那些有利于带动其他产业发展的领域中，如钢铁行业，它是能产生重大关联效应的行业，钢铁行业的发展能够带动其产业链前后端产业的发展，不仅能带动其产业链前端的电子和机械行业的发展，而且能带动其产业链后端的能源、矿山和交通等领域的发展。因此，一般认为，一个国家通常会将投资放在具有战略意义的项目（如基础设施建设等）上，这样能够获得一些经济的外部性和发展的机会。也就是说，一个国家政府的投资一般应该选择那些建设周期长、投资金额大，且不易吸引私人投资的公共基础设施建设。

3. 国际产业转移理论

从引发产业在世界各国间转移的主要原因来看，研究者给出了以下三种观点：①由比较优势引发的国际产业转移。在这种情况下，一旦产业转移国丧失了某一行业产业的比较优势，它就会向拥有此产业比较优势的其他国家或地区转移。②由产品的投资周期和制造周期引起的国际产业转移。在这种情况下，产品所处不同阶段下的表现不同：首先是新产品阶段，这一阶段一般由发达国家完成需要投入的大量人力、物力和财力；其次是产品成熟阶段，次发达国家会进行模仿性生产；再次是产品标准化阶段，这一阶段主要依靠熟练的劳动力获取利润，所需投入的人财物明显减少；最后是产品退出阶段，旧产品逐渐退出市场，并开始新产品的投入，进入新一轮产品生产。③由一系列其他经济动因所引发的国际产业转移，许多学者认为是经济集聚效应、产业要素成本等引起的产业跨国转移（林伯强和谭睿鹏，2019；田红彬和郝雯雯，2020），还有一些学者坚持认为是由于利润最大化的驱动引发了国际产业转移等（路正南和罗雨森，2020；史贝贝等，2019；王洪庆，2015）。

（三）产业结构升级的测度

"产业结构"这一概念至今仍然没有一个清晰统一的观点，不同的专家学者对产业结构概念的广义和狭义范畴的界定也仍然存在区别，无法一概而论。研究者从各个视角介绍了自己的研究观点，通过总结概括他们的主要研究观点发现，它们之间具有如下共性：①产业升级是产业结构由较低级产业向更高级产业演变的发展过程；②产业升级的表现是第一产业的占比明显下降，三次产业的占比发生变动等；③三次产业的生产率有所提升。

而关于产业结构升级的测度至今也没有统一的衡量方法，学者出于不同原因使用不同的衡量方法。例如，李邃等（2010）以第三产业占比、服务业占比、产业结构高加工程度和单位产值能耗四个单一指标来综合衡量产业升级；干春晖等（2011）指出产业升级应该用产业结构高级化来表征，因为现代信息化带动下的经济结构服务化是产业转型升级的标志性特征，一旦产业结构向着经济服务型方向发展，就说明产业结构得到了转型升级；在此基础上，徐晔等（2015）从产业结构高度化和产业结构合理化两方面着手评价区域产业升级的潜力；李子伦（2014）以科技创新、人力资源水平与能源效率综合衡量产业升级指标；刘希章等（2017）从三次产业结构、科技进步和能源能耗等方面综合衡量产业结构升级的程度；陈明艺和王璐璐（2019）认为产业升级应该包括产业内和产业间的转型升级，并从生产型服务业的发展规模、产业结构服务化程度、先进生产性行业的发展规模和产业结构的层次系数四个方面来衡量产业升级的水平；张彦彦（2021）认为产业升级本质就是产业价值尤其是附加值的提升，因此从宏观、中观和微观层面能反映产品附加值提高的就业创造能力、环境竞争力、投入产出能力和创新产出能力四大领域综合来衡量产业升级指标；等等。学术界关于产业结构升级测度的主要方法总结如表 2-11 所示。

表 2-11　产业结构升级的衡量方法

衡量方法	代表文献
产业结构高级化，是产业结构水平提高的另一个衡量标准。许多学者都按照配第一克拉克定律把非农业产值的比率用作产业结构升级的评价指标，例如，采用第二产业、第三产业增加值占 GDP 的比率评价产业结构升级。所谓产业结构合理化指的是行业之间的聚合效应，它一方面是产业内部协调发展的体现，另一方面还是社会资源合理使用的体现，也就是说它是投入要素和产出要素耦合性的体现	吕铁和周叔莲（1999）、黄茂兴和李军军（2009）、刘伟等（2008）、徐晔等（2015）
将第三产业产值和第二产业产值之间的比率视为产业结构高级化的度量指标，一旦这个值处在上升态势，即表明经济正在朝服务化的方向发展	干春晖等（2011）
产业间结构升级，采用产业结构升级指数来衡量	徐敏和姜勇（2015）
产业内结构升级，采用资本密集型行业和技术密集型行业的产值占制造业的总产值的比例来衡量	汪伟等（2015）
以各产业部门产出占比和劳动生产率的交乘项来衡量产业结构升级的水平，但为了避免产业内生产率差异性的干扰，参考李逢春（2012）的处理方法，对劳动生产率做开平方处理	刘伟等（2008）、韩永辉等（2017）、宋雯彦和韩卫辉（2021）

衡量方法	代表文献
将第二产业和第三产业的结构比例分别乘以 2 和 3，起到突出第二产业和第三产业的作用，以便更清晰合理地反映产业结构之间的动态演化过程	赵爽和李萍（2016）
关于区域产业升级水平的综合评价，通常单纯选择非农业比重，或第二产业产值占比、第三产业产值占比来粗略衡量产业升级，而上述指数往往只是体现了产业结构发展所处的某一阶段。考虑到数据的可获得性，为了更准确地反映地区内各产业间的分布状况，使用三大产业的地区生产总值作为分量构造向量来衡量产业升级指标	郑金铃（2016）
使用三种指标衡量产业升级的水平：①借用徐敏和姜勇（2015）的办法，将一二三产业都包括在其中，从而建立出了产业结构升级指标；②用工业中资金和技术密集型行业的生产总值占比来衡量工业内部的产业结构从劳动密集型向技术密集型行业的转型升级；③通过房地产业、金融业和运输业、现代物流和邮政业等在第三产业中的生产总值占比来大致反映第三产业的转型升级	汪伟等（2015）
信息化革命所带动的服务化趋势是产业结构升级的一个主要特点，鉴于环境规制政策工具促进了经营结构的服务型与产业结构的高层次化，因此应用服务业增加值和制造业增加值之间的比例关系来反映产业升级指标	郑加梅（2018）
产业结构调整指标具体包括目标层、领域层和指标层三级，该指标数值越大意味着产业结构优化和升级程度越高	徐开军和原毅军（2014）
第二产业产值占比的降低和第三产业产值占比的提高是国民经济内部结构变化的主要趋势，因而选用第三产业的增加值与第二产业增加值的比值来测度产业升级指标	王文哲等（2020）
基于产业供需的演化视角，采用产业收入占比，或是使用产业劳动力的占比来衡量产业结构升级	龚海林（2013）、游达明等（2019）
以第三产业占比、单位生产总值能耗、产业结构高加工度化和现代服务业占比四大指数测度产业结构升级指标	李邃等（2010）
以能源效率、科技创新能力和人力资本水平来综合测度产业结构升级	李子伦（2014）
从三次产业结构、科学技术进步和能源能耗三方面综合衡量产业结构升级水平	刘希章等（2017）
考虑到产业升级既包括产业内部的升级，又包括产业间的升级，主要从生产型服务业的发展规模、产业结构服务化程度、先进生产性行业的发展规模和产业结构的层次系数四个层面来衡量产业升级指标	陈明艺和王璐璐（2019）
考虑到产业升级实质上是产品的附加值的提升，因此，从宏观、中观和微观层面能反映产品附加值提高的就业创造能力、环境竞争力、投入产出能力和创新产出能力四大领域综合来衡量产业升级指标	张彦彦（2021）
认为产业升级应该包括产业内产业效率的提高和产业间产业结构的改善，因此，采用产业结构和产业效率来衡量产业升级的水平	纪玉俊和刘金梦（2016）

本书参考吕铁和周叔莲（1999）的做法，考虑到产业结构的变化主要是由资源重新在各个部门间分配或流动所致，将从产业结构合理化和产业结构高级化两个角度综合测度产业升级的水平。其中，产业结构合理化关注横向内部分析，表征为资源在三

次产业内部的配置、协调和利用效率；而产业结构的高级化关注纵向比较，表征为三次产业之间的资源从较低产出部门流入到较高产出部门。

1. 产业结构合理化的测度

产业结构的合理化是三次产业之间的协调程度和资源利用程度的体现，它主要是通过要素投入结构和要素产出结构的耦合程度来测度。韩永辉等（2017）使用结构偏离度来衡量产业结构合理化，不过这种方法往往忽视了三次产业之间的相对重要性。泰尔指数则解决了结构偏离度的问题，它还具有重要的理论基础，也保留了经济含义。本书参考干春晖等（2011）的处理方法，采用泰尔指数的倒数来衡量产业结构合理化的水平。具体计算公式如下：

$$
TL = \cfrac{1}{\left[\displaystyle\sum_{i=1}^{n} \left(\dfrac{Y_i}{Y} \right) \ln \left(\dfrac{\frac{Y_i}{L_i}}{\frac{Y}{L}} \right) \right]}
\tag{2-1}
$$

其中，TL 代表产业结构合理化水平，Y 代表产值，L 代表就业情况，$\dfrac{Y}{L}$ 代表生产率。若 TL=0，则说明产业结构已达到均衡状态，即产业结构合理；若 TL≠0，则说明产业结构已偏离均衡状态，即产业结构不合理。表2-12是江西省产业结构合理化水平。

表 2-12　江西省产业结构合理化水平

年份	合理化水平	年份	合理化水平	年份	合理化水平	年份	合理化水平
2001	0.918	2006	0.46	2011	0.487	2016	0.853
2002	0.894	2007	0.566	2012	0.512	2017	0.759
2003	0.852	2008	0.547	2013	0.579	2018	0.584
2004	0.735	2009	0.525	2014	0.816	2019	0.367
2005	0.674	2010	0.491	2015	0.795	2020	0.214

2. 产业结构高度化的测度

产业结构高度化，也被称为产业结构高级化，是指产业结构由低层次向高层次不断发展演化的历程。其发展路径包括：①由第一产业占主导转变为第二产业和第三次产业占主导；②由中低附加值产业占主导转变为高附加值产业占主导；③由劳动密集型产品占主导转变为知识、技术和资本密集型产品占主导地位。在以上转变过程中，劳动力等资源和生产要素不断地由生产率低的部门（如农业部门）转移到生产率高的部门（如工业部门），使得生产率高的部门占比不断提高，所以产业结构高级化实际上既包括数量（结构占比）的提高，又包括质量（劳动生产率）的提升。本书借用刘伟等（2008）的处理方法，使用三次产业结构的比例和劳动生产率两个单项指标的综合来衡量产业结构高级化的水平 H，其具体的测度方程如下：

$$H = \sum \nu_{it} \times LP_{it} \qquad (2\text{-}2)$$

其中，i 既可以为 1、2、3，表示第一产业、第二产业、第三产业，也可以是 1，2，3，…，m，表示细分的 m 个产业部门，ν_{it} 表示单位时间内产业 i 的产值在 GDP 中所占比例，LP_{it} 是产业 i 的劳动生产率。劳动生产率具有量纲，但事实上产业产值比重并无量纲，所以需要对劳动生产率进行标准化处理。具体计算公式如下：

$$LP_{it}^{N} = \frac{LP_{it} - LP_{ib}}{LP_{if} - LP_{ib}} \qquad (2\text{-}3)$$

其中，LP_{it}^{N} 代表国家或地区标准化的劳动生产率，LP_{ib} 和 LP_{if} 分别代表工业化开始和完成时第 i 产业的劳动生产率。LP_{it} 代表在时点 t 时的产业 i 的劳动生产率，具体公式如下：

$$LP_{it} = \frac{VA_{i}}{L_{i}} \qquad (2\text{-}4)$$

按照 Chenery 等（1986）的标准模型，分别把人均收入 905.8 美元和人均收入 13587 美元作为工业化的起始点与终结点[1]，具体标准如表 2-13 所示。

表 2-13 工业化进程中劳动生产率的标准

标准	劳动生产率（1970 年/美元）	劳动生产率（2016 年/美元）	劳动生产率（2016 年/人民币）
工业化的起点：人均收入标准是 905.8 美元（2016 年/美元）			
第一产业	70	452.90	2820.842
第二产业	292	1889.24	11766.94
第三产业	340	2199.80	13701.23
工业化的终点：人均收入标准是 13587 美元（2016 年/美元）			
第一产业	1442	9329.74	58109.35
第二产业	3833	24799.51	154461.30
第三产业	1344	8695.68	54160.17

产业结构高级化的测度结果如表 2-14 所示，如果产业结构高级化的指标越大，则说明产业结构高级化的水平越高。

表 2-14 江西省产业结构高级化水平

年份	高级化水平	年份	高级化水平	年份	高级化水平	年份	高级化水平
2001	1.124	2006	0.678	2011	0.619	2016	0.900
2002	1.033	2007	0.664	2012	0.649	2017	0.946
2003	0.878	2008	0.682	2013	0.665	2018	1.067
2004	0.816	2009	0.692	2014	0.704	2019	1.090
2005	0.757	2010	0.620	2015	0.801	2020	1.116

---

① 原文以 1970 年美元计算，工业化起点和终点分别是 140 美元和 2100 美元，我们将其折算为 2016 年美元。通过美国 CPI 数据可知，1970 年美元换算为 2016 年美元的换算因子为 6.476。

三、环境规制与产业结构理论

（一）遵循成本说

传统的新古典经济学认为，环境规制实施的主要目的是使得企业污染排放的负外部性能够内在化，它是基于静态的视角来防止"市场失灵"。由于环境规制的实施会增加企业在治污处理和环境保护等方面的成本，这就将环境成本从由社会公众承担转为由排放污染的企业承担。在企业的资源配置、生产技术水平等保持不变的情况下，这对企业来说额外增加的环境成本会增加企业生产经营成本、降低企业的经营效率、减少企业的经济产出等，从而削弱企业的竞争力、降低企业的盈利能力。

上述观点被称为遵循成本说，持该观点的人认为社会利益与企业利益类似鱼和熊掌的关系，难以兼得。然而，遵循成本说是基于静态的视角，因此，Porter（1991）最早基于动态的视角提出了创新补偿说，认为适当强度的环境规制会产生创新补偿效应，能激励企业提高技术创新水平，优化企业资源配置等，从而有利于实现保护环境与提高经济绩效的双赢，也即波特假说。

（二）波特假说

新古典经济学认为，尽管环境规制政策的实施从整体来看会对社会经济形成正外部性，但对企业自身来说，额外增加的环境成本会提高企业生产经营成本、减弱企业市场竞争力、降低企业盈利能力等，从而对经济增长产生负面影响。

直到 1991 年，美国著名的经济学家 Porter 提出了"波特假说"，才打破了传统新古典经济学关于环境规制政策对经济增长产生负面效应的理论研究框架，提出了新的观点，肯定了环境规制对于经济社会的正向作用。Porter 指出，环境规制和经济发展（或经济增长）之间的关系不能简单地理解为"对立关系"，恰恰相反，合理的环境规制强度有助于激发企业技术创新的活力、提高企业经营效率等，进而抵消因保护环境而增加的那部分成本（一般称为环境成本），提高了企业获利能力（见图 2-1），从而打破了传统的主张环境规制和经济增长关系不协调的看法（韩晶等，2019）。究其原因，主要是传统的理论是基于企业静态竞争的角度，对环境规制与经济增长的因果关系进行判断（王洪庆，2016），而波特假说从企业动态发展的角度出发，环境规制实施初期，企业会因为治污处理和环境保护等增加额外的成本，但是伴随时间的推移，企业将通过开展技术创新活动持续寻求环境规制政策与经济增长的均衡点，推动企业产能与竞争力的提升，进而达成保护环境与发展经济的"双赢"（郭进，2019）目标。根据产业结构变化和经济增长之间的紧密联系，可以推知环境规制带动的企业技术创新能力的提高（马歆等，2019；王锋正等，2018），间接地推动产业升级。

图 2-1　波特假说的基本思路

后来，经济学家把波特假说具体细分为三种类型。一是弱波特假说，认为企业因为环境规制实施而增加的成本刺激了其创新活动的开展，但对于技术创新是不是真的可以给企业带来积极的影响则是不确定的；二是强波特假说，认为企业所进行的技术创新能够给企业带来收益和效益，并且所带来的收益足以补偿用于抵消由环境规制的实施所产生的那部分额外成本（江珂和卢现祥，2011；王国印和王动，2011；原毅军和谢荣辉，2016）；三是窄波特假说，认为灵活的环境规制政策可以促进企业持续开展技术创新活动，使得企业获取更多的收益，该种方法达到的效果要好于政策型环境规制。

（三）可持续发展理论

早在 1980 年 3 月 5 日，联合国国际会议就向全世界提出"应该深入研究自然界的、人类社会的、自然环境的、经济社会的及其使用自然资源的关系，以确保人类的可持续发展"的号召，但当时世界人民对于联合国的这种号召显然是迷惑不解的，也因此并没有在世界各国产生相应的回响。直至 1987 年，联合国世界环境与发展委员会（WCED）发表了《我们共同的未来》，才在世界各国引发了可持续发展的共鸣。"可持续发展"的观点在该报告中第一次被明确提出，并把其定义为"既满足当代人的需要，又不危害后代人满足其需要的能力"。

在过去近 40 年间，关于人类社会的发展、生态自然资源的保护等成为全球性的热门话题，在全球范围内的各级政府部门、社会组织部门、科学界和商界等产生了持续至今的反响，加速促进了可持续发展思想的形成（邹艳芬，2014）。

（1）可持续发展的含义。内涵丰富，既是目标，也是手段；既重视经济发展，也重视环境保护。在某种程度上，可持续发展是经济发展和环境保护之间难以抉择的结果（钱俊生，1999）。

1）世界各国广泛认同的可持续发展理念的内涵。1987 年有关世界发展和环境的报告《我们共同的未来》中明确提出了可持续发展的内涵。之后 1987 年 5 月，联合国环境规划署举行了第 15 届理事会，会上经过反复讨论，最终公布了《有关可持续发展的声明》。其要点分别为：一是所谓可持续发展，指的是既符合当前需求但又不损害子孙后代满足需要能力的发展。二是要实现可持续发展，必须包含国内合作和全球的环境均衡等，应根据发展中国家的发展目标、发展计划等，向其提供援助。三是可持续发展意味着要有一个支援性的全球经营环境，促进全世界尤其是发展中国家的可持续性的经济增长，这对生态环境的良性发展有着重要意义。四是为了保护、合理利用和改善资源基础，保障国民经济的健康发展与环境抗压力的能力，在发展规划与政策措施中加入对环境保护的重视和考虑，但这并不代表在国家援助或资助等方面的某种新形式的附加条件（孙志东，1997）。就此，可持续发展理论从概念意义上获得了普遍的接纳和认同，并于 1992 年联合国环境与人类发展会议上获得了世界范围的广泛共识。

2）我国政府对可持续发展概念的基本认识。《中国可持续发展报告》指出，联合国宣言所提出的可持续发展概念不但符合世界的利益，也反映了中国自身的合理需求和利益。我们共同的地球并非整齐划一，而是出于不同原因，尤其是由于发达国家经过长时间的殖民统治，各国之间有强弱和贫富之分：其一，主要体现在发达国家和发展中国家之间的贫富悬殊；其二，主要体现在发达国家集中了世界主要的资本和领先的科技，对更高要求的环保需求形成了巨大的消费市场，而发展中国家则不仅技术落后、资金不足，甚至对环境的要求等客观上也都落后于发达国家。所以，全球范围内开展合作成为我国可持续发展的关键，但在国际贸易合作中，假如用发达国家的环境标准来规定发展中国家，并将其视为对发展中国家提供援助、进行交易等的附加条件，那么就必将侵犯发展中国家的主权和利益。所以，可持续发展并不意味着在提供援助和进行国际贸易等方面的附加条件。

（2）可持续发展的影响因素。可持续发展范畴的丰富内容，却使其具体内涵显得有些模糊。效率分配、社会公平与平等、环境污染管理、生物物种多样性、共同富裕、生活质量的改善等都被用于界定和阐释可持续发展，并且从各个侧面论述可持续发展的实现条件和实施方法，形成各具特点的可持续发展路径。而归纳起来，关于可持续发展的论述也无外乎自然资源与生态环境两大方面，所涉及的主要内容如表 2-15 所示。

表 2-15　可持续发展的主要影响因素

主要问题		影响因素
污染	温室效应/气候变化	CO_2、NO_2、CH_2、CFC_5、O_3 的排放，毁林
	臭氧层破坏	CFC_5 的排放
	酸雨现象	SO_2、NO_x、CH_3、O_3 的排放
	有毒污染	重金属、化肥、射线、NO、噪声、氯化物等

续表

主要问题		影响因素
可再生资源的减少	生物的种族灭绝	土地利用的改变、人口压力、过度捕捞、过度放牧、气候变化、臭氧层的破坏
	毁林	土地利用的改变、人口压力、过度砍伐、气候变化
	耕地减少、土壤肥性下降	人口压力、城市化、气候变化
	水量减少	不可持续利用、气候变化
可耗竭资源的减少	资源的衰减	采矿等
其他环境问题	人口拥挤	交通等

资料来源：Ekins P. The Environmental Sustainability of Economic Processes：A Framework for Analysis［J］. Toward Sustainable Development，1992（28）.

从表2-15中不难看出，环境污染（如温室效应、酸雨、大气污染、放射性污染、臭氧层破坏等）、可再生资源的减少（如生物物种的灭绝、毁林、耕地退化、土壤肥性下降、水量减少等）、可耗竭能源的减少（主要体现在能源资源的衰减）及人口拥挤等其他环境问题是影响可持续发展的主要因素。

我国的基本国情表明，在能源资源有限、生态环境压力日增等的形势下，我国必须走出一条具有中国特色的可持续发展道路。使得人口、自然资源、自然环境、管理决策四位一体，高度整合，这正是可持续发展道路的核心所在，也是统筹人与自然发展、人与人之间关系的关键所在（见表2-16）。

表2-16　中国2000~2020年环境需求指标体系

指标		2000年	2010年	2020年
大气污染物总量控制	SO_2 排放总量控制目标（万吨）	1995	1616	1309
	烟（粉）尘排放总量控制目标（万吨）	2257	1600	1000
	NO_x 排放总量控制目标（以 NO_2 计）（万吨）	1890	1800	1600
大气污染治理	工业消烟除尘率（%）	91.41	100	100
	烟尘削减率（%）	91.8	95	97
	SO_2 削减率（燃烧）（%）	10.3	50	70
	工业粉尘削减率（%）	82.1	90	95
	脱硫机组占火电机组容量比例（%）	2.1	56.3	67.9
环境保护投入	环保投入占 GDP 比例（%）	1.1	1.5	2
大气环境质量	空气质量指数好于二级的天数（天）	不清楚	200	300
	SO_2 日均浓度（微克/立方米）	150	150	150
	可吸颗粒物日均浓度（微克/立方米）	150	150	150
城镇生活环境	城镇气化普及率（%）	84.2	60.0	75.0

从表 2-16 中可以看出，随着能源环境需求的持续增长，二氧化硫和氮氧化物的产生量和排放量不断上升。但是大气环境容量的资源却是有限的，我国二氧化硫排放总容量是 1200 万~1620 万吨。可持续发展理念正是在这样的情况下提出的，一方面是社会经济的蓬勃发展，另一方面却是生态环境的极不协调发展。它代表了崭新的人类社会发展理念，人们的日常生产方式和生活方式发生了根本性的改变。具体来说，可持续发展理念要求经济增长、社会公平和生态和谐之间达到均衡的状态，所以包括了可持续经济、社会和生态的可持续发展。①可持续经济，指从粗放型经济发展转变为集约型经济发展的方式，从而扩大国民经济规模，改善经济发展质量；②可持续社会，指通过对人的综合管理，提高全民的生活品质；③可持续生态，指在环境资源的可接受区域内，实现环境资源利用的合理开发。

事实上，人类在社会经济发展过程中，由于不合理的生产和生活方式造成了自然资源的巨大浪费、环境污染问题的严峻，甚至超过了自然环境的最大承受能力。但每个国家和地区的资源浪费和环境污染等情况并不相同，因此，可持续发展理论就要求因地制宜，针对不同的国家和地区选取不同的方法对自然环境实施最大范围和力度的保护。正因为可持续发展理念考虑到了区域异质性，世界各国和地区纷纷以可持续发展理论为基石，颁布了大量的环境规制政策，以推动产业结构向着更高层级、更合理化、更生态化的方向发展。

（四）污染避难所假说

污染避难所假说，也称产业区位重置假说或者污染天堂假说，主要观点认为，经济较发达的跨国企业为逃避本国较严格的环境规制，把本国污染密集型产业迁移到环境规制标准相对放松的其他国家，其核心是污染物密集型企业更倾向于在环境规制强度相对较低的国家生产。该概念于 1979 年由 Walter 等提出，是研究环境规制和污染密集型产业转移的重要理论基础。该理论指出，如果每个国家之间只有环境规制的严厉程度不同，其他条件都相同的情况下，污染企业为了降低生产成本，自然而然地就会选择环境规制较宽松的国家，也因此在环境规制较严格的国家或地方的污染企业为了谋求更多效益，便会大量地向环境规制较宽松的国家迁移，而被转移的环境规制强度较低的国家也就成为了污染企业的生产天堂（霍伟东等，2019）。

实际上，在世界范围内，发展中国家的环境规制标准普遍低于发达国家，因此它们的污染情况就更为严重。污染避难所假说指出，环境保护要求较高、环境规制强度较高的国家和地区想要逃避损害环境的处罚，会将相关产业迁移至一些环境保护认识不足、制度不完善的国家或地区，从而获得可观的经济效益，增强本国企业的竞争优势。而环境保护认识不足、制度不完善的国家和地区多是社会经济较不发达的发展中国家，因此，这类国家往往通过放宽环境规制的标准，来吸引重污染产业迁移到本国，牺牲环境以换取本国就业的增加和经济的快速发展。由于经济发达的国家和地区成功将大批的污染密集型企业迁移到了经济欠发达的国家和地区，从而往往发展中国家较低的环境规制强度会变成发达国家的污染避难所。长远来看，经济发达的国家和地区以牺牲环境换取发展经济的"短视"行为，并不利于其产业结构的转型升级。

（五）要素禀赋假说

要素禀赋假说指世界各国都按照自身要素（如土地、资本、劳动力等）的丰富程度来进行专业化的生产加工，并将其出口到其他国家或地区。但这一理论假说的一个假设是，各国之间仅在相对要素禀赋上出现不同，而在其他方面都相似。

事实上，因为不同国家之间的环保政策和要素禀赋都存在着显著差别，如相比于发展中国家而言，发达国家在资本、技术等的充裕程度等方面存在着优势以及环境规制标准上有更高的要求。如此，环境标准较高的发达国家偏向于大量进口污染密集型产品，而由于发达国家的资本和技术相对充裕则会偏向于出口资本密集型产品和技术密集型产品。所以，一个国家选择本国产业发展的方向一般需要从要素禀赋条件和环境规制标准中做出取舍，看哪一个影响程度更大。在各国相对要素禀赋条件（或要素丰裕程度）相似的情形下，假设发达国家占有优势，且其相应的环境规制的标准占据主导位置，那么发展中国家会积极生产污染密集型产品并将其出口到发达国家。假设各国相对要素丰裕程度的差异占据主导地位，那么即便发达国家的环境规制标准超过了发展中国家，发达国家也会优先发展污染密集型行业。

第三章
驱动效应

自 1978 年改革开放后的 40 多年来，我国的经济发展获得了举世瞩目的成就，成为世界经济发展的突出贡献者之一。我国过去一直采用的是"三高"[①] 的粗放型经济增长模式，通过依靠"人口红利"、"土地红利"以及牺牲环境等方式保持了十几年经济的快速增长。但同时却产生了不少环境污染问题，大气污染、温室效应、水土流失、土地荒漠化等问题层出不穷。由此引起了国家、政府及社会各界的高度重视，并提出了从低效率的粗放型经济增长模式向高质量的集约型经济增长模式转变。低效率粗放型的经济增长模式导致了产业低级化（吕铁和周叔莲，1999），成为严重制约经济发展的因素之一，而产业结构升级被证明是突破经济增长瓶颈的关键路径之一（程中华等，2017；范庆泉等，2020）。总体来看，社会各界越来越关注环境保护和产业结构升级之间的关系。

实际上，我国社会正处在转型的关键阶段：一方面，我国各地环境污染问题日益暴露，雾霾天气、水土流失、土地资源匮乏、土壤污染等生态与环境问题突出（陆旸，2012；王书斌和徐盈之，2015），当前我国低效率粗放型的经济发展方式只不过是被地区转移而并未彻底转变，大多数城市居民的生活质量深受影响；另一方面，我国经济总量已经排名世界第二位，全国居民基本达到了小康社会的要求，从物质文化需求向美好生活需求进行转化，此时对环境污染问题的"反感"超过了对经济增长的追求，"美好生活"更急需良好的生存环境做保障。环境规制政策的重要性更加凸显，且中国政府实时地把环保目标作为三大攻坚任务之一，出台了许多关于环保的法律法规和规章制度，以进一步加大环境规制政策的影响力度，伴随着环保投资的不断增加，环境规制政策的工具不断地创新（王云等，2017）。在我国经济增长由"高速"转变为"高质量"的过程中，虽然增速水平可能出现一定的下行，但这也是改革必须付出的成本，可谓是"功在当下，利在长远"。

在上述背景下，研究环境规制对产业结构升级的关系堪称是"一石二鸟"（韩永辉等，2016）：一方面，在生态环境保护重要性日益增强的时代新要求下（李强，2017），有助于厘清产业结构升级的影响因素与发展路径；另一方面，有助于寻找有

---

① "三高"是指高污染、高耗能和高排放。

利于经济发展的环境规制政策的实施力度和方向，实现发展经济和保护环境的"双赢"。

一、产业升级的驱动因素研究

社会各界除对产业升级密切关注外，产业升级的驱动因素也是学术界的另一个重要的研究课题（蔡玉蓉和汪慧玲，2020）。环境规制对产业升级的关系中蕴含着政府—行业—企业三个不同的主体，因此，本章基于中国经济发展的现实，分别从政府视角、行业视角和企业视角三个方面，对该类文献进行梳理。

（一）基于政府视角下环境规制对产业升级的驱动因素

其一，当环境保护在地方干部的晋升与考评系统中被纳入优先级时，或对城市居民的满意度来说，此时环境要素的比重最高，因此地方政府便会更关注环境保护相关规定的科学化与合理化，并有意识地增加环境保护的标准（Fredriksson 和 Millimet，2002）。其二，当经济发展或经济增长任务在地方官员晋升与考评系统中的重要性被无限扩大时，以唯 GDP 增长的政策导向将会削弱地方对实施环境规制政策的关注度。其三，地方政府部门为平衡税收，保障本地企业的利益，会放宽环境规制政策的标准和实行力度，以此防止本地污染密集型的企业丧失市场竞争的优势（Barrett，1994）。其四，地方政府因为要争取企业的入驻而进行的差异化竞争，有些地方也会借机放宽环境规制的标准以引进新企业，目的是谋求本地经济的发展（王文普，2013）。

（二）基于行业视角下环境规制对产业升级的驱动因素

产业升级依赖该产业的行业特征，如技术复杂度、行业发展情况、与其他产业的关联等具体特征（毛琦梁和王菲，2020）。例如，韩晶等（2014）指出环境规制政策与产业技术复杂度的交乘项在统计学上显著为正，可惜它们的系数较小，这种结果可能是因为我国产业层次和环境规制的水平偏低造成的。徐敏燕和左和平（2013）则从产业/行业角度入手，剖析了聚集效应下的环境规制政策与产业竞争力的关联，指出利用环境规制政策的创新效应和产业集聚效应的综合影响可以增强企业的竞争力，绿色环保与经济发展也可以达到双赢。刘金林和冉茂盛（2015）深入分析了环境规制政策对 17 个工业行业的技术进步之间的关系，结果发现，环境规制对各个不同行业技术进步的影响具有差异性，部分重污染和中度污染产业呈现出明显的 U 形或倒 U 形关联，与其余行业产业的关系则不明显，在统计学上不显著。

Burton 等（2011）深入探讨了环境规制对美国泥浆造纸工业市场结构的影响，认为环境规制是直接影响该产业市场结构变化的一项主要因素等。

（三）基于企业视角下环境规制对产业升级的驱动因素

现有文献研究表明，在我国市场经济转型时期，各种不同所有制类型企业对外部的制度环境和内部的产权制度、管理结构等具有差异性，因此，环境规制政策效果在各种不同所有制企业之间也会具有不同之处；不同规模的企业因为所面临的外部制度约束不同，其升级程度也会不同。在此基础上，刘和旺等（2019）探究了我国"十一五"期间环境规制对产业结构影响的所有制类型异质性和企业规模异质性，研究发现，环境规制更容易刺激非国有企业进行技术创新进而促进产业转型升级，同时，大型企业具有规模经济性和范围经济性，在环境规制带来的压力下能够有效整合资源，提高产业技术水平，形成产业转型升级。Pashigian（1984）以美国的制造业为研究对象，发现相对于大型企业来说，环境规制对小型企业的影响程度更大；此外，由于工厂规模与企业规模是正向的相关关系，环境规制政策的出台会显著降低小型企业的市场份额。王艳丽和钟奥（2016）认为政府的环境规制能够迫使"三高"企业迁移，倒逼本地企业降低污染排放强度。Burton 等（2011）共同探讨了环境规制对纸业类公司规模性成长的影响效应，认为产业结构的变动依赖于对环境规制成本的变动等。

基于上述的事实及分析，本书从上述三个视角出发，研究环境规制对产业升级的驱动效应。首先，在政府视角下，引入政府行为特征变量，如财政压力、财政权力，考察政府特征在环境规制和产业升级变量之间的调节效应；其次，在行业视角下，引入行业特征变量，如产业关联度、产业技术复杂度，探究产业特征变量在环境规制和产业升级变量之间的调节效应；最后，在企业视角下，分析不同所有制性质、不同规模的企业在环境规制和产业升级变量之间的异质性。

二、基于政府视角下环境规制对产业升级的驱动效应

改革开放40余年来，中国逐步加入到全球价值链中并成为其重要的一环。我国过去依靠着资源禀赋、"人口红利"和"土地红利"等获得了比较优势，而在经济发展速度和总量上实现了腾飞，但是由于长期以来的高能耗、重污染、低效率和低产出等的粗放型经济增长方式，导致了大量资源浪费、经济结构失衡和环境污染等问题的出现。我国经济经过了数十年赶超式的发展，环境污染问题已经引起国家层面的高度重视和企业各界等的密切关注。党的十八大以来，生态文明建设被列入

"五位一体"的国家发展战略高度，更加凸显出了我国企业治理环境、维护生态的决心和勇气，过去边污染环境边发展经济的经营理念已逐步被企业抛弃，越来越注重创新发展、绿色发展。党的十九大强调坚持走生产发展、生活富裕、生态良好的文明发展道路，建设美丽中国等。总体来看，社会各界越来越关注环境保护和产业结构升级等之间的关系。

在我国经济新常态背景下，按照经济高质量增长的发展理念，中央政府放宽了对全国各地政府 GDP 绝对增速的规定，从而促进了环保和经济发展并进的可持续发展。此时，产业结构调整转型进入了阵痛期，同时也为改变资源耗竭与环境恶劣状况带来了全新契机。环境规制是一种由中央规划、地方实施、行业受制、企业遵循的约束力政策工具，由于环保带有明显的外部性，本身不会对企业产生很大的正面激励，但政府部门的参与可以合理协调经济发展和环境问题的关系，同时利用环境规制措施来影响市场行为，进而推动产业结构的升级。所以，地方政府才是落实环境规制政策最关键的主体（韩超等，2016；赵丽娟等，2019）。以此推论，不恰当的政府部门行为将会扭曲环境规制政策对产业升级的影响效果，因而，政府行为将在"环境规制—产业结构升级"过程中充当着关键角色。

但是，在我国经济高速增长的背后也带来了大量的环境污染及生态系统的破坏，究其根本原因，在我国"财政分权"的背景下，由于中央政府赋予了地方政府地区经济发展的自主性（毛建辉，2019），地方政府在谋求地区短期经济发展的过程中形成了粗放式经营的发展路径。崔志坤和李菁菁（2015）的研究指出，地方财政收入分权并不利于产业结构的转型升级，而地方财政支出分权对产业升级并无影响（不显著），因此地方政府之间的竞争从总体来说有助于产业升级，但存在较大地区异质性。刘建民和胡小梅（2017）的研究指出，虽然财政收入分权对本地区的产业结构升级产生推动作用，对邻近地区的产业升级起到了抑制作用，不过，虽然财政支出分权对本地区的产业结构升级影响并不明显，但却对邻近地区形成了比较明显的抑制作用。因此，研究财政分权体制下环境规制对产业结构升级的影响就显得尤为重要。

（一）驱动机理

1. 环境规制对产业升级的影响机理分析

产业结构升级是对经济发展质量的主要体现指标之一。学术界关于环境规制对产业结构升级影响机制的研究主要有两种不同的观点：一是按照中国新古典经济学的研究理论看来，由于环境规制会使企业承担额外的环境成本（或绿色成本），这种纠正环保负外部性的成本效应不利于经济的发展和企业的成长，也将抑制产业结构升级（Gollop 和 Roberts，1983；Gray，1987）。二是环境波特假说摒弃了短期角度，强调环境规制的长远综合影响，认为从长期看环境规制反而会激励企业开展研发创新活动，改善外部生产制造环境，提高企业生产率，进而提升企业获利能力（Porter

和 Linda，1995；马艳艳等，2018），并能在行业群组中开展"正向清洗"，通过优胜劣汰的机制提高产品的质量和企业的竞争力，最终推动整个产业结构的调整（Lanoie 等，2008；郑金铃，2016）。

环境规制不但可以作用于产业间（第一产业、第二产业、第三产业）的结构升级程度，而且对产业内结构转型产生正面的影响效应。从理论上讲，环境规制政策可以起到以下几方面效果：一是倒逼企业积极开展技术创新活动，以提高产出效益和生产效率；二是规制政策并没有对新企业的进驻产生壁垒效应，也没有限制产业内部及产业与产业之间的企业流动；三是环境规制政策能够限制低端重污染、高耗能企业，从而带动企业往高级化方向发展。正是通过这几方面的影响，环境规制最终推动了产业结构和产业链条，从而推动了产业结构转型升级。

环境规制对产业结构转型升级的作用主要是通过产业结构合理化与产业结构高度化两渠道的作用进行的，而唯有通过环境规制政策实施才能够促进地区产业结构合理化和地区产业高度化水平的提高，也就是通过环境规制的执行有效推进地区产业结构转型升级。而根据波特假说（Porter 和 Linda，1995），环境规制增强将会有效推动区域产业结构升级，环境规制的倒逼机制将会推动地区企业的优胜劣汰，并最终促进地区产业结构的合理调整与优化升级，达到地区经济发展与环保的"双赢"局面。而对于地区环境规制影响产业结构升级的主要影响路径，一般通过利用地区自身发展和地区之间相互竞争等共同作用于地区产业升级。随着环境规制政策强度的增强，企业不得不通过改进技术来提高产出效益和生产率，从而减少企业污染治理成本，产生创新补偿效应，这样不但能够抵消污染治理产生的额外环境成本，而且能够推动科技进步，提升要素生产率，推动产业转型的内涵式发展。由此，提出本章的核心假设：

H_1：环境规制能显著促进产业升级，成为影响产业升级的主要因素之一。

2. 基于官员晋升压力的影响机理分析

从 1994 年的分税制度改革以来，我国逐渐形成了以"政治集权、经济分权"为主的分权特征，而这些分权程度的提高，也使得我国地方政府在经济发展和社会治理等方面的财政有了更大的自主权（席鹏辉，2017）。一方面，当环境目标被纳入政府官员晋升考核并赋予优先级时，政府部门会注重环境规制的制定与实施，不断提高环境规制的标准与水平（余泳泽等，2020），这有利于促进产业结构升级（李强，2013；龚海林，2013；薛曜祖，2016）。另一方面，基于污染避难所假说的观点，由于环境规制标准的提高直接关系企业生产成本的增加，所以，那些污染密集型企业通常会搬迁到环境规制更加宽松的区域，以降低生产成本。而其他企业也会为了避免额外的治污成本或环境成本，迁移到环境规制政策更加宽松的区域（钟茂初等，2015；金刚和沈坤荣，2018）。从而出现经济较发达的区域将落后的成熟制造业迁移到经济欠发达区域的现象，产业承接地的经济结构得到一定程度的改善；而产业转出地顺势会向价值链高端阶段跳跃，并对新进入的企业进行筛选，禁止高污染、高排放的企业进入，推动功能升级与技术结构升级。由此，提出以下假设：

H$_{2a}$：地方官员绩效考核压力越大，越有利于环境规制效力的发挥，越有利于促进产业结构升级。

3. 基于财政不平衡的影响机理分析

财政越不平衡，表征财政收入与支出越不匹配，财政收入与支出之间的不匹配使得地方政府的预算压力日渐沉重。对于资源匮乏的地区而言，地方政府较分税改革前要承担更重的支出压力，为此在晋升激励下增加财政收入成为各地政府的首要目标。然而，财政收入的多寡依赖于地区经济的发展状况，且地方政府执行的财政政策有赖于其对资源配置的权力结构。作为具有私欲的"自利人"，在政府预算范围内，地方政府为追求短期经济增长而将资源更多地向产值增速较快的产业倾斜，将有限的财政资源更多地用于经济发展而较少地用于环境修护，财政政策也更多地偏向生产激励而非环保激励，这就导致环境规制执行的弱化。一方面，企业因受到较松的环保约束而在宽松的生产环境下继续实施高投入高污染的生产方式，并没有动力进行产品质量与生产工艺的改进；另一方面，地方政府为促进本地的经济发展，降低外商投资准入门槛，造成低附加值产业的持续发展，这些举措使得本地产业长期盘踞在产业链低端，产业结构低下、产业结构不合理等问题凸出。在财政预算外，受财政支出压力，地方政府为弥补财政收支间的差距更加注重预算外收入的增长，导致地方政府从"援助之手"向"攫取之手"转变，降低了财政政策对资源配置的效率，削弱了环境规制执行力度，抑制了产业结构的转型升级（王文剑和覃成林，2008）。由此，提出以下假设：

H$_{2b}$：财政平衡度越高，地方政府可使用的财政资源就越多，可供支配的地方财政的空间也越大，越能够有余力支持环保工作，越有助于推动产业结构升级。

4. 基于财政分权程度的影响机理分析

财务分权反映的是中央与地方政府之间在财政收入方面的权力分配。收入的分权程度越高，在地方政府越有动力强化自身对资源的配置力度，且配置效率会反作用于地方政府的财政收入。支出分权体现的是中央政府与地方政府在财政支出上的权力划分。通常，一个地区的财政支出规模总是大于财政收入规模，两者的差值由中央政府通过财政支出来补足。财政支出分权度越大，表明中央对各地方财政行为所造成的影响就越大（张琦等，2019）。

近年来，随着经济发展与生态安全间的矛盾愈加凸出，中央政府逐渐增强地方政府生态保护中的强劲作用。但中央政府作为环境政策的制定者，其目标是确保社会福利最大化；地方政府作为环境政策的实施者，其目标仅是完成中央政府的委托任务。在这个委托—代理制度下，由于中央和地方财力之间面临着总体目标的不统一，因此各地财政部门的核心目标就是保证本地财政收入的持续增长（Zarate-Marco和Balles-Gimenez，2012）。此外，地方政府存在环境规制执行的非完全性的现象，然而，由于各地经济基础不同，地方政府的环境规制执行力度也不同。具体来看，对寻求高收入经济增长的地方财政而言，重化工业等污染性更高但效益较高的工业企业获得了广泛发展，但此类企业普遍存在高投资、低产量、低附加值、高污染的特性，严格的环境规制会抬高工业行业的准入门槛、阻挡部分外商投资企业的进入，从而减缓地方政府经济增长的步伐。这就导致地方政府为获取额外的财政收入一方面减小环境规制的执行力度，另一方面转向预算收入催生土地财政等问题。而追求可持续财政收入的地方政府则会选择高附加值的产业进行发展，遵循严格的环境规制提高污染行业的准入标准，抑制高污染行业中新企业的进入，通过吸引先进技术和高端人才发展高新技术产业，运用财政政策引导资源合理地向高附加值、低污染性的企业进行流动，从而推动产业结构的转变。由此，提出以下假设：

H_{2c}：地方政府的财力越充裕，越能够有效实施环境规制政策，越有助于推动产业结构升级。

（二）模型构建及数据说明

1. 变量选取与数据来源

国内外学术界一般采用五种方式来衡量环境规制政策的力度：①出台的环保相关政策法规总数；②治污投入在企业成本或生产总值中的比例；③治污费用；④环保机构监查的频次；⑤环境规制下的污染物排放量等变化（肖兴志和李少林，2013）。此外，Dasgupta 等（2001）认为，一个发展中国家的收入水平和环境规制程度之间的关联性比较强；Xu（2000）所提出的环境规制强度与 GDP、GNP 存在显著的相关性，其相关系数分别是 0.86987 和 0.8553，即环境规制的水平是由平均收入水平内生确定的。所以，也有研究者将平均收入水平视为内生环境规制政策指标。

以上的这些方式都具有技术指标单一化的缺陷，无法精确全方位地表达环境规制的力度。为此，根据指标数值的可获得性与科学性，本章选择江西省 11 个地级市的工业废水、工业废气与工业固体废物三种污染排放量密度（污染物绝对值排放量与各地级市规模以上工业企业工业增加值之比），建立对环境规制政策强度的综合衡量指标。

根据原毅军和谢荣辉（2014）的处理方法，通过江西省 11 个地级市的相关数据综合构建环境规制强度指标，截取 2000～2017 年江西省共 18 年的统计数据，进行自然对数处理以增加数据的平稳性，相关统计数据资料主要取自历年《中国环境统计年鉴》、《江西省环境统计年报》和《江西统计年鉴》等。

2. 变量定义

（1）因变量（被解释变量）：产业结构升级（$Indu_{it}$），参考于春晖等（2011）的做法，从产业结构高级化（TS）与产业结构合理化（TL）两个角度进行核算。

1）产业结构高级化（TS）是指产业结构转型升级的重要维度，体现的是生产方式按照社会发展历史和逻辑顺序从低水平状况向高水平状况顺次演变的动态过程（袁航和朱承亮，2018），一般按照配第—克拉克定理，使用第三产业增加值占 GDP

的比例（或非农工业价值占 GDP 的比例）来衡量。此外，由于国民经济内部结构变化的一般发展趋势是第二产业的比重逐步减少，而第三产业比重则逐步增加，所以，也可选用第三产业增加值与第二产业增加值的比值来表示产业结构高级化（冀刚和黄继忠，2018）。不过，从发达国家或地区产业结构演变的一般规律看，由于中国工业化的后期阶段普遍存在着经济结构服务性的特点，即从非农产业的经济结构变化看，也显示了第三产业的增长速度一定要超过第二产业增长速度，所以在总结两种衡量方法的基础上，考虑到数据的可获得性，参考干春晖等（2011）的做法，优先使用第三产业产值和第二产业产值之间的比例，来表征产业结构高度化/高级化指标，以反映经济服务化的趋势（何文海和张永姣，2021）。具体表达式如下：

$$TS_{it} = \frac{h_{ift}}{h_{iwt}}$$

其中，i 表示地区，f 表示第三产业，w 表示第二产业，t 表示年份，h_{ift} 表示 i 地区第三产业在 t 期的产值，h_{iwt} 表示 i 地区第二产业在 t 期的产值。如果产业结构高级化（用 TS 表示）的数值长期保持上升态势，则表明当前经济正在朝服务型的发展方向推进。此外本章将在稳健性检验部分，采用第三产业增加值占 GDP 的比重来衡量产业结构高级化，以检验基准回归分析结论的稳健性。

2）产业结构合理化（TL）是指行业产业之间比例的合理程度，反映生产要素的投入与产出之间的耦合程度。使用如下公式表征产业结构合理化的程度：

$$TL_{it} = \sum_{j=1}^{3} \left(\frac{y_{ijt}}{Y_{it}} \right) \ln \left(\frac{\dfrac{y_{ijt}}{Y_{it}}}{\dfrac{l_{ijt}}{L_{it}}} \right) \tag{3-1}$$

其中，i 表示地区，j 表示产业，t 表示年份，y_{ijt} 表示第 i 地区第 t 年第 j 产业的产值，Y_{it} 表示第 i 地区第 t 年的总产值，l_{ijt} 表示第 i 地区第 t 年第 j 产业的从业人数，L_{it} 表示第 i 地区第 t 年的总从业人数。显然，TL_{it} 越接近 0，意味着从业人员在三次产业中的资源配置比例和总产出比例之间的耦合度越高，说明产业结构越合理；相反，若 TL_{it} 越大于或小于 0，说明产业结构越不合理。

（2）自变量（解释变量）：环境规制。现有关于环境规制（ER）的单一指标的测度方法主要有：单一污染物的排放治理费用（Dean 等，2009）、某一污染物的排放密度（Cole 和 Elliott，2003）、企业排放运营成本占总成本的比例（Ederington 等，2005）、污染治理费用与产业附加值的比值（Levinson 和 Taylor，2008）。这种单个技术指标测量的方法只能体现环境规制政策的某一方面，而无法全面反映环境规制政策的整体情况。因此，有一些研究者采取多个技术指标的测量方式，以补充单个技术指标的不足之处，如 Smarzynska 和 Wei（2000）在度量环境规制政策工具时，引入了各国对环境保护条约的实际参与程度、空气和水域污染物排放量标准指数、单位 GDP 增长的二氧化硫、铅和工业污水排放的实际减少量等指标。多个单项指标的综合衡量法虽然能够获取相对稳健的环境规制政策代理指标，但是因为没有完善的环境规制专业数据库，所以在中国实际情境下的使用并不合宜。充分考虑有关数据的可获取性，同时更有效反映江西省各地市重视环保的程度和环境规制政策的强度，为此，通过建立综合衡量指数，以体现各地市环境规制政策的力度，该衡量指数包含了一个目标层（ER综合指标）和三个单项指标层（工业废水、工业废气、工业固体废物）。因此，环境规制综合指标的具体构建过程如下：

1）单项指标的筛选。考虑到江西省环保相关数据的可获取，再考虑到对重点污染物排放的严格程度，选择单位工业废水治理投入、单位工业废气治理投入和工业固体废物治理的综合利用率作为衡量指标。单位工业废水治理投入选用工业废水治理投资费用与工业废水排放量的比例表示；单位工业废气治理投入选用工业废气治理投资费用与工业废气排放量的比例。单项指标之所以没有使用单位废物治理投资，原因主要在于，工业废物治理投资费用存在较多的缺失值。

2）单项指标标准化处理。由于各种单项指数衡量标准之间具有很大差别，参考傅京燕和李丽莎（2010b）对各单项指数进行标准化处理，具体处理方式如下：

$$I_{ij}^{s} = \frac{I_{ij} - \min(I_j)}{\max(I_j) - \min(I_j)} \tag{3-2}$$

其中，I_{ij} 表示主要污染物指数的初始值，$\max(I_j)$ 和 $\min(I_j)$ 表示污染物 j 的污染指标在所有地区中的最大值和最小值，I_{ij}^{s} 表示污染指标标准化处理后的值。

3）单项指标调整系数的计算（V_j）。由于各种污染物在各个区域的排放状况具有较大差别性，而且不同污染物在相邻区域又具有相似性，所以必须对各种污染物单项指数加以调整。该过程等于给各污染物排放指数赋予了一定的权重（调整系数），由此才能体现不同区域对各污染物的实际治理力度。调整系数的具体计算如下：

$$V_j = \frac{\frac{F_j}{\sum F_j}}{\frac{Q_j}{\sum Q_j}} = \frac{F_j}{Q_j} \times \frac{\sum Q_j}{\sum F_j} = \frac{\frac{F_j}{Q_j}}{\frac{\sum F_j}{\sum Q_j}} = \frac{I_{ij}}{\bar{I}_{ij}} \tag{3-3}$$

其中，V_j 表示调整系数；F_j 表示污染物 j 的排放量；$\sum F_j$ 表示江西省同类污染物的排放总量；Q_j 表示地区 j 的工业产值；$\sum Q_j$ 表示江西省工业总产值；I_{ij} 表示地区 i 中污染物 j 的单位工业产值排放量；$\bar{I}_{ij}$ 表示江西省单位工业产值中污染物 j 的平均排放量。

4）环境规制综合指标的计算。通过标准化的环境单项指数以及相应的调整系数，即可测算出环境规制政策的综合指数（环境综合指标以测量环境规制强度），具体计算方法如下：

$$ER_i = \frac{1}{n} \sum_{j=1}^{q} V_j \times I_{ij}^{s} \tag{3-4}$$

（3）核心变量：政府行为。本书采用官员晋升压力、财政不平衡和财政分权程度来衡量政府行为，具体含义如下：

1）官员晋升压力（PRESS）。借鉴吴非等（2017）对地方官员晋升压力的研究方法，使用江西省11个地级市GDP增长率均值与该省某地市GDP增长率的比值进行刻画，该指标值越大表示该地市经济绩效越差，官员被替代的风险自然会上升，相应地，该地市官员考核压力越大，反之亦然。

2）财政不平衡（DISORDER）。参考宫汝凯（2015）的研究方法，以一般预算支出与一般预算收入的比值来测算地方财政失衡状况，该指标值越大表征财政收支处于失衡情形，反之亦然。

3）财政分权（CZFQ）。借鉴Jin和Zou（2004）、Lin和Liu（2000）对财政分权的研究方法，并考虑不同地区存在转移支付的现象，以地方政府财政收入与江西省财政收入之比的方式测算财政分权程度，该指标值越大表示地方财政权力越充裕，反之意味着地方政府财力相对不足。

（4）控制变量。为减少遗漏变量产生的内生性问题，在回顾既有的文献研究，并参考前人研究的基础上，在面板回归模型中引入了一系列可能影响产业结构升级的变量，具体包括：①地区经济活动（AGDP），选取各城市人均GDP作为地区经济活动的代理指标；②地区总人口（RP），地区年末常住人口的对数；③技术创新（Tech），借鉴郭进（2019）、郭捷和杨立成（2020）、林春艳等（2019）对技术创新的处理，采用专利数据作为技术创新的测量指标，由于可能会有零专利的情况，统一加以处理，并取对数；④市场化水平（MARKET），地区贷款总额与GDP的比值；⑤消费水平（CONSUM），地区消费水平取对数。对所提及的所有有关变量都采取了对数形式处理，以减弱多重共线性的异方差问题。各变量指标选取具体如表3-1所示。

表3-1　驱动效应指标选取

	变量	具体指标
被解释变量	产业结构高级化（TS）	第三产业产值与第二产业产值的比值
	产业结构合理化（TL）	产业结构与就业结构偏离系数
解释变量	环境规制（ER）	综合指标（废水、废气、废物）
	政府行为（BEHAV）	官员晋升压力（PRESS）、财政不平衡（DISORDER）、财政分权（CZFQ）
	地区经济活动（AGDP）	地区人均GDP
	地区总人口（RP）	地区年末常住人口取对数
	技术创新（Tech）	地区专利数据取对数
	市场化水平（MARET）	地区贷款总额与GDP比值
	消费水平（CONSUM）	地区消费水平取对数

3. 模型设计

与时间序列和截面数据相比较，面板数据可以避免多重共线性问题和控制的个体异质化，所以，本书的研究方法采取静态面板模型，经检测选用静态面板中的固体效应（FE），为检验环境规制对产业结构升级的影响，构建以下模型：

$$Indu_{it} = \beta_0 + \beta_1 ER_{it-1} + \beta_2 \sum X_{it-1} + \xi_{it-1} \tag{3-5}$$

其中，被解释变量 $Indu_{it}$ 为产业结构升级程度，包含了产业结构高级化指数（TS）和产业结构合理化指数（TL）；解释变量 ER_{it-1} 为环境规制程度；控制变量组 X_{it-1} 包含市场化水平（$MATKET_{it-1}$）、地区开放程度（$OPEN_{it-1}$）；人力资本存量（HEP_{it-1}）和地区总人口（RP_{it-1}）；ξ_{it-1} 为模型随机误差项。为消除环境规制政策对产业结构转型升级的时效性问题，对模型中解释变量与控制变量做滞后一期处理，这能在一定程度上消除反向因果扰动。

本书着重考虑政府行为如何在"环境规制—产业结构升级"关系中发挥效用，并将政府行为和环境规制的交乘项引入模型中，以此考察在政府行为影响下，环境规制政策对目标变量产生何种效应，据此确定如下模型：

$$Indu_{it} = \beta_0 + \beta_1 ER_{it-1} + \beta_2 BEHAV_{it-1} + \beta_3 ER_{it-1} \times BEHAV_{it-1} + \beta_4 \sum X_{it-1} + \xi_{it-1} \tag{3-6}$$

其中，被解释变量 $Indu_{it}$ 不变；核心解释变量为政府行为（$BEHAV_{it-1}$），包含官员晋升压力（$PRESS_{it-1}$）、财政不平衡（$DISORDER_{it-1}$）与财政分权程度（$CZFQ_{it-1}$）；其他变量与公式（3-5）所述相同。

4. 描述性统计

全样本的描述统计结果如表 3-2 所示，从表中可以看出，技术创新水平差异较大，最小值为 0，最大值为 7.615298，说明江西省各地区之间的专利存在较大差异，各城市的技术发展不一。产业结构高级化最小值与最大值之间相差较大，表明江西省各地级市的产业结构从低水平状态向高水平状态顺次演进的差异较大。产业结构高级化的最大值与最小值之间的差距较产业结构合理化之间的差距更大，说明产业结构高级化的区域不平衡性更明显。此外，人均 GDP 和消费水平的差异较大，说明江西省各地区的经济发展水平及消费水平存在较大的差异。总体而言，产业升级和城市的技术创新、经济活动以及消费水平等息息相关。

表 3-2 驱动效应描述性统计

变量名称	变量符号	样本量	均值	标准差	最小值	最大值
产业结构高级化	TS	198	0.692629	0.186783	0.3932828	1.304795
产业结构合理化	TL	198	0.8584143	0.0593164	0.6688781	0.9656415
环境规制	ER	198	0.602615	0.6351292	0.0022381	3.177847
官员晋升压力	PRESS	198	1.01402	0.1369113	0.6335948	2.165657

续表

变量名称	变量符号	样本量	均值	标准差	最小值	最大值
财政不平衡	DISORDER	198	2.148104	0.4979258	1.236927	3.236905
财政分权	CZFQ	198	0.0748164	0.0506556	0.0089643	0.2805258
人均GDP	AGDP	198	9.711337	0.907597	7.900411	11.55765
地区总人口	RP	198	5.79763	0.6938704	4.645544	6.878326
技术创新	Tech	198	3.08133	1.982279	0	7.615298
市场化水平	MARET	198	0.5654209	0.3401388	0.0560328	2.4595
消费水平	CONSUM	198	5.132234	0.9698377	2.950212	7.648245

为了直观地观测到环境规制与产业结构升级之间的关系，图 3-1 从产业结构高级化和合理化两个角度刻画了二者之间的关系。从中能够发现，环境规制与产业结构高级化之间具有负向关联，而与产业结构合理性之间则具有正向关联。但是它们只是无条件的相关，还必须逐步引入其他控制变量，并根据实证分析的结果才能够得出更加富有说服力的结论。

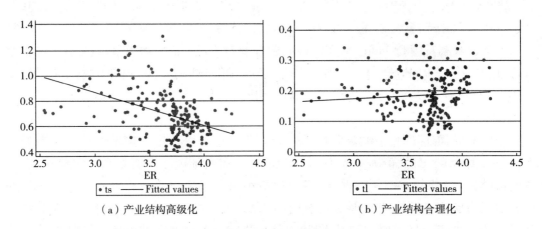

（a）产业结构高级化   （b）产业结构合理化

图 3-1　环境规制与产业结构升级高级化、合理化的关系散点图（改变指标衡量）

（三）实证结果与分析

为防止"伪返回"的现象出现，提高基准回归结果的准确度和可信度，在模型参数估计前，必须先对变量进行数据均衡性检验，而在面板数据均衡性检验方式中较多采用单位根检测。本书中分别通过 HT 检验、Fisher-ADF 检验和 Hadri-LM 检验进行了面板单位根检测，表 3-3 给出了检测结果。不难发现，除变量 CZFQ 和 CONSUM 未通过 HT 检验外，所有变量均通过了 HT 检验、Fisher-ADF 检验和 Hadri-LM 检验。因此，整体可以认为所有变量均通过面板单位根检验，各指标数据具有平稳性，可以进行有效的回归分析。

表 3-3 驱动效应数据平稳性检验

检验形式	HT 检验	Hadri-LM 检验	Fisher-ADF 检验
TS	0.7717*	3.9640***	77.6538***
TL	0.6992***	3.9164***	55.8488***
ER	0.2773***	3.1746***	63.3728***
PRESS	0.2528***	3.9265***	71.5250***
DISORDER	0.7396**	1.8925**	64.7489***
CZFQ	0.8908	4.3617***	48.2591***
AGDP	0.5280***	2.5373***	43.3132***
RP	0.5900***	3.7259***	76.2084***
Tech	0.2202***	3.5328***	69.7713***
MARET	0.7506**	2.4499***	44.0290***
CONSUM	0.8439	4.7545***	73.1139***

注：***、**、*分别表示在 1%、5%、10% 水平上显著，括号内数据为相应统计量。单位根检验中的滞后阶数采用 AIC 准则来确定。

1. 环境规制与产业结构升级

采用固定效应模型、随机效应模型和混合 OLS 对公式（3-5）进行回归分析，初步研究江西省环境规制与产业结构升级的影响，实证回归结果如表 3-4 所示。由此可以看出，在进行混合 OLS、固定效应和随机效应模型估计分析的同时，先后开展了 F 检验和 Hausman 检验。检验结果发现，F 统计量的 P 值均在 1% 的水平上显著，强烈拒绝原假设，说明存在个体效应。进一步地，Hausman 检验结果发现针对产业结构高级化，$\chi^2(7) = 16.87$，对应 $P = 0.0183$，在 5% 的水平上显著，拒绝原假设，应当使用固定效应模型；而针对产业结构合理化，$\chi^2(7) = 10.12$，对应 $P = 0.1820$，无法拒绝原假设，应当使用随机效应模型。因此，接下来针对产业结构高级化和产业结构合理化的分析将分别建立在考虑个体固定效应的模型和随机效应模型基础上逐步展开。

表 3-4 驱动效应基本模型回归结果

模型	产业结构高级化（TS）			产业结构合理化（TL）		
	（1）固定效应	（2）随机效应	（3）混合回归	（4）固定效应	（5）随机效应	（6）混合回归
L. ER	−0.0952 (0.0708)	−0.119 (0.0730)	−0.119 (0.0730)	0.0606** (0.0239)	0.0703*** (0.0214)	0.0703*** (0.0214)
L. agdp	−0.185*** (0.0397)	−0.180*** (0.0391)	−0.180*** (0.0391)	0.0722 (0.0602)	0.0710 (0.0639)	0.0710 (0.0639)

续表

模型	产业结构高级化（TS）			产业结构合理化（TL）		
	（1） 固定效应	（2） 随机效应	（3） 混合回归	（4） 固定效应	（5） 随机效应	（6） 混合回归
L. tech	0.0121 (0.0116)	0.0171 (0.0120)	0.0171 (0.0120)	0.00877** (0.00332)	0.00572 (0.00382)	0.00572 (0.00382)
L. market	0.200** (0.0723)	0.154*** (0.0458)	0.154*** (0.0458)	-0.00920 (0.0572)	-0.0162 (0.0559)	-0.0162 (0.0559)
L. ln_rp	0.640** (0.285)	-0.0241 (0.102)	-0.0241 (0.102)	-0.320 (0.193)	0.0437 (0.0752)	0.0437 (0.0752)
L. ln_consum	0.0707 (0.0816)	0.104 (0.0750)	0.104 (0.0750)	-0.0972 (0.0542)	-0.115* (0.0623)	-0.115* (0.0623)
_cons	-1.400 (1.535)	2.326*** (0.608)	2.326*** (0.608)	1.594 (0.951)	-0.431 (0.709)	-0.431 (0.709)
N	187	187	187	187	187	187
R^2	0.447			0.287		

注：***、**、*分别表示在1%、5%、10%水平上显著，括号内数据为标准误。

表3-4中，列（1）～列（3）为产业结构高级化的实证结果，列（4）～列（6）为产业结构合理化的实证结果。结果显示，环境规制对产业结构高级化的回归系数均为负，说明环境规制抑制了江西省产业结构从低水平状态向高水平状态顺次演进，但在统计上尚不显著，表明环境规制政策与江西省产业结构高级化的经济互动关系较微弱。而环境规制对产业结构合理化的回归系数也显著为正，表明环境规制有效推动了江西省的产业结构合理化，有利于江西省产业间要素投入的配置与产出比例的耦合。

由此可知，环境规制对江西省产业结构高级化和合理化的作用效果存在差异：环境规制对江西省产业结构合理化表现为促进效应，而对江西省产业结构高级化则基本无影响。从江西省省情出发，合理的解释是：一方面，江西省市场起步较晚，经济欠发达，从而具有一定的生态环境优势，再加上江西省是人口大省，劳动力低廉且充裕，大多数企业愿意利用劳动力所节省的成本来弥补采取末端处理环境问题的方式生产经营所带来的直接额外成本，进而促进了就业人口在三次产业间配置与产出比例的耦合，推动了江西省产业结构合理化。另一方面，也正是因为江西省土地肥沃、人口密集、毗邻东部发达地区，不仅在地理位置上具有优势，还拥有充足且廉价的劳动力，在江西省发展过程中，以农业产业为主导，极易成为东部地区污染密集、低端低效落后产业转移的理想地区，最终陷入"污染避难所"的困境，因而江西省第三产业的增长率可能并没有高于第二产业增长率，抑制了江西省产业结构高级化，但在环境规制的作用下，这种抑制的效果有限。

2. 考虑政府行为的环境规制与产业结构升级

环境保护有着特定的社会公共属性，而环境规制政策本身大部分代表了政府的意志，因此政府部门作为"裁判员"在制定和实施环境规制政策工具时，就很可能会遭到各方要素的干扰和破坏。为更清楚地刻画对政府行为的影响效应，将把环境规制和政府财政行为因素（地方政府官员的晋升压力、财政不平衡性、财政分权程度）的交互项添加在基准模型中，以此探索各地不同特征的政府行为因素在"环境规制—产业结构升级"关系中的影响效果。

环境规制、政府行为与产业结构高级化的实证结果如表3-5所示，与产业结构合理化的实证结果如表3-6所示。如表3-5和表3-6所示，各表列（4）中，环境规制与地方政府官员晋升压力交互项（ER×press）的系数都显著为正，表明地方政府官员绩效晋升考核压力越大，越有利于发挥环境规制的效力，促进了江西省产业结构从低水平状态向高水平状态顺次演进。这主要是因为江西省政府积极回应了中央有关多维度、宽领域和高层次的政府官员晋升考评体系推广工作的呼吁，特别是根据2013年党的十八届三中全会有关决定的内容："完善关于成果考核的评价体系，纠正单纯以经济增长率衡量政绩的倾向，增加资源枯竭、环境破坏、产能过剩、安全制造、技术创新、节能减排、生态效益等方面的砝码。"在此考核压力的推动下，江西各地区政府官员尤为关注如何缓解该地区的环境规制与产业结构调整之间的矛盾关系等。因此，当江西省各地级市官员绩效考核压力增大时，会努力促使环境规制发挥效力，将污染密集、低端低效落后产业转移。

表3-5 环境规制、政府行为与产业结构高级化（TS）的回归结果

固定模型	（1）	（2）	（3）	（4）	（5）	（6）
L. ER	0.0258 (0.0617)	0.0186 (0.0683)	0.0169 (0.0633)	0.00349 (0.0652)	0.0295 (0.0661)	0.0140 (0.0689)
L. press	0.0624 (0.0517)					
L. disorder		−0.0134 (0.0585)				
L. czfq			0.396 (0.604)			
ER×press				0.0223** (0.00861)		
ER×disorder					−0.00534 (0.0155)	
ER×czfq						0.0733 (0.147)
L. agdp	−0.182*** (0.0389)	−0.190*** (0.0461)	−0.185*** (0.0460)	−0.182*** (0.0395)	−0.194*** (0.0470)	−0.185*** (0.0453)

续表

固定模型	（1）	（2）	（3）	（4）	（5）	（6）
L. tech	0.0125	0.00524	0.0121	0.0124	0.00707	0.0121
	（0.0116）	（0.0115）	（0.0120）	（0.0116）	（0.0115）	（0.0119）
L. market	0.183**	0.0821	0.200**	0.181**	0.0817	0.200**
	（0.0746）	（0.0834）	（0.0726）	（0.0742）	（0.0808）	（0.0724）
L. ln_rp	0.710**	0.531*	0.640*	0.721**	0.518*	0.640*
	（0.291）	（0.247）	（0.299）	（0.291）	（0.242）	（0.299）
L. ln_consum	0.0600	0.0898	0.0700	0.0592	0.0891	0.0706
	（0.0776）	（0.0765）	（0.106）	（0.0781）	（0.0781）	（0.101）
_cons	−1.899	−0.355	−1.403	−1.865	−0.605	−1.401
	（1.576）	（1.468）	（1.601）	（1.555）	（1.403）	（1.583）
地区效应	YES	YES	YES	YES	YES	YES
时间效应	YES	YES	YES	YES	YES	YES
P>F （chi2）	0.0000	0.0000	0.0000	0.0000	0.0000	0.0000
N	187	187	187	187	187	187
R^2	0.764	0.761	0.762	0.766	0.761	0.761

注：***、**、*分别表示在1%、5%、10%水平上显著，括号内数据为标准误。

表3-6 环境规制、政府行为与产业结构合理化（TL）的回归结果

随机模型	（1）	（2）	（3）	（4）	（5）	（6）
L. ER	0.0453*	0.0287	0.0403	0.0279	0.0648**	0.0405
	（0.0245）	（0.0209）	（0.0255）	（0.0249）	（0.0316）	（0.0264）
L. press	0.0609***					
	（0.0118）					
L. disorder		−0.0516**				
		（0.0235）				
L. czfq			0.0971			
			（0.348）			
ER×press				0.0165***		
				（0.00308）		
ER×disorder					−0.0163**	
					（0.00649）	
ER×czfq						0.00959
						（0.0906）
L. agdp	0.0722	0.0713	0.0723	0.0718	0.0711	0.0716
	（0.0623）	（0.0645）	（0.0647）	（0.0617）	（0.0649）	（0.0648）
L. tech	0.00614	0.00570	0.00579	0.00610	0.00560	0.00575
	（0.00377）	（0.00380）	（0.00384）	（0.00374）	（0.00384）	（0.00384）
L. market	−0.0232	−0.0164	−0.0159	−0.0233	−0.0181	−0.0159
	（0.0528）	（0.0651）	（0.0564）	（0.0526）	（0.0644）	（0.0564）

续表

随机模型	（1）	（2）	（3）	（4）	（5）	（6）
L. ln_rp	0.0494 （0.0766）	0.0398 （0.0719）	0.0382 （0.0745）	0.0512 （0.0766）	0.0410 （0.0721）	0.0395 （0.0745）
L. ln_consum	−0.119* （0.0626）	−0.116* （0.0632）	−0.118* （0.0642）	−0.118* （0.0620）	−0.115* （0.0632）	−0.116* （0.0645）
_cons	−0.0241 （0.694）	0.148 （0.458）	0.144 （0.450）	0.174 （0.492）	0.167 （0.469）	0.139 （0.460）
地区效应	YES	YES	YES	YES	YES	YES
时间效应	YES	YES	YES	YES	YES	YES
P>F（chi2）	0.0000	0.0000	0.0000	0.0000	0.0000	0.0000
N	187	187	187	187	187	187

注：***、**、*分别表示在1%、5%、10%水平上显著，括号内数据为标准误。

如表3-5和表3-6所示，各表列（5）中，环境规制与地方财政不平衡交互项（ER×disorder）的系数皆为负，说明江西省内各地级市中那些政府财政收支平衡程度越高的地区，越有利于激活环境规制的效力，从而带动产业结构升级。但它们的回归结果在统计学上的显著性表现得有所不同，与产业结构高级化的回归结果并不显著，而与产业结构合理化的回归结果在5%的水平上显著。根据江西省省情，比较合理的解释是：地方捉襟见肘的财政状况促使各地政府把最有限的资源集中在经济规模的发展壮大上，从而降低了当地政府利用环境规制调控激发创新潜力、推动地方产业发展的主观愿望。财政收支压力越小的区域，当地政府可以使用的财力资源就越多，可供运用的财力空间也越大，这就表明环境规制政策能够通过地区财力实现对创新研发项目、绿色产业等方面的资金扶持，并指导企业进行科学合理、立足长远的投资，有利于三次产业间的配置与产出比例的耦合，驱动了产业结构合理化。而江西省是农业大省，产业革新环境不友好且市场起步较晚，属于经济欠发达地区，虽然财政收支压力小的地方会倾向于改善环境，但出于促进经济增长的重要性可能比环保更为迫切，这些地方政府投入到改善环境的支出范围有限，因而对推动产业结构高级化的效果有限。

如表3-5和表3-6所示，各表列（6）中，环境规制与财政分权交互项（ER×czfq）的系数都为正，但在统计学上皆不显著，表明地方政府相对财力越大，越能够有效制定和实施环境规制政策，推动产业结构升级，但可惜这种促进效果有限。具体因素是：当地政府财源越充足，就使当地更有实力将财政资源配置到环境规制等，符合省政府的经济社会发展导向方面，在省政府环保政策高压下，财力相对宽裕的地方政府越会加大对环保等的支持力度，但江西省一直属于经济欠发达地区，这激发了该省各地级市实现经济追赶的强烈愿望，从而提升地方经济发展的重要性甚至表现得要比环境保护更为迫切，因此在环境规制的条件下，这些地方政府通过"绿色"

发展而促进产业结构升级的效果是有限的。

进一步讲，考虑到政策实施的滞后性，一方面，将解释变量（环境规制）滞后两期代入模型实证分析；另一方面，将产业结构升级滞后一期代入模型实证分析，发现本书的研究结论依然稳健，分别如表3-7和表3-8所示。

表3-7　驱动效应环境规制滞后两期的回归结果

模型	（1）	（2）	（3）	（4）	（5）	（6）
L. ER	0.0236 （0.0604）	0.0468 （0.0680）	0.0447 （0.0657）	0.0745*** （0.0215）	0.0706*** （0.0212）	0.0700*** （0.0226）
ER×press	0.0271* （0.0137）			0.0177*** （0.00505）		
ER×disorder		−0.000581 （0.0130）			−0.0166* （0.00895）	
ER×czfq			0.0123 （0.160）			0.0318 （0.101）
控制变量	YES	YES	YES	YES	YES	YES
地区效应	YES	YES	YES	YES	YES	YES
时间效应	YES	YES	YES	YES	YES	YES
N	187	187	187	187	187	187
R^2	0.784	0.776	0.776			

注：***、**、*分别表示在1%、5%、10%水平上显著，括号内数据为标准误。

表3-8　驱动效应产业结构升级滞后一期的回归结果

模型	（1）	（2）	（3）	（4）	（5）	（6）
L2. ER	−0.0165 （0.0555）	−0.00689 （0.0545）	−0.0140 （0.0582）	0.0375 （0.0295）	0.0478 （0.0296）	0.0462 （0.0316）
ER×press	0.0184* （0.00942）			0.0156*** （0.00497）		
ER×disorder		−0.00254 （0.0131）			−0.00997* （0.00571）	
ER×czfq			0.0742 （0.132）			0.0138 （0.0942）
控制变量	YES	YES	YES	YES	YES	YES
地区效应	YES	YES	YES	YES	YES	YES
时间效应	YES	YES	YES	YES	YES	YES
N	176	176	176	176	176	176
R^2	0.760	0.756	0.757			

注：***、**、*分别表示在1%、5%、10%水平上显著，括号内数据为标准误。

（四）稳健性检验

为了让研究结果更加令人信服，通过替换关键指标衡量法来实现稳健性检验。一方面，借鉴邝嫦娥与路江林（2019）的处理方法，采用建成区绿化覆盖率来衡量环境规制的强度。一般来说，由于各市辖区绿化覆盖率与环境治理程度高度关联，同时与产业升级的关联性较小，因此其能够有效减少使用环境成本类变量所造成的变量内生性问题。通常而言，一个地区市辖区建成区的绿色覆盖率越高，代表该地区的环境规制力度就越大，政府越注重环保。如表 3-9 所示，研究结果表明实证结论依然可靠。另一方面，借鉴黄茂兴和李军军（2009）的做法，采用第三产业增加值占 GDP 的比重来衡量产业结构高级化，如表 3-10 所示，发现研究结论依然稳健。

表 3-9　替换环境规制强度的回归结果（市辖区建成区绿化覆盖率）

模型	（1）	（2）	（3）	（4）	（5）	（6）
L. ER	-0.114 （0.0745）	-0.00640 （0.0598）	-0.0953 （0.0783）	0.0613*** （0.0216）	0.0722*** （0.0265）	0.0698*** （0.0236）
ER×press	0.0287* （0.0134）			0.0120*** （0.00430）		
ER×disorder		-0.0435 （0.0133）			-0.000786* （0.00395）	
ER×czfq			0.000684 （0.206）			0.00666 （0.0610）
控制变量	YES	YES	YES	YES	YES	YES
地区效应	YES	YES	YES	YES	YES	YES
时间效应	YES	YES	YES	YES	YES	YES
N	187	187	187	187	187	187
R^2	0.458	0.537	0.447			

注：***、**、*分别表示在 1%、5%、10% 水平上显著，括号内数据为标准误。

表 3-10　替换产业结构高级化的回归结果（第三产业增加值占 GDP 的比重）

模型	（1）	（2）	（3）	（4）	（5）	（6）
L. ER	-0.120*** （0.0355）	-0.129** （0.0562）	-0.132** （0.0484）	0.0279 （0.0249）	0.0648** （0.0316）	0.0405 （0.0264）
ER×press	0.0159* （0.0102）			0.0165*** （0.00308）		
ER×disorder		-0.0154 （0.0185）			-0.0163** （0.00649）	

模型	(1)	(2)	(3)	(4)	(5)	(6)
ER×czfq			0.233 (0.216)			0.00959 (0.0906)
控制变量	YES	YES	YES	YES	YES	YES
地区效应	YES	YES	YES	YES	YES	YES
时间效应	YES	YES	YES	YES	YES	YES
N	187	187	187	187	187	187
R^2	0.417	0.419	0.428			

注：***、**、*分别表示在1%、5%、10%水平上显著，括号内数据为标准误。

（五）结论与政策启示

1. 研究结论

本节通过构建面板模型，采集2000~2017年江西省11个地级市的相关数据，为环境规制与产业结构升级的关系给出了合乎实际情况的经济解释。在此基础上，把政府行为因素（主要包括官员晋升压力、财政不平衡和财政分权）引入"环境规制—产业结构升级"的分析框架中，得出主要结论如下：

首先，环境规制是产业结构升级的重要影响因素之一，而且这种关系表现在产业结构高级化与合理化之间具有较大的差异性。具体而言，环境规制显著地促进了江西省产业结构合理化，而抑制了江西省产业结构高级化，不过这种影响效果很有限。

其次，政府行为是环境规制发挥效用的重要条件。总体而言：①地方官员绩效考核压力越大，越有利于环境规制效力的发挥，促进产业结构转型升级；②财政平衡度越高，地方政府可利用的财政资源越多，可供操作的财政空间较大，越能够有余力支持环保工作，显著地推动了江西省产业结构合理化，但对江西省产业结构高级化的效力却很微弱；③地方政府的财力越充裕，越能够有效制定和实施环境规制政策，推动产业结构升级，但可惜这种促进效果有限。

2. 政策建议

环境规制与产业结构升级一直是当前中国的热点话题，本节通过实证研究得到以下启示：首先，应该重视政府行为的协同效能，不断完善地方政府官员的晋升体系和考核体系，并鼓励各地方政府部门在谋求经济效益发展的同时，应该兼顾考虑环境保护的问题。其次，应该提高财政预算的科学性、合理性以及财政支出的有效性、合理性，尤其要重视引导产业层次向高级化发展，促进产业结构优化升级。最后，应该把握适度的财政分权，不断优化地方政府财政支出结构，提高环保支出的比重，给予绿色产业等一定的财政补贴，引导产业结构整体转型升级。

三、基于行业视角下环境规制对产业升级的驱动效应

（一）驱动机理

面临着全球百年未有之大变局，可持续发展理念深入人心，世界十大环境问题[①]亟待解决，提出既能促进产业结构升级，又能推动节能减排的环境规制协调政策（黄清煌和高明，2016；张宁和张维洁，2019），对我国如期实现"双碳"目标（即2030 年前实现碳达峰、2060 年前实现碳中和）的意义非凡，也对"十四五"规划关于建设生态文明新进步目标的实现具有深远意义（原伟鹏等，2021；何小钢和张耀辉，2012）。

产业升级依赖于该产业的行业特征，例如技术复杂度、行业发展情况、与其他产业的关联等具体特征。国内外学术界对于环境规制和产业升级方面的研究成果，大致有三种具有代表性的观点：第一种观点是"遵循成本说"，也就是说，由于受环境规制的影响，行业企业必须承担额外的环境成本，这给行业的竞争力造成了不利的影响（Gray，1987；Jaffe 和 Palmer，1997；傅京燕和李丽莎，2010a）。第二种观点是"创新补偿说"，也就是说，通过有效的环境规制政策工具能够激励企业进行技术创新，从而有利于产业绩效的提升（Poter 等，1995；Brunnermeier 和 Cohen，2003）。第三种观点认为，环境规制对企业的技术创新和产业生产率都存在不确定性的因素，也就是说，环境规制对企业技术创新的促进作用具有很大的差别，虽然环境规制被证实在长时间内可以推动企业生产率和技术创新的提高，但是在短时间内，这些影响的方向恰恰相反（Boyd 和 MacClelland，1999；Lanoie 等，2008；沈能和刘凤朝，2012）。

从长远来看，一个行业/产业的升级最终取决于整个行业的科技进步（刘伟等，2017），创新补偿说指出，环境规制可以改善行业的科研激励，进而推动整个行业的技术创新能力的提高与经济增长速度的加快。产业技术复杂性主要体现在产业生产的专业化、标准化以及对中间产品尤其是技术型资本的密集利用程度（刘章生等，2017）。按照亚当·斯密提出的劳动分工理论，如果某一行业的劳动分工越精细，则要素市场和中间产品市场的发育程度越完善，越能产生更大程度的科技进步和效率提高，将更大程度地推动产业结构升级。Hausmann 和 Rodrik（2003）的研究发现，

---

① 世界十大环境问题是指全球气候变暖、臭氧层的损耗与破坏、生物多样性减少、酸雨蔓延、森林锐减、土地荒漠化、大气污染、水污染、海洋污染和危险性废物越境转移。

出口企业在生产技术复杂程度较高产品的过程中必须形成相对较复杂的生产关系，只有在生产效率和工业发展层次较高的国家，才能密集制造这一类型的产品。Costinot（2009）的研究指出，生产技术相对复杂的产品可以具备专业化分工的优点，生产技术水平和人力资本水平较高的国家也可以在专业化制造该类产品方面具备相对比较优势，并以此逐步带动产业升级。所以，本书选择从产业技术复杂度的视角来分析产业升级，并建立环境规制影响产业转型升级的数理模型。

参考张成等（2011）的研究方法，假定在一个完全竞争（或充分竞争）的产品市场和生产要素交易市场中，由厂商进行生产活动，而随着产品生产规模的扩大，所产生的污染将增加。假设厂商的利润收益函数为 $P \times A(K_A)f(K_P)$，其中，P 表示产品的单价，$A(K_A)$ 表示生产技术的复杂水平（程度），其大小与厂商在产品生产中的技术资本投入 K_A 相关，$f(K_P)$ 表示既定技术复杂程度下的产出水平，其大小与厂商在生产中的资本投入 K_P 相关。为了后期书写方便，将用 F 来表示厂商的产出水平，即厂商的产出函数（总生产集）可以表示为 $F = A(K_A)f(K_P) = A \times f$[①]。因为厂商生产过程中将排出大量污染物，而污染具有负外部性特征，因此引入环境规制（ER）变量，厂商的生产必须在这个环境规制强度下展开。

假设厂商在环境规制的激励下能够形成创新补偿效应，加大科研经费的投入，开展技术创新活动，进而起到倒逼产业升级的作用。本书用 IN 表示产业升级，主要由两个方面组成，一是产业技术复杂水平（A），二是由环境规制政策的实施所增加的污染治理投入水平（E），进一步地，假设产业升级函数是可分离的，则 $IN = IN_A + IN_E$，$IN' = (A, \cdot) > 0$，$IN' = (\cdot, E) > 0$。同时，假定厂商所面临的产品生产市场和生产要素市场是充分竞争（或完全竞争）的，也就是说，厂商的产出函数并不影响产品和要素的定价，所以，污染排放量就是产出水平 F 以及厂商受环境规制工具影响所增加的额外环境成本即企业治污投入水平 E 的函数，那么，$W = (F, E)$ 就是厂商从生产过程中所排出的污染（排污函数）。进一步，通过 Forster（1980）、Selden 和 Song（1995）对污染函数性质的描述说明，即可得出，$W' = (F, \cdot) > 0$，且 $W' = (\cdot, E) < 0$，也即表明污染排放量伴随厂商产品产出的增加而增加，但同时污染物的排放量随着环境规制政策工具所导致的厂商治理污染投入的提高而减少。假定厂商用来治理污染的生产集是 $\mu A(K_A)f(K_P)$，这里，$\mu(0 < \mu < 1)$ 是指厂商在总产出中所分摊的用于治理污染的部分，所以 μ 实际上是反映了环境规制严格程度的系数。依据上述定义描述可知，$\mu A(K_A)f(K_P) = E$，并且，由于污染函数 W 由厂商的总产出和污染治理的支出决定，所以厂商利润最大化的环境优化行为可描述如下：

$$\max_\pi = P[A(K_A)f(K_P) - \mu A(K_A)f(K_P)] \tag{3-7}$$

$$s.t. \quad ER = W[A(K_A)f(K_P), \mu A(K_A)f(K_P)] \tag{3-8}$$

由此构建拉格朗日函数：

---

① 在此假设以技术复杂度衡量的生产中的技术水平是希克斯中性的。

$$L=P\big[A(K_A)f(K_P)-\mu A(K_A)f(K_P)\big]+\lambda\big\{W\big[A(K_A)f(K_P),\ \mu A(K_A)f(K_P)\big]-ER\big\} \tag{3-9}$$

进一步，公式（3-9）中依次对 K_A、K_P、μ 和 λ 求偏导数，即可求出厂商最优化所要满足的一阶条件：

$$P(1-\mu)A'(K_A)f(K_P)+\frac{\lambda\partial W\big[A(K_A)f(K_P),\ \mu A(K_A)f(K_P)\big]}{\partial K_A}=0 \tag{3-10}$$

$$P(1-\mu)A(K_A)f'(K_P)+\frac{\lambda\partial W\big[A(K_A)f(K_P),\ \mu A(K_A)f(K_P)\big]}{\partial K_P}=0 \tag{3-11}$$

$$-PA(K_A)f(K_P)+\frac{\lambda\partial W\big[A(K_A)f(K_P),\ \mu A(K_A)f(K_P)\big]}{\partial\mu}=0 \tag{3-12}$$

$$W\big[A(K_A)f(K_P),\ \mu A(K_A)f(K_P)\big]=ER \tag{3-13}$$

由公式（3-6）可知：

$$-PA(K_A)f(K_P)+\lambda W_E A(K_A)f(K_P)=0 \tag{3-14}$$

由公式（3-8）进一步得到：$P=\lambda W_E$。

由公式（3-4）和公式（3-5）可得：

$$P(1-\mu)A'(K_A)f(K_P)+\lambda A'(K_A)f(K_P)\big[W_F+\mu W_E\big]=0 \tag{3-15}$$

$$P(1-\mu)A(K_A)f'(K_P)+\lambda A(K_A)f'(K_P)\big[W_F+\mu W_E\big]=0 \tag{3-16}$$

进一步将 $P=\lambda W_E$ 代入公式（3-9）或公式（3-10）中，皆可得：

$$W_E=-W_F\ \text{也即}\ \frac{\partial W}{\partial E}=-\frac{\partial W}{\partial F} \tag{3-17}$$

公式（3-17）所描述的是当厂商面对一定程度的环境规制强度时，最优化条件应该满足使生产中边际污染增加的部分等于治理污染投入所产生的边际污染减少的部分。也即当厂商面临较宽松的环境规制水平时，厂商所排放的污染量将会增加；相反地，当厂商面临较严格的环境规制水平时，厂商所排放的污染量将会减少。进一步推导，可以由公式（3-10）、式（3-14）、式（3-17）得到 $\partial W/\partial K_A>0$，同时因为公式（3-15）中 $P(1-\mu)A'\cdot f>0$，可知 $\lambda<0$，把其代入公式（3-12）中不难得到 $\partial W/\partial\mu<0$，这表明了厂商在生产制造过程中，因为受到环境规制限制的影响，厂商对治理污染的投入会持续加大，污染物的排放量则会持续减少。

接下来，结合产业技术复杂度的视角讨论环境规制对产业升级的作用效应。根据 $IN'=(A,\ \cdot)>0$，有 $\frac{\partial IN}{\partial A}>0$，可推出如下公式：

$$\frac{\partial IN}{\partial A}=\frac{\partial IN}{\partial W}\times\frac{\partial W}{\partial A}+\frac{\partial IN}{\partial W}\times\frac{\partial W}{\partial E}\times\frac{\partial E}{\partial A}>0 \tag{3-18}$$

由 $\begin{cases}\dfrac{\partial W}{\partial A}=W_F f+W_E\mu f\\[2mm]W_E=-W_F\\[2mm]\dfrac{\partial E}{\partial A}=\mu f\end{cases}$ 可得：

$$\frac{\partial IN}{\partial A} = \frac{\partial IN}{\partial W} \times [\, W_F f(1-2\mu)\,] > 0 \tag{3-19}$$

又因为 $IN = IN_E + IN_A$，得到：

$$\frac{\partial IN}{\partial A} = \left(\frac{\partial IN_E}{\partial W} + \frac{\partial IN_A}{\partial W}\right) \times [\, W_F f(1-2\mu)\,] > 0 \tag{3-20}$$

μ 随着环境规制强度的提升而不断增大，根据公式（3-20）可推出，当 $0<\mu<0.5$ 时，$\frac{\partial IN_E}{\partial W}<0$，$\frac{\partial IN_A}{\partial W}>0$[1]，表明此时产业技术复杂度的提升与污染物排放呈正相关，这意味着当企业面临的环境规制处于较低水平时，随着环境规制强度的提高，企业的排污量将会下降，技术复杂度水平同时下降，这在一定程度上不利于产业结构升级；当 $\mu>0.5$，并趋于 1 时，$[\, W_F f(1-2\mu)\,]<0$ 且 $\frac{\partial IN_E}{\partial W}\to 0$，得 $\frac{\partial IN_A}{\partial W}<0$，表明此时产业技术复杂度的提升与污染物排放呈负相关，这意味着当产业发展到一定高度/层级时，环境规制的标准很高，企业的排污量进一步减少，产业层次将会随着产业中技术复杂度水平的提高而进一步上升，产业发展将实现优化升级。

根据上述环境规制政策影响产业升级的数理关系的分析，随着工业产业的持续发展，当环境规制程度达到了较低的水平时，可能会额外加大对工业产业治污成本的支出，从而占用了大量的产业研发投入资金，进而对技术创新和产业升级造成负面影响。从动态持续发展的环境规制水平考虑，随着环境规制政策工具的多样化及规制体系的逐步完善和健全，当环境规制强度到达了某个较高水平时，创新补偿效应将会占主导地位，可以有效地抵抗遵循成本所产生的不利影响[2]，进而可以更大程度地促进行业的科技进步，最终带动整个产业的优化升级。由此，提出了本章的两个核心假设：

H_1：经过一个特定的时期后，较弱的环境规制强度的地区，技术复杂程度反而会下降，并不利于产业升级，即低水平环境规制将抑制产业升级。

H_2：当产业发展到一定阶段，在环境规制水平较高的地区中，那些技术创新和技术复杂程度更高的产业将会获得更多的发展机会，即高水平环境规制将推动产业升级。

（二）模型构建及数据说明

1. 实证模型构建

本书对产业升级的研究需要把区域特性和行业特性结合起来并加以分析，如地

---

[1] $1-2\mu>0$，$\frac{\partial W}{\partial F}>0$，$\frac{\partial W}{\partial E}<0$，$\partial IN_E>\partial E>0$，所以有 $\frac{\partial IN_E}{\partial W}<0$，$\frac{\partial IN_A}{\partial W}>0$。

[2] 事实上，从 Poter（1995）、Lanoie 等（2008）以及众多学者的研究中可以推断环境规制与产业升级之间在时间维度上存在 U 形关系，而我们关注的重点在当产业发展至一定高度时，高环境规制强度对产业升级的正向影响，即越过了 U 形拐点后环境规制对产业升级的促进作用。

区的环境规制水平对产业层面的结构变化的影响，而普通的线性模型是难以实现这一点的，因此，引入了 Rajan 和 Zingales（1998）基于产业特征和国家特征的交互项的做法来处理，以分析江西省 11 个地级市层面的特征与产业层面特征的交互作用，具体构建的回归模型如下：

$$Stru_{ij} = \alpha_i + \alpha_j + \beta ER_i \times SPE_j + \gamma Control_{ij} + \varepsilon_{ij} \tag{3-21}$$

其中，α_i、α_j 依次表示各地级市固定效应及产业固定效应，$Stru_{ij}$ 表示 i 地市 j 产业在该地市的产业升级指标（采用工业总产值所占比例来衡量），$Control_{ij}$ 代表一系列的控制变量，ε_{ij} 为随机误差项。

核心变量是交互项 $\beta ER_i \times SPE_j$，其中，ER_i 表示 i 地市环境规制强度，SPE_j 表示 j 产业技术复杂程度，β 是重点关注的系数。所有变量的取值均为 2004~2015 年的平均值。上述回归方程的含义在于，环境规制强度（ER_i）与产业技术复杂度（SPE_j）之间的交互作用会影响产业份额，若其交互项前面的系数 β 是显著为正，说明该地区的环境规制水平较高，那些技术复杂程度越高的产业的相对份额将提升越多，在保证了其他条件不变的前提下，表明环境规制越严格越可以有效促进整个产业的优化升级。

2. 变量的度量

（1）产业结构升级（Stru）。主要参考干春晖等（2011）的研究，从产业结构合理化（TL）与产业结构高级化（TS）两种角度进行核算，前文有详细说明，此处不再赘述。

（2）环境规制强度。一般而言，市辖区建成区的绿化覆盖率越高，代表该地区的环境规制力度就越强。充分考虑到数据的可获得性，参考邝嫦娥和路江林（2019）的做法，采用建成区绿化覆盖率来衡量环境规制的强度。

（3）产业的技术复杂程度（SPE）。按照当前文献的一般处理方法，用产业对中间产品的利用程度来衡量这一指标。具体来说，某个产业在生产制造过程中所利用的中间产品数量越多，那么该产业的技术复杂程度越高。这一衡量方法的基本思路是基于亚当·斯密对劳动分工与科学技术发展之间关联的深刻洞察，即劳动分工的进一步细化会带来生产效率和技术进步的提高。不过考虑到产业对各种中间产品的实际应用数量也有着很大的差别[①]，所以，仅仅使用了各种中间产品数量在总产品数量中所占的比重，可能无法很好地刻画其应用中间产品的类型特点，很多学者因此采用中间产品的赫芬达尔指标来刻画某个产业集中应用中间产品的程度，并将（1-赫芬达尔指数）来刻画产业应用中间产品的多样性。同时，根据 Berkowitz 等（2006）文献的普通做法，可以通过比较各行业产业对中间产品的利用状况来判断产业技术复杂程度将更加合理，即如果对某一行业的劳动分工更细致，能提高生产效

---

① 例如，某产业使用的中间产品的种类很多，但是若其中 1~2 种产品占据了使用数量的绝大多数，仍然不能表明该产业使用的中间产品种类较多。

率和技术进步，更能推动该产业的转型升级。但这个测度方法存在一定的缺陷，因为仅仅使用其中间产品占总中间产品的比率，无法刻画出其所用的中间产品的类型特点，亦即若某产业所用中间产品的数目并不少，且只集中于某一两种中间产品，仍然不能说明该产品技术复杂程度高。因此，参照安苑和王珺（2012）及其他众多学者的处理方法，通过行业内对生产技术资本和人力资本的密集利用程度来衡量其技术复杂程度。具体来说，通过产业研发投入的密集程度以及行业劳动者中拥有较高级技术职称的劳动力所占比例来衡量该产业的技术复杂程度。最终采用中间产品的赫芬达尔指数来构建产业技术复杂度指标，赫芬达尔—赫希曼指数，简称赫芬达尔指标数（HHI），是一个体现了行业集中度的综合指标，因此可以较好地刻画出一个产业集中使用了中间产品的多样性和程度，本章构建的HHI指数如下：

$$HHI = \sum_{j=1}^{N} \left(\frac{X_j}{X} \right)^2 = \sum_{j=1}^{N} S_j^2 \tag{3-22}$$

其中，HHI 代表中间产品的赫芬达尔指数，$\left(\frac{X_j}{X} \right)$ 表示 j 产业中间产品的使用占总中间产品使用的比值，$\sum_{j}^{N} S_j^2$ 表示平方和加权。同时，采用（1-HHI）表示某种产业使用中间产品的多样性（产业技术复杂程度），用 SPE 表示。基于此，通过我国投入产出表细分后的二位数中各行业产业所用中间产品的情况来衡量产业技术复杂程度的指标（即 SPE 指数）。

（4）控制变量。基于研究假说以及区域层面特征对产业层面的结构影响的一般方法（Costinot，2009），本章所采用的控制变量 $Control_{ij}$ 主要有：

1）区域人力资本禀赋与产业中人力资本使用密集度交互项（$HR_i\_IE_j$），地域人力资源禀赋用平均受教育年限对产业人力资本的禀赋来度量，它的计算公式为：（小学受教育人数×6+初中受教育人数×9+高中受教育人数×12+大学受教育人数×16）/总受教育人数；产业人力资本采用科技人员在全产业从业人员中所占的比例来衡量。

2）区域自然资源禀赋与产业自然资源使用密集度交互项（$ZR_i\_NI_j$），区域自然资源禀赋主要通过各地区采矿业用年末总产值占 GDP 的比例来反映；产业自然资源使用密集度则通过各产业利用采矿业的中间投入所占的总增加值比例来反映。按照经典的比较优势理论，对于一个自然资源禀赋状况较丰裕的区域来说，那些密集利用某些丰富资源的产业更容易获得更快发展，从而导致该产业的相对份额增加，由此形成了该区域的比较优势（李强和丁春林，2017）。

3）区域金融发展水平与产业对外部融资的依赖度的交互项（$JR_i\_FN_j$），区域金融发展水平根据地区存货总额占 GDP 的比例来度量；按照 Rajan 和 Zingales（1998）的处理方法，行业产业对外部融资的依赖性以长期负债与固定资产原值之比表征。当一个国家或地区内的金融发展程度越高时，那些对外部融资环境依赖程度越高的产业发展得越好。这意味着，一国金融业的发展可以推动良好的会计核算和信息公开披露机制的形成，因此能够缩小企业内部融资与外部融资之间的成本差距，这对那些依靠对外融资的行业尤其重要，可以推动这类行业的发展成长。

4）区域国外市场接近度与产业外商直接投资水平交互项（$MA_i\_FO_j$）。借鉴任曙明和魏梦茹（2015）的做法，区域国外市场接近度用各地级市城市到海岸线距离的倒数来表示；产业外商直接投资水平以外商投资（含港澳台商投资）工业增加值率表示。新经济地理学指出，在经济规模报酬递增和存在运输成本的条件下，企业将会向着具有更大市场潜力的地方聚集，即厂商将会向有着更大市场经济规模的区域集中，因此，在那些市场规模较大的区域，对外部需求较高的产业能够得到更快的成长。

5）区域基础设施与产业规模经济的交互项（$BA_i\_SC_j$），区域基础设施水平以各地级市的路网密度来度量，即每平方公里公路和铁路里程数总和；产业规模经济以各行业企业的平均劳动力规模度量。新经济地理学指出，一个区域基础设施建设水平的提升可以更明显地减少运输成本，进而导致经济规模报酬递增的产业就更可能在该区域进行聚集（任曙明和魏梦茹，2015），所以，在那些基础设施建设水平较高的区域，规模经济较高的产业就可以获得更多的成长机会和更快的发展。

3. 数据来源

考虑到统计数据的可获得性，以上各变量均取2004～2015年的平均数，个别变量在个别年份有遗漏的，则取未遗漏年份的平均数。区域统计数据取自历年《江西统计年鉴》，财政数据来自历年《中国财政年鉴》。产业统计数据资料主要源于历年江西省统计局公布的企业和产业相关数据库，以及《中国工业经济统计年鉴》，各地域的地理距离在Google电子地图上直接读取。

最新的《中国投入产出表》为2017年版，考虑到环保统计数据和产业相关数据的完整性与连续性，本节将样本时间定于2004～2015年，所有变量的取值均为平均值，对于部分数据或个别年份有信息遗漏的，则按年均增长率推算并取均值。实证相关数据主要来自历年《中国统计年鉴》、《中国环境统计年鉴》、我国投入产出表、国内各省份的统计年鉴、中经网等的统计数据。江西省各地市到海岸线距离从Google地图上读取。考虑到统计口径的统一性和部分行业统计数据的缺失性，对相关数据加以综合和剔除后，以投入产出表的行业分类为基本标准，筛选出了两位数产业部门，共23个。

（三）实证结果与分析

根据公式（3-15）所建立的回归模型，并从行业异质性的角度出发，利用OLS回归得到统计结论，如表3-11所示。首先，就核心变量即环境规制与产业技术复杂度的交互项进行分析，在控制了城市和产业虚拟变量后，如表中的列（1）和列（4）所示。列（1）中的核心变量显著为负，表明产业的技术复杂度越高，其份额受到环境规制强度的负面影响越大，也就是说，环境规制的强度倾向于抑制产业结构合理化。而列（4）中的核心变量显著为正，表明产业的技术复杂度越高，其份额受到环境规制强度的正面影响越大，也就是说，环境规制的强度有助于促进产业结构高级化。

表 3-11　基本回归结果

解释变量	TL			TS		
	（1）	（2）	（3）	（4）	（5）	（6）
ER×SPE	-0.159 *** (-3.19)	-0.175 *** (-4.06)	-0.148 *** (-3.28)	0.343 *** (3.67)	0.351 *** (3.86)	0.358 *** (3.61)
HR_IE		0.366 *** (6.11)	0.432 *** (6.71)		-0.045 (-0.35)	-0.103 (-0.72)
ZR_NI		-0.107 *** (-2.63)	-0.110 *** (-2.74)		-0.262 *** (-2.98)	-0.274 *** (-3.08)
JR_FN			-0.492 (-0.25)			-1.614 (-0.37)
MA_FO			-2.130 (-1.39)			5.175 (1.53)
BA_SC			-0.000 *** (-2.81)			0.000 (0.85)
城市固定	YES	YES	YES	YES	YES	YES
产业固定	YES	YES	YES	YES	YES	YES
_cons	0.271 *** (10.55)	0.232 *** (9.99)	0.223 *** (9.47)	0.455 *** (9.45)	0.474 *** (9.48)	0.470 *** (9.07)
r2_a	0.065	0.331	0.361	0.087	0.133	0.134
观测值	132	132	132	132	132	132

注：***、**、*分别表示在1%、5%、10%水平上显著，括号内数据为标准误。

其次，加入各地级市自然资源禀赋和产业特征之间的交互项，考察区域自然资源禀赋条件对不同特征的经济产业份额的具体影响，具体如表中列（2）和列（5）所示。列（2）中人力资本禀赋较为丰裕的地区，越能发挥产业结构合理化上的优势，而自然资源禀赋状况越丰裕的地区，越不利于产业结构合理化。列（5）中人力资本禀赋的丰裕程度对于产业结构高级化的影响则不显著，但自然资源禀赋越丰裕的地区，越不利于产业结构高级化。究其原因，可能是江西省矿产资源（煤、铜、钨、稀土等）丰富，在样本考察期内，江西大部分地区仍然利用"资源红利"发展经济，自然资源禀赋越丰裕，越不利于产业结构升级，这进一步说明江西无法逃脱"资源诅咒"。

最后，加入其他的控制变量，如表中列（3）和列（6）所示。列（3）中区域金融发展水平与产业对外部融资的依赖度的交互项和区域国外市场接近度与产业外国直接投资水平交互项均为负值，在统计学上并不显著；区域基础设施与产业规模经济的交互项在1%水平上显著为负，表明基础设施完善的地区并不能促进产业升级，反而抑制了产业结构合理化。究其原因，可能是江西省仍是农业大省之一，经济不发达，地方财政支出相对有限，而基础设施的建设必须投入大量资金，但是对江西省而言，基础设施建设越是完善，意味着在基础设施建设方面投入的资金就越多，反而用来支撑地方经济社会发展的财政开支就越少，这样就不利于江西在三次产业之间的资源配置和产出比例的相互耦合（产业结构合理化）。

进一步地，通过引入广义矩估计法（GMM），在一定程度上有效地克服普通面板模型产生的内生性问题，GMM 的估计结果如表 3-12 所示。不难看出，表 3-12 的估计结果与表 3-11 的回归结果差异不大，GMM 估计的各变量系数的显著性稍高，这表明各变量之间并不存在严重的内生性问题。

表 3-12　GMM 估计结果

解释变量	TL			TS		
	（1）	（2）	（3）	（4）	（5）	（6）
L. lntl	0.626 *** (8.49)	0.672 *** (8.19)	0.635 *** (6.55)			
L. lnts				0.636 *** (10.56)	0.710 *** (7.51)	0.679 *** (6.95)
Ln（ER×SPE）	−0.180 ** (−2.23)	−0.180 ** (−2.00)	−0.184 ** (−1.99)	0.113 *** (3.20)	0.108 *** (2.67)	0.104 *** (2.78)
Ln（HR_IE）		0.133 *** (2.66)	0.146 ** (2.38)		−0.097 (−1.40)	−0.103 (−1.34)
Ln（ZR_NI）		0.027 (1.29)	0.040 ** (2.03)		−0.035 *** (−2.91)	−0.043 *** (−3.41)
Ln（JR_FN）			−0.001 (−0.11)			−0.008 (−1.59)
Ln（MA_FO）			−0.003 (−0.62)			−0.001 (−0.63)
Ln（BA_SC）			0.031 (0.62)			−0.022 (−0.65)
城市固定	YES	YES	YES	YES	YES	YES
产业固定	YES	YES	YES	YES	YES	YES
Wald 检验-P	0.000	0.000	0.000	0.000	0.000	0.000

解释变量	TL			TS		
	（1）	（2）	（3）	（4）	（5）	（6）
AR（1）检验-P	0.0532	0.0493	0.0264	0.0515	0.0278	0.0512
AR（2）检验-P	0.1305	0.1377	0.1280	0.1162	0.0792	0.0598
观测值	110	110	110	110	110	110

注：＊＊＊、＊＊、＊分别表示在1%、5%、10%水平上显著，括号内数据为标准误。

（四）稳健性检验

在表3-11的基准回归中，核心变量产业结构合理化的系数均显著负相关，产业结构高级化的系数均显著正相关，且系数数值大小较为接近，各模型加入控制变量后仍在1%的条件下显著且符号一致，各控制变量的显著性和系数数值的符号基本一致，说明回归是稳健且有意义的。但仅此是不够的，仍须进一步考虑其稳健性。

充分考虑到数据间可能会出现的内生性问题，会使OLS估计有偏和不统一，因此一般选取一种适当的工具变量。由于工具变量通常需要与内生性变量具有较强的相关性，但与其残差项不相关。为处理环境规制变量的内生性难题，借鉴沈坤荣等（2017）的处理方法，将空气流通系数视为环境规制政策的主要工具变量。依据Jacobsen（2002）的研究，空气流通系数相当于风速和边界层高度的乘积。一方面，从理论上说，在所有空气污染物排放相同的状况下，空气流通系数越低的城市倾向于实行更严厉的环境规制政策，因而环境规制实际上与空气流通系数存在相关性。另一方面，空气流通系数与随机误差项并不存在相关性。这样，由于空气流通系数具有外生性，因此可以成为环境规制政策的有效工具变量。同时，我们将解释变量的滞后项当作当期自身的有效工具变量来处理，利用TSLS（两阶段最小二乘法）分别对表3-12中的模型（1）~模型（6）重新进行了估计，具体的估计结果如表3-13所示。

表3-13 TSLS估计结果

解释变量	TL			TS		
	（1）	（2）	（3）	（4）	（5）	（6）
ER×SPE	−15.638＊ （−1.82）	−14.652＊ （−1.83）	−10.601＊＊ （−2.17）	8.852＊＊ （1.98）	9.401＊＊ （2.00）	7.487＊＊ （2.27）
HR_IE		0.156＊＊ （2.17）	0.167＊＊ （2.54）		0.001 （0.02）	−0.009 （−0.27）
ZR_NI		−0.033＊＊ （−2.24）	−0.056＊＊＊ （−4.27）		−0.016＊＊ （−2.23）	−0.006＊ （−0.93）

续表

解释变量	TL			TS		
	（1）	（2）	（3）	（4）	（5）	（6）
JR_FN			−0.021 （−1.08）			0.015* （1.78）
MA_FO			0.014 （0.66）			−0.009 （−0.91）
BA_SC			−0.145*** （−4.42）			0.067*** （3.85）
城市固定	YES	YES	YES	YES	YES	YES
产业固定	YES	YES	YES	YES	YES	YES
第一阶段 F	10.0530	10.07952	10.8894	10.0537	10.07950	10.8894
第一阶段偏 R^2	0.9979	0.9979	0.9981	0.9979	0.9979	0.9981
第二阶段 R^2	0.0615	0.0613	0.0158	0.0615	0.0613	0.0158
_cons	−69.691* （−1.87）	−65.406* （−1.87）	−45.821** （−2.18）	36.549* （1.87）	38.712* （1.88）	29.507** （2.07）
观测值	132	132	132	132	132	132

注：***、**、*分别表示在1%、5%、10%水平上显著，括号内数据为标准误。

表3-13中，第一阶段的F值均超过10，说明并不存在弱工具变量的情况。且偏 R^2 值均在0.1以上，说明所选取的工具变量和内生变量之间具有较强的相关性，工具变量选择较为合理。从列（1）和列（6）中的核心变量来看，在TSLS估计情况下，交互项系数值皆有不同程度的增加，说明可能由于环境规制指标存在一定的内生性，导致在OLS回归中低估了它对产业升级的影响程度，但这并不影响本书对基准结果的判断和最后的结论。且TSLS估计中的其他控制变量交互项系数、显著性与OLS估计的结果较为一致，说明此前的判断是可信的，回归方程都是可靠稳健的。

本节主要从产业技术复杂度的视角出发，根据江西省11个地级市2004~2015年的地区面板数据和行业数据分析了环境规制对产业结构升级（产业结构合理化和产业结构高级化）的影响。研究结果表明，一方面，当产业经过了一定时期后，强度较高的环境规制并不能激发企业的创新热情，起不到优化产业资源配置的作用，不利于产业结构合理化；另一方面，当产业发展到了一定阶段时，较高的环境规制强度反而能激发企业的创新热情，有助于产业向高层次发展，有利于产业结构高级化。

此外，产业结构升级还受到一些外部因素的影响。一方面，人力资本禀赋越丰裕的地区，越能发挥产业结构合理化上的优势，而自然资源禀赋状况越丰裕、基础设施越完善的地区，越不利于产业结构合理化。另一方面，自然资源禀赋越丰裕的地区，越不利于产业结构高级化，江西也没能逃过"资源诅咒"，这可能与江西大部分地区仍然利用"资源红利"发展经济的实情有关。

所以，为充分发挥环境规制政策工具对产业升级的积极影响，从产业发展角度看，需要注意以下几个方面：首先，江西应该根据不同的区域、不同的产业发展的实际状况，提出差别化、动态化的环境规制标准，以充分发挥环境规制对产业结构合理化、产业结构高级化的作用。其次，江西应积极留住人才，充分发挥人力资本在推动产业结构升级中的重要作用。此外，江西还应转变利用"资源红利"来发展经济的理念，注重可再生和清洁型资源的开发，优化能源结构，从源头上减少高耗能资源的使用，使江西产业朝着资源节约型、绿色环保型方向发展。

四、基于企业视角下环境规制对产业升级的驱动效应

（一）驱动机理

自 1978 年改革开放以来，我国在经济上取得了辉煌的成就，但同时也出现了生态环境的严重破坏、自然资源过度开采等问题（刘和旺等，2019）。随着环保问题日益受到社会各界的重视，江西省委、省政府高度重视生态环保的工作，在全省经济社会发展中，始终坚持"既要金山银山，更要绿水青山"的理念，坚持走"生态立省、绿色发展"的道路。但主要问题是，江西省的环境规制在有效整治环境污染的同时如何倒逼产业结构升级，并借此达到环保与经济社会发展（产业结构升级）的双赢？现有相关研究大部分是基于国家级、省级或行业层面数据展开，通过微观数据分析环境规制对产业结构升级的文献，特别是市际层面和企业层级研究的数量还较少，同时，研究面临着内生性问题的困扰。

本节捕捉到江西省政府在"十一五"期间（2006~2010 年）环境规制强度加大的事实，并以此准自然实验（逯进等，2020）来识别环境规制对产业结构升级的影响。2006 年，在江西省省直有关部门的支持配合下，完成了《江西省环境保护"十一五"规划》的编制工作，并经省政府批准下达。按照《国务院关于"十一五"期间全国主要污染物排放总量控制计划的批复》和国务院委托国家环保总局与省政府签订的《江西省"十一五"水污染物总量削减目标责任书》及《江西省"十一五"二氧化硫总量削减目标责任书》，根据省政府主要领导的批示，由省发展改革委牵头

会同省环境保护局综合考虑各地区的环境质量、环境容量、污染排放基数、经济社会发展水平以及削减潜力等，把总量目标和减少任务分解到全省 11 个设区城市，并报经省政府研究同意后落实①。国家下达给江西省"十一五"时期的主要污染物总量削减任务是：到 2010 年，江西省化学需氧量排放总量比 2005 年减少 5.1%，由 45.7 万吨减少到 43.4 万吨；二氧化硫排出的污染数量在 2005 年的基数上减少了 7%，由 2005 年的 61.3 万吨下降为 57 万吨，根据这一要求，省政府下达并与各设区市政府签订责任状：到 2010 年，江西省化学需氧量排放总量比 2005 年削减 8.9%，二氧化硫排放总量比 2005 年削减 13.3%。为完成国家约束性刚性指标，时任省长的吴新雄在 2006 年的省政府工作报告中明确提出，2006 年江西省主要污染物排放量削减 2%，化学需氧量要减排 4000 吨，二氧化硫要减排 1.27 万吨。这样就将污染物减排完成任务与各级地方政府官员政绩考核相挂钩，在一定程度上加大了地方环境规制的力度。由于这种环境规制所具有的约束性、硬性和非对称性特点，其对微观企业的影响更具典型性和普遍性（韩超等，2017）。因此，根据江西省制造业企业数据分析，以"十一五"污染减排政策为自然实验，运用双重差分法/倍分法（Difference-in-Difference，DID），探讨了环境规制对产业升级的影响和作用机制等问题。

1. 假说提出

有关环境规制影响分析的国内外文献大多围绕污染避难所假说（或称污染天堂假说）和波特假说展开。前者多聚焦于宏观层面环境规制对产业转移的影响效应，后者则偏重于在微观层面对技术创新、绩效等的影响（Cai 等，2016；Lanoie 等，2008；Shi 和 Xu，2018）。国外直接探讨环境规制对产业结构升级影响的文献偏少，如 Berman 和 Bui（2001）研究了环境规制对产业转型升级的微观作用机理；Liu（2016）分析了资源配置扭曲效应和技术创新效应的调节作用，指出当环境规制的技术创新效应超过了资源配置扭曲效应时，环境规制才会推动产业转型升级等。而直接研究环境规制对产业结构升级影响的文献大多来自国内，且多数集中在宏观层面，概括起来主要有以下三种观点：①推动作用，环境规制能够显著促进产业结构升级（李强，2013；肖兴志和李少林，2013）。②抑制作用，卫平和余奕杉（2017）认为环境规制强度的增加会使得企业增加成本，在一定程度上抑制产业结构升级；尹礼汇等（2022）认为当行政化环境规制较弱未能与市场化环境规制结合时，加大环境规制强度会明显抑制产业结构升级；卫平和张玲玉（2016）认为对创新能力较弱的企业来说，环境规制水平的提高将会抑制产业结构升级。③不确定性的作用，童健等（2016）认为环境规制对工业行业转型升级的影响呈现 J 形关系；而孙玉阳等（2018）认为行政命令型和市场激励型环境规制工具对产业结构升级呈倒 U 形关系等。

---

① 资料来源：2006 年全省环境保护工作总结［EB/OL］．http：//sthjt. jiangxi. gov. cn/art/2008/12/8/art_42202_2796030. html.

在现有关于环境规制对产业转型升级影响的研究中，多数学者均将其作用机理作为研究重点。虽然国外学者没有就环境规制对产业结构升级展开直接研究，但却为相关研究的开展提供了思路。国外学者的研究结论主要集中于两种渠道：一是环境规制能够通过对生产规模的调整来提高企业的集中度进而限制产出（Conrad 等，2005）；二是环境规制可以通过设置进入壁垒、抑制产业成长和重新配置相关企业的市场配额来影响市场结构（Pashigian，1984；Blair 和 Hire，2005）。而国内学者，就环境规制影响产业转型升级机制所做的研究多偏宏观层面，认为环境规制能够通过对需求、国际贸易和技术创新直接影响产业转型升级（肖兴志和李少林，2013；梅国平和龚海林，2013）。这些研究使用的都是省级或行业数据，由于测度误差等原因容易引起内生性问题而导致回归结果发生偏差。为此，本节借助微观数据和环境规制领域的准自然实验来研究环境规制对产业转型升级的机制。

一方面，就环境规制对产业升级的影响，从理论上说，环境规制会导致被规制企业内部成本增加，企业势必会对已有的产品结构、组织管理模式和技术水平等做出相应的调整，降低增加的成本以谋求立足之地（姜涛，2013）。因此，环境规制水平的提高（也即环境规制越严格）对企业群体是一种优胜劣汰，引致产业转型升级（Berman 和 Bui，2001）。江西省"十一五"减排政策相对于此前的环境规制政策，加大了环境规制的力度，实施更显成效。由此，提出如下假设：

H_1：在其他条件不变的情况下，环境规制水平的提高会促进产业升级。

另一方面，就环境规制影响产业升级的机制来说，鲜有文献探讨环境规制影响产业升级的微观作用机制。仅有 Berman 和 Bui（2001）刻画了环境规制对产业升级产生的微观作用机理，简言之，它是产出效应和污染减排行为活动之间的要素替代效应综合作用的结果（见图 3-2）。他们还提出行业产业升级主要表现在两种形式的资源配置上：一是在以同等数额资金投入获得同等数额收益的引导下，资源要素在国民经济各行业产业间的自由流通，即产业间升级；二是在市场经济竞争导向下，资源要素在同一个行业产业中从低效率的产业组织部门向高效产业部门转变。

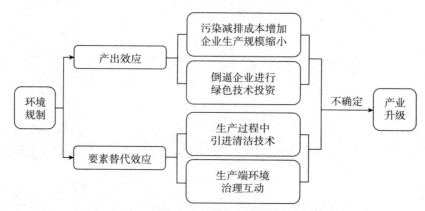

图 3-2　环境规制对产业升级的微观作用机理

上述对微观作用机理的剖析，更加突出了环境规制下创新能力和资源要素效率（生产率）的提高对产业升级的深远影响，并且现有宏观经济领域的研究成果也证明了这一点。此外，也有研究者通过发放问卷对企业展开调查，吴家曦和李华燊（2009）的研究表明，20%的企业利用技术创新进行企业转型升级。另有研究者指出，在经济发展程度、能源效率较高的地区以及污染密集型行业产业，环境规制显著提高了企业技术创新，进而实现了产业升级。该研究强调了技术创新对产业升级的驱动作用。另外，李玲和陶锋（2012）研究表明对重度空气污染行业实行较为严格的环境规制政策，会推动行业绿色全要素生产率与创新能力的提高，并促进其产业升级。薛曜祖（2016）实证分析并检验了环境规制政策能够通过全要素生产率来推动产业升级。

与以上路径相关但不同的是，已有文献中还证明并检验了环境规制政策会通过经济市场结构（如市场集中度）来作用于企业升级。环境规制能够通过对企业生产规模的调整和资源在同一个行业的内部和不同行业之间的重新自由流动与配置，引发优质要素向生产率高的优质企业聚集，导致中小型企业的退出等，进而影响经济市场结构，最终影响产业结构升级（Pashigian，1984；Blair 和 Hire，2005）。由此，提出以下假设：

H_2：在其他条件不变的情况下，环境规制会通过市场结构、全要素生产率、技术创新等渠道影响产业升级。

2. 政策背景

早在 1996 年经全国人民代表大会表决，就将污染物排放的总量控制正式列为我国环境保护的一个重要措施。"十五"规划第一次将二氧化硫（SO_2）削减 10%的减排目标（环保政策）列入污染物排放总量控制（林玲等，2018），但是，减排目标并不是层层分解到各省或地级市，也缺乏具体的评价或方案，因而减排目标难以完成。到 2005~2006 年 SO_2 排放总量到达了峰值[①]，为继续限制环境污染，我国"十一五"规划（2006~2010 年）实行了颇具约束力的减排政策，提出了地方政府减排的长期目标和完成年限，并且从 2006 年开始，中央政府将地方环保指标正式纳入对地方政府官员晋升考核指标中。为响应国家的这一号召，江西省人民政府向各设区市下发了计划和《目标责任书》，明确了重点污染年度削减目标，并组织相关部门编制了全年减排规划，落实减排工程项目并批准实施。而从江西省环境规制的实践来看，约束性的环境规制确实取得了较为明显的成效。从监测数据来看，在"十一五"规划的最后一个年度（也即 2010 年），江西省重点污染减排项目圆满完成，全面完成主要污染物总量控制的减排任务目标，江西省 COD（化学需氧量）排放总量削减了 5.73%、SO_2 排放总量削减了 9.13%，分别都实现了国家下达的目标任务的 130%和 112%[②]。

[①]　参见历年统计年鉴和环境统计年鉴。

[②]　资料来源：2006 年全省环境保护工作总结［EB/OL］. http：//sthjt. jiangxi. gov. cn/art/2008/12/8/art_42202_2796030. html；江西省环境保护"十二五"规划［EB/OL］. http：//www. jiangxi. gov. cn/art/2015/7/8/art_5413_278766. html.

本节选择 2006 年作为时间分断点，同时，为了解决内生性问题，采用双重差分法（DID）来识别环境规制对产业结构升级的影响。此外，因为江西省"十一五"规划政策是非对称性的，所以相比于高污染产业，低污染行业将会产生较大的系统差别（韩超等，2017；刘和旺等，2020），采用高污染行业中的企业作为处理组[①]（李长青等，2014），将低污染行业中的企业作为对照组。

（二）模型构建及数据说明

1. 数据来源

由于 2011 年后中国实施的"十二五"规划采取了侧重点有所不同的污染控制措施[②]，将政策目标侧重于氮氧化物减排和颗粒物污染控制上，而这将干扰"十一五"规划政策的实施。因此，虽然本节研究的样本期间相对于当前年份而言有一定的时间差，但是环境规制政策的实施机制依然未发生根本性变化，其反映的内在规律是一致的。正是出于上述的考量，选取 2005~2009 年的企业面板数据进行分析。

本节的企业面板数据主要取自历年《工业企业数据库》和江西省统计局收集的企业统计资料，主要涉及江西省规模以上工业企业，以及销售额大于 500 万元的全部国有企业和非国有非上市企业，参照大多数研究的处理方式，对所收集的统计数据做了预处理，重点是删除明显不符合逻辑关系的观察值，如企业总产值出现负值的数据、企业的各项资金投入出现负值的数据，以及工业增加值超过工业总产值的数据等可能存在的错误记录。

通常情况下，表示企业发展规模的技术指标主要有销售额、固定资产以及雇员人数。但因为销售额对生产要素的比率是中性的，而且在某种程度上可以反映企业的短期需求变化，所以被研究者看作是最佳的企业规模的代理变量（孙学敏和王杰，2014）。实际应用中，以销售额来衡量同类企业规模或是不同行业的企业规模，都有着普遍的适应性。所以，选择销售额（表现为：主营业务收入）当作企业规模的衡量指标。

2. 变量选择

（1）核心变量——产业升级。对于本节的被解释变量产业升级，运用 Gereffi（1999）的概念界定，产业升级从微观上可以表现为一家公司或一个经济体进入更加富有获利能力的技术或者资本密集型行业领域的过程，以及体现为企业的盈利水平或成长空间，主要的衡量方法有净资产收益率、营业利润率、总资产报酬率、主营

---

① 参照刘和旺等（2019）的做法，将 2007 年国务院开展的《第一次全国污染源普查方案》确定的我国 11 个重污染行业界定为污染密集行业，同时，由于黑色金属冶炼及压延加工业数据不充分，故将其略去，选择 10 个污染密集型行业，分别是造纸及纸制品业；农副食品加工业；化学原料及化学制品制造业；纺织业；食品制造业；电力、热力的生产和供应业；皮革、毛皮、羽毛（绒）及其制品业；石油加工、炼焦及核燃料加工业；非金属矿物制品业；有色金属冶炼及压延加工业。

② 资料来源：江西省环境保护"十二五"规划［EB/OL］. http：//www. jiangxi. gov. cn/art/2015/7/8/art_5413_278766. html.

业务收入等。其中，主营业务收入这一财务绩效指标是反映企业转型升级的重要指标之一。因此，采用主营业务收入作为产业升级的衡量指标。

（2）控制变量。

1）企业特征。一是所有制类型（Soe），具体按照企业登记备案种类来划分，国有企业 Soe 赋值为 1；否则，赋值为 0。二是企业规模（Size），参照聂辉华等（2008）的分类做法[1]。三是公司年龄，用当年年份与企业的创立年份相减再加 1 来确定。四是是否为新企业（Newid），用虚拟变量表示，若为新企业，赋值为 1，否则为 0。五是技术创新（Npr），采用新产品产值来衡量。六是企业全要素生产率（Tfpop、Tfplp），即分别采用 OP 方法和 LP 方法[2]来测算。

2）市场结构。采用赫芬达尔指数（HHI）进行描述，这是一个衡量行业产业集中度的综合指标，即在某个行业领域中，各市场竞争主体所占有的行业总收入或者总资产比例的平方和，用以计算市场份额的变动程度，也即行业领域中厂商规模的离散程度。

3. 模型构建

以 2005～2009 年江西省 11 个地级市面板数据为主要参考，并参照 Jefferson 等（2013）和张成等（2011）的做法，构建实证模型如下：

$$\text{Upgrade}_{ijpt} = \alpha_i + \beta_1 \text{Post\_ind} + \beta_2 X_{ijpt} + \delta_t + \varepsilon_{ijpt} \tag{3-23}$$

$$\text{Mechnism}_{ijpt} = \alpha_i + \beta_1 \text{Post\_ind} + \beta_2 X_{ijpt} + \delta_t + \varepsilon_{ijpt} \tag{3-24}$$

其中，公式（3-23）是检验环境规制对产业升级影响的实证模型。被解释变量是产业升级（Upgrade），采用企业的主营业务收入来测度。i、j、p、t 分别表示企业、行业、省份和年份。Post_ind 是 DID 交互项，Post 表示时间虚拟变量，2006 年政策变动之前赋值为 0，2006 年及之后的赋值为 1；ind 为污染行业虚拟变量，高污染行业[3]中的企业赋值为 1（处理组），低污染行业中的企业赋值为 0（对照组）。LR 检验和 Hausman 检验的结果支持个体、时间双向固定效应模型，α_i 和 δ_t 分别是与企业、年份相关的固定效应。X 是企业、行业和地区特征的控制变量，ε 表示随机项。

公式（3-24）是用来检验环境规制对产业升级的影响机理的模型。Mechnism 表示它们之间的作用机制，此式中除因变量是其作用机理的中介变量外，其余的都与公式（3-23）相同，此处不再赘述。

---

① 销售额被认为是最好的企业规模的代理变量，本书按照国家统计局的企业规模分类标准，将样本分为大型企业（销售额超过 30000 万元）、中型企业（销售额在 3000 万～30000 万元）和小型企业（销售额小于 3000 万元）。

② 在测算企业全要素生产率时，采用 Olley-Pakes 和 Levinsohn-Petrin 的半参数法（分别简称 OP 法和 LP 法）被众多学者广泛运用。

③ 即对环境造成严重污染的行业，根据 2010 年 9 月 14 日环保部公布的《上市公司环境信息披露指南（征求意见稿）》中，把火电、钢铁、水泥、电解铝、煤炭、冶金、化工、石化、建材、造纸、酿造、制药、发酵、纺织、制革和采矿业 16 类行业作为重污染行业。

4. 描述性统计

从样本的描述性统计（见表 3-14）来看，2005～2009 年，国有企业占比 7.65%，绝大多数是非国有企业；新企业占比高达约 41%，说明考察期间新进入的企业较多；企业之间的新产品产值差异较大，最大值有 43 亿元，最小值为 0；此外，企业间的主营业务收入的差异也较大，说明企业之间有一定的差距。

表 3-14 主要变量的描述性统计

变量名称	变量符号	指标或含义	观测值	均值	标准差	最小值	最大值
产业升级	Upgrade	主营业务收入（千元）	9243	54301.39	378665	40	2.00e+07
所有制类型	Soe	国有企业为 1，非国有企业为 0	9243	0.0764903	0.2657954	0	1
企业年龄	Age	当年年份与公司的创立年份相减再加 1	9243	6.514119	9.303015	1	108
企业规模	Size	小型企业为 3，中型企业为 2，大型企业为 1	9243	2.931585	0.2673084	1	3
是否为新企业	Newid	新企业为 1，否则为 0	9830	0.2143244	0.410375	0	1
技术创新	Npr	新产品产值（千元）	9243	2361.16	55978.34	0	4300000
全要素生产率	Tfpop	OP 法测算全要素生产率对数	9218	1.784259	0.2809003	1.230358	2.346729
全要素生产率	Tfplp	LP 法测算全要素生产率对数	9218	1.781056	0.2734817	1.154993	2.346828
市场结构	HHI	赫芬达尔指数	9243	0.4992282	0.3664431	0.045354	1

资料来源：通过 Stata 软件分析得到。

（三）实证结果与分析

表 3-15 所提供的是环境规制对产业结构升级影响效应的回归结果。在列（1）的基础上，列（2）加入了企业特征变量。从表中可以看出，无论是否加入控制变量，环境规制对企业转型升级的带动效应至少在 5% 的水平上显著为负。这一结果表明江西省环境规制力度的加强抑制了企业转型升级，至少在考察期（2005～2009 年）内是如此的。

表 3-15 环境规制对产业升级的影响

变量名称	（1）	（2）	（3）国有企业	（4）非国有企业
Post×ind	−0.188*** （−3.45）	−0.101** （−2.26）	−0.050 （−0.17）	−0.080* （−1.81）

续表

变量名称	（1）	（2）	（3） 国有企业	（4） 非国有企业
Post	0.139*** （3.04）	0.172*** （4.63）	1.293*** （5.21）	0.106*** （2.92）
ind	0.170*** （3.93）	0.106*** （3.24）	0.132 （1.14）	0.082** （2.56）
Soe	—	-0.777*** （-14.20）	—	—
Size	—	-2.386*** （-59.12）	-2.724*** （-31.37）	-2.237*** （-50.93）
Newid	—	-0.137*** （-5.34）	0.019 （0.07）	-0.138*** （-5.36）
Npr	—	0.000** （2.37）	0.000*** （2.72）	0.000*** （3.23）
常数项	9.664*** （260.46）	16.730*** （138.55）	16.713*** （67.05）	16.337*** （124.76）
观测值	9243	9077	703	8374
r2_a	0.002	0.301	0.553	0.243

资料来源：通过 Stata 软件分析得到。其中，＊＊＊、＊＊、＊分别表示在 1%、5%、10%水平上显著，括号内数据为标准误。

表3-15 的估计结果与"十一五"规划期间江西省环境规制政策的变动息息相关，政府加大了对环境的管控力度。按照国家和江西省下达的对主要污染物总量减少的任务，江西省政府将总量目标和减少任务分配到了省内 11 个地级市，并与各地级市政府签署了责任状，同时将主要污染物的减排总量的任务要求和各地级市政府官员的年终政绩考评结果相挂钩，从一定程度上加大了对地方政府环境规制的力度。另外，政府越来越严厉的环保监督力度势必会使企业生产成本提高，这将使得部分高污染、高耗能或高环境规制遵循成本的企业不得不放弃当前市场，而部分企业也将被迫降低污染物排放量或进行减排技术装备的改造等，从而促进资源、要素在产业内部抑或在产业与产业之间的流动或重新配置，加快企业之间优胜劣汰，促使产业结构升级。但是，由于环境规制政策的实施会增加企业额外的环境成本（如配备排污设备、处理企业污染排放等），受到环境遵循成本和利益最大化的驱使，企业很可能会调整生产行为。环境规制水平的提高会导致企业污染型生产的要素价格上升，为了实现企业利润最大化，企业必定会根据环境规制的强度以及市场竞争环境来及时调整其原有的生产行为（龙小宁和万威，2017）。

更重要的是，当一个地区执行较严格的环境规制政策时，本地的污染型企业要么被淘汰，要么会迁徙到环境规制政策较宽松的地区，这样一来就促使了本地产业结构的演进。"十一五"规划期间，中央政府开始将环境保护指标与地方官员绩效考核直接挂钩，迫使地方政府加大环境治理力度。根据污染避难所效应，为了躲避本地严格的环境标准，发达地区的污染密集型产业将迁移到欠发达地区，而从欠发达地区的角度看，发达地区更严厉的环境规制增加了自身污染密集型产业的比较优势。从而使江西这样的欠发达地区，往往成为一些发达的东部地区污染密集型产业转移的理想目标。因此，在全国环境执行力度增大的情况下，江西省环境规制的加强，反而抑制了产业（企业）转型升级。这印证了Wu等（2017）的研究成果，表明了在"十一五"时期严格的环境规制政策会导致重污染、高耗能的企业，由东部高目标区域向中西部低目标区域发展迁移。

表3-15中的列（2）加入控制变量后，有两个比较重要的发现。一是环境规制力度的加大并没有带动国有企业（以主营业务收入为标志）的转型升级。结合江西省省情，究其原因，可能是国有企业涉足的行业主要在垄断领域，而非国有企业涉足的行业主要在竞争领域，一旦面临污染处罚，非国有企业份额下降得更多，所承受的间接成本更多，受到处罚的风险更高。此外，由于国有企业拥有更多的行政资源、权力关系，具备了较强的谈判素质能力，就更容易对环境规制政策的实施加以阻碍，从而减少了对企业破坏环境行为的惩罚，进而导致了国有企业违反环境政策的成本越低，就越易造成环境污染。二是环境规制力度的加大并没有推动规模大的企业（以主营业务收入为标志）的转型升级。结合江西的省情，可能的原因是，规模大的企业大多与地方政府存在着政治关联，他们往往能享有更多的政府资助或地方政府的庇护，以及更低环境税的优惠或更容易逃脱排污处罚，且违规环保法规的成本更低，所以这些企业最有可能违反环境保护的规定，从而带来更多的污染。

为了分析环境规制政策效应对不同所有制类型企业的影响，接下来进行了子样本的回归分析，结果如表3-15中列（3）和列（4）所示。分析结果显示，环境规制政策措施只明显地遏制了国有企业的转型升级，其结果与上文结论相符。究其原因，一是公司内部结构的不同，主要涉及公司性质、目标宗旨、规模大小、行业分布特征及经营范围等因素之间的差异。从企业性质和总体目标出发，相比于非国有企业而言，国有企业往往承载着增加就业、发展经济和稳定社会等诸多总体目标，而追求收益最大化并不是其唯一总体目标。而所有权较为明确的非国有企业对环境规制所产生的成本则较为敏感。就企业规模与行业构成的不同而言，相对于国有企业来说，非国有企业往往规模相对较小，行业集中度相对较低。二是来自企业外部压力的差异性。国有企业由于和地方政府具有特殊政治关系，往往有较多的政治庇护，所以，国有企业面临的因环境规制遵从成本上升而产生的经济压力相对较小，导致国有企业实现产业转型的动力相对不足。

（四）作用机制检验

本书分别拟检验环境规制是否通过市场结构渠道、全要素生产率（提升）和技术创新渠道三条路径影响产业升级。首先，选择以能反映市场经济主体构成的市场集中度（赫芬达尔指数 HHI）指标来衡量，如表 3-16 中列（1）所示，回归结果表明，环境规制政策有助于提高市场集中度。这表明当环境规制设计更加合理、执行更趋完善时，环境规制政策确实可以通过调整生产规模、促进要素资源在行业内部或者行业与行业之间的重新流转和配置，来引导优质要素向生产率较高的企业聚集，进而影响市场结构（市场集中度），最终作用于产业结构优化升级。因此，H_2 中关于环境规制能通过市场结构的提高来影响产业升级的假定成立。

表 3-16　环境规制对不同渠道（市场结构、全要素生产率、技术创新）的影响

变量名称	（1）	（2）	（3）	（4）
	市场结构	全要素生产率（OP）	全要素生产率（LP）	技术创新
Post×ind	0.149 *** (17.73)	0.040 *** (6.02)	0.047 *** (7.32)	−885.301 ** (−2.54)
Soe	−0.064 *** (−4.85)	0.052 *** (4.59)	0.048 *** (4.54)	−2.9e+03 (−0.81)
Size	0.012 (0.84)	0.018 * (1.69)	0.021 ** (2.05)	−3.8e+04 *** (−2.72)
Newid	0.024 ** (2.50)	0.005 (0.58)	0.010 (1.30)	984.320 (1.54)
Npr	0.000 (0.65)	−0.000 (−1.40)	−0.000 (−1.15)	—
hhi	—	—	—	353.944 (0.61)
常数项	0.413 *** (9.79)	1.715 *** (54.85)	1.699 *** (56.60)	1.1e+05 *** (2.73)
观测值	9065	9076	9077	9065
r2_a	0.046	0.006	0.008	0.038

资料来源：通过 Stata 软件分析得到。***、**、*分别表示在 1%、5%、10%水平上显著，括号内数据为标准误。

其次，对于生产率的测度，采用基于 OP 和 LP 方法估算的全要素生产率（TFP）来衡量，分别如表 3-16 中列（2）和列（3）所示。两列的回归结果皆表明，环境规制政策的变动确实能够提高企业全要素生产率，这与刘和旺等（2019）的研究结论一致，同时证实了 H_2 中环境规制会通过全要素生产率来影响产业升级的假设。

最后，检验技术创新渠道。总体来说，企业可从创新投入、技术创新过程和创新产出三方面来评价企业技术创新，一般而言，技术创新投入主要使用企业的研发投入来表示，技术创新过程主要使用企业的技术创新团队建设情况来表示，技术创

新产出则主要利用企业的新产品产值和发明专利量来表示（齐绍洲等，2018）。借助工业企业数据库中新产品产值来衡量，如表3-16中列（4）所示。从回归结果可以发现，环境规制政策的实施反而不利于企业开展创新活动。结合江西省企业实际情况，可能的原因是，从短期来看，江西省实施环境规制政策势必会增加企业额外的环境成本，削弱企业的利润率，进而在一定程度上挤占了企业的R&D投入（即研发投入），抑制了企业的技术创新。

本节选取2005~2009年的江西省工业企业数据，基于江西省"十一五"期间环境规制强度加大的事实，以此准自然实验来识别环境规制对江西省产业结构升级的影响。结果表明：江西省环境规制力度的加强抑制了企业转型升级，至少在考察期内是如此的。此外，环境规制力度的加大并没有带动江西省国有企业的转型升级，环境规制力度的加强也没能推动江西省规模大的企业的转型升级。进一步研究发现，环境规制并不能推动非国有企业的转型升级，却显著地抑制了国有企业的转型升级等。

因此，从企业视角看，应该重点关注如下几点：首先，设计环境规制政策时不能全国"一刀切"，应结合江西省是一个欠发达且生态环境较好地区的省情，合理地设计环境规制政策的强度，争取实现产业（企业）转型升级与保护环境的"双赢"。其次，只有设计合理且实施良好的环境规制政策才能促进产业升级，由于"十一五"时期江西省环境规制政策对产业升级起到的是消极作用，因此，应进一步完善环境保护的机制体制，适当地调整环境规制的力度。最后，基于环境规制政策只对非国有企业和规模小的企业起作用，所以，政府针对不同所有制性质和不同规模的企业应该采取不同的激励政策和措施，如对国有企业实施改革，实现政企分离，提高国有企业的环境规制约束力，切实帮助解决小型企业面对环境规制政策约束下的融资难和融资贵等问题。

第四章
形成机制

一、影响机理分析

党的十九大报告中明确提出："中国经济已由高速增长阶段转向高质量发展阶段。"而产业才是支撑整个社会经济发展的核心和基石。所以，产业发展状况在一定程度上决定着一个地区，甚至一个国家的经济发展的质量和水平。尽管采取有关的产业政策来推动产业结构升级，但激励效果不佳，我国产业结构不合理现象始终存在。同时为缓解经济增长和环境保护之间的突出矛盾，我国政府出台了许多关于环保的法律法规和规章制度，进一步提高了环境规制的实施力度和效果。而环境规制是否能直接或者间接地对产业结构调整产生作用呢？现有文献中，国内外不少学者将路径研究、机理研究作为环境规制与产业升级关系研究的重点。通过梳理已有文献，大致可将环境规制对产业升级的影响关系归为直接影响和间接影响两条思路。

（一）直接影响机理分析

就环境规制对产业升级的直接影响路径，学界有着丰富的相关研究成果，归纳起来，主要可分成以下三类观点：①促进作用。认为环境规制的力度越强，越有利于产业结构的优化升级（Burton 等，2011；李强，2013；梅国平和龚海林，2013；徐开军和原毅军，2014；李强，2018b；刘和旺等，2019）。②抑制作用。认为环境规制越严格越不利于推动产业结构升级（Kheder 和 Zugravu，2012；游达明等，2019）。③不确定的作用。认为由于某种条件的变化很可能会使环境规制对产业结构升级的影响效应发生改变，如环境规制对产业结构升级存在门槛效应、规制工具异质性、地区异质性等不确定的关系（Lanoie 等，2008；童健等，2016；孙玉阳等，2018；毛建辉和管超，2019）。虽然这方面的研究硕果累累，但研究结论聚讼纷纭、莫衷一是，且大多数研究都关注的是省级层面，较少采用地级市层面数据关注某个省份的环境规制对该省产业结构升级的影响。因此，本章依据前人的研究成果，构建江西省环境规制影响产业结构升级的直接影响模型并进行实证分析。

一般情形下，环境规制的最主要目的就是治理污染、防治污染、减少污染物排放等，以保障自然生态环境的可持续发展。环境规制强度的高低和实施力度的大小不仅直接影响一个国家或地区的产业结构，而且影响污染密集型工业产业的区位选择（周长富等，2016）。具体而言，在环境规制标准较严厉、排污控制监管较严格的国家或地方，在一定程度上也会影响"三高型"（高污染、高排放、高耗能）工业企业在本国或本地的发展。这类工业产业中的制造商为了避免背负环境污染的责任以及追求盈利的动机，会重新布局生产制造区域。此时，环境规制标准较宽松、排污监管机制较不健全的国家或地区将变成这类"三高型"产业的"栖息地"。李眺（2013）指出，作为第三产业中服务业的典型代表，清洁型行业产业在面临较严格的环境规制的管制措施时，所承受的生产成本要小于"高污染、高排放、高耗能"的污染密集型行业产业。这样一来，严厉的环境规制政策措施将促使污染密集型工业产业从本国或本地转出，生产要素也会被重新使用到清洁型工业产业上，推动本国或本地产业结构的转型升级。相反地，环境规制标准较宽松的国家或地区往往不惜以污染环境为代价，吸引污染密集型行业产业迁移到本国或当地以实现其经济效益的增长，这就会延缓本国或本地产业结构升级，图4-1中阐述了环境规制强度对产业结构调整变化的直接影响效应。

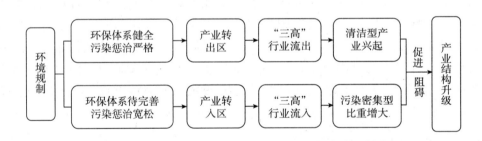

图4-1　环境规制对产业升级的直接影响机理

（二）间接影响机理分析

改革开放40余年来，我国国内经济一直保持着持续高速增长，并获得了令人瞩目的成就，但同时，我国经济的增长一直伴随着一个不容忽略的问题，那便是由于高投入、高污染、高消耗、低效率的粗放型经济发展方式和"先污染环境，后治理环境"的经济发展理念，造成了巨大的能源资源的浪费以及严重的环境污染问题，越来越危及我国的生态自然环境的平衡与经济社会的可持续发展。正是在此背景下，我国政府出台了一系列环境规制政策法规以缓解越来越严重的生态环境问题，将环境保护放在国家发展的重要战略位置。党的十九大报告中强调，要"加快生态文明体制改革，建设美丽中国"，这就必须摒弃以牺牲环境为代价的大规模低效率的经济发展方式，转而吸收专业化高质量的集约式发展方式，有效统筹协调自然生态环境与经济发展方式之间的关系，进而实现经济社会的可持续发展。产业结构升级是当前我国经济向高质量发展、经济增长方式从粗放型向集约型转变的关键路径。一方面，通过产业结构升级能够促使生产资源要素在产业内部和产业之间的合理配置；另一方面，通过产业结构升级还能够生产效率，推动产业技术进步和高新技术产业的发展等。

但是，由于产业升级是多种经济因素和非经济因素相互联合影响的结果，因此，经济及非经济的因素都将直接或间接地影响产业结构调整。环境规制对产业升级的作用途径往往是环境规制政策先对产业升级的影响因素产生作用进而引起产业结构的变动。按照作用力的来源对产业升级的主要影响因素加以分类，一般可分成内因（需求因素和供给因素）和外因，其中，内因中的需求因素一般包含了投资、消费和出口需求，内因中的供给因素则可以分为自然资源利用状况、资金资源、技术创新、人力资本水平和数字经济等；外因一般分为经济体制类型、国民收入分配政策、国际贸易以及对外直接投资等（范庆泉，2018）。本章从产业升级的影响因素出发，探究环境规制对产业升级的具体作用机理，参照梅国平和龚海林（2013）的做法，主要研究与产业升级关系密切的因素，即需求因素（包括消费需求和投资需求）、自然资源利用状况、技术创新和 FDI 五个方面（见图 4-2），环境规制主要通过这五个影响因素对产业升级产生作用。

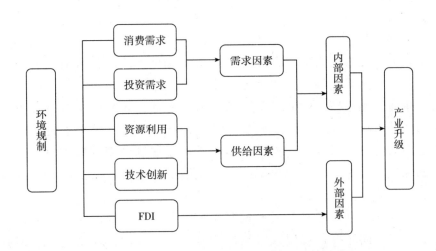

图 4-2 环境规制对产业升级的间接影响示意图

1. 通过需求影响产业升级

需求是影响产业升级的重要因素，企业生产产品的最终目的是为消费者服务，促进消费是生产最终的需求。环境规制一般通过考虑消费者的消费需要，以及对生产者的投资需要来影响产业升级。消费需求通过间接作用于企业生产影响企业生产结构进而影响产业升级,而投资需求则通过直接作用于企业生产影响企业生产结构进而影响产业升级(肖兴志和李少林,2013),具体作用机制如图 4-3 所示。

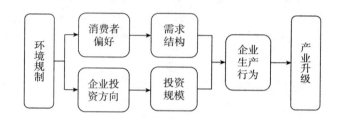

图 4-3　环境规制基于需求因素对产业结构升级的间接影响机理

(1)消费需求。从环境规制通过消费行为影响产业升级的机理分析出发,主要是指通过影响消费者偏好和市场结构来影响产业升级。一方面,随着经济社会发展水平的提升,消费者的偏好越来越趋于个体化、全方位和高度化,特别是随着政府环境保护的积极推行和环境保护力度的加大,消费要求开始向环保型、绿色型的方面发展。但是,在环境规制政策的约束下,产品的制造成本大幅度增加,为削弱或抵消这种制造成本对厂商的影响,厂商往往会把部分成本转嫁给消费者,因而提高了市场上产品的消费价格,这必然会影响消费需求,进而改变消费结构的构成(龚海林,2013)。另一方面,因为政府环境规制政策的力度加大而带来的居民消费要求和消费结构的改变会进而导致生产型企业调整或者改变其生产计划,如采取改进和开发新的产品种类与改善产品质量的方法,以适应消费者对绿色产品的要求。具体来说,由于环境制度力度的加大会改善消费者的偏好,从而导致消费者提高了对清洁类商品的要求,这就使得污染类企业的市场占有率逐步减少,为保持其原有的市场竞争力,企业只能选择两种生产和市场行为:一是企业继续制造污染类产品,这种情况下企业的市场占有率将不断减少直到被市场淘汰;二是企业转而生产清洁型产品以满足消费者对环保产品的需求。但在受环境规制政策的影响下,不管企业选择何种市场和生产行为,污染密集型产业的规模都将下降,清洁型产业的规模终将扩大,有利于产业结构升级。

(2)投资需求。从环境规制通过投资需求影响产业升级的机制来看,主要是通过影响企业投资方向和投资规模来影响产业升级。一方面,环境规制政策通过影响企业投资方向导致产业结构的变化,由于投资需求的出现为形成新的生产制造能力奠定了物质基础,而产业结构调整由不同倾向的投资需求决定(白雪洁和宋莹,2009),同时,环境规制的推行导致了企业偏向于对节能环保、新能源等新兴产业[①]

[①]　新兴产业主要包括节能环保、新兴信息产业、生物产业、新能源、新能源汽车、高端装备制造业和新材料七个领域。

进行投资，使得新兴产业快速地发展壮大，从而进一步改善了原有的产业结构。另一方面，环境规制政策通过影响投资规模作用于产业结构调整，具体而言，环境规制政策的实施使得企业的生产制造过程中所能使用的能源资源的开发范围受到限制，导致企业生产要素供应的减少，引起生产制造成本的增加，进而缩小了投资规模，并通过投资乘数引起相关产业份额的降低，最终导致整个产业结构的变动（肖兴志和李少林，2013）。

2. 通过供给影响产业升级

（1）自然资源利用状况。环境规制一般通过自然资源数量和自然资源结构两个方面对产业升级产生影响，如图4-4所示。

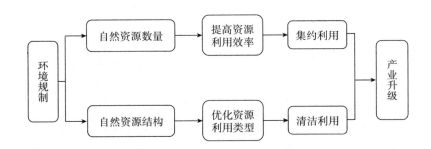

图4-4　环境规制基于自然资源利用状况对产业结构升级的间接影响机理

在数量方面，在环境规制政策实行之前，对于自然资源比较丰富的国家或区域，其产品价格往往较为低廉，这就使其很可能只顾眼前利益而大量利用资源，导致了自然资源的巨大浪费、单位自然资源经济效益降低、环境破坏等问题。环境规制政策实行后，各国或地区开始提高自然资源利用率、开发尽可能少的自然资源，然而，自然资源成本的上升削弱了自然资源开发较好国家或地区的比较优势，导致资源型产业的发展在很大程度上受到了限制，产业升级中的资源型产业的比重下降。因此，环境规制的实现需要社会和企业把污染数量限制在一定范围内，在同等的经济发展水平和环境资源类型状况下，污染物排放总量下降的唯一出路便是通过提高自然资源的利用率来减少开发量，促进对资源使用的集约化。

在结构方面，在环境规制政策推行之前，由于对矿产资源（不可再生资源）的使用成本较低，处在工业化发展初级阶段的国家或地方都将依靠大量矿产资源发展经济，但对于那些可再生的清洁能源资源的使用成本却较高，利用程度偏低。环境规制实施之后，由于自然资源成本上升，企业倾向于进行资源开采利用的技术改进、转而利用可再生的清洁资源以提高资源利用效率、减少污染物的排放，必然有利于产业结构向高级化、合理化、生态化的方向发展。因此，更严格的环境规制的推行不但约束了对煤炭等不可再生资源的利用，还引导了企业对可再生清洁资源能源的开发利用，可再生资源开发比例的提高和不可再生资源利用比例的减少进一步优化了自然资源结构，有效推动了资源使用的洁净化，有利于产业升级。

（2）技术创新。环境规制对技术创新具有两种相反的影响效应（蔡乌赶和李青青，2019；蒋伏心等，2013），一是创新补偿效应，它对技术创新具有正向的倒逼作用；二是遵循成本效应，它对技术创新具有反向的抑制作用，具体如图4-5所示。

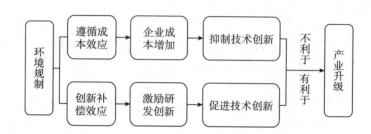

图4-5　环境规制基于技术创新对产业结构升级的间接作用机理

从遵循成本效应出发，环境规制的推行直接提高了企业的生产成本，企业想要实现环境保护的目标，必须加强环境污染治理，降低污染物的排放，但环境污染治理的投资很可能有部分来自技术创新或研发方面的投资，这样一来降低了企业的R&D投资（毕茜和于连超，2019；朱金生和李蝶，2019）。也就是说，较高的环境遵循成本占用了企业的生产性成本和R&D资金，对企业日常生产活动特别是技术研发活动产生了不利的影响，对产业结构升级有一定的阻碍作用。

从创新补偿效应出发，因为受环境规制的约束，生产型企业要从根本上降低或克服制造过程中的环境污染物排放的困难，就必须进行技术创新。所以，从长期来看，环境规制的实施能激励企业主动加大技术研发的支持力度，采用创新的方式对现有生产技术和污染处理技术进行改良，并将环境规制驱使下的技术创新成果应用于生产过程中，有利于降低环境成本、提高生产效率等。也就是说，企业利用创新产生的效益来抵消因为环境规制所增加的成本的上升，还能够减少产品制造过程中污染物的排放量，进而降低生产成本，保持企业现有的盈利能力，有助于推动产业结构升级。

因此，由于环境规制对技术创新的影响具备双面性效应（即遵循成本效应和创新补偿效应）的特点，对于环境规制政策能否通过技术创新对产业结构升级产生正向的影响效应，最终的作用大小取决于这两种互斥效应叠加的结果（殷宇飞和杨雪锋，2020）。通常情况下，在短期内，技术创新的成效尚未显现，无法抵消增加的环境遵从成本，而此时对环境规制的"遵循成本效应"较强，不利于产业结构升级；但在长期内，企业足以调整生产计划、进行技术研发，采取市场行为等使创新补偿效应大于遵循成本效应，因此环境规制通过技术创新效应推动了产业结构升级。

3. 通过 FDI 机制影响产业升级

外商直接投资对东道国①产业结构的升级产生的影响，主要是通过资本、技术等要素。FDI 的引进使得其所到的行业产业涌入了大量的资金，充足的资本使其进一步扩大企业生产规模，从而对该行业的生产起到关键性作用，同时，企业也在资金相对充足的状况下，能够有更多的资本进行自主研发、购置更先进的技术装备，进而提升生产效益和经营管理水平等。从国际贸易的视角来看，环境规制对其的影响主要是基于污染避难所假说理论进行的，一方面，因为发展中国家通常更重视经济的发展和增长，对于环境保护的要求不严厉，往往实行较宽松的环境规制；另一方面，由于发达国家实施较严格的环境规制政策，往往将污染密集型产业迁移到发展中国家。发达国家的产品在发展中国家进行制造的同时，不仅会与发展中国家的相关行业产业建立竞争关系，还很可能会削弱发展中国家的产业竞争力，既对发展中国家的相关企业产生负面影响，也会加大对发展中国家的环境污染（方玲，2014）。不过随着发展中国家经济的发展，该国的环境保护体系会逐步完善，从而会对自身企业产生进一步的影响；另外，FDI 的进入也在很大程度上为东道国/转入国提供了先进的制造设施设备、行业领先的技术水平和管理经验等，这会对东道国的产业转型升级形成正向的影响效应（黄日福和陈晓红，2007）。

环境规制对外商直接投资有着正向及负向的双重影响。慕绣如（2016）指出，环境规制强度"两极化"不利于东道国引进 FDI。一方面，跨国企业偏好于将污染密集型产业从环境规制政策较严厉、环境保护体系健全的经济发达地区向外迁移，或优先布置到环境标准较低、环境污染惩治体系不完善的经济欠发达地区，这被称为污染避难所效应。另一方面，跨国企业在产业转移的过程中，往往会把领先的科技和管理经验带到转入国的产业中，可以提高转入国的产业生产效率，从而推动产业结构的升级，这被称为污染光环效应。Bokpin（2017）的研究发现，FDI 的加入使得环境退化问题越来越严重，不利于生态环境保护和可持续发展。为了更加清晰地梳理影响机制的基本逻辑，图 4-6 总结在 FDI 视角下，环境规制对产业结构调整的间接影响机理。

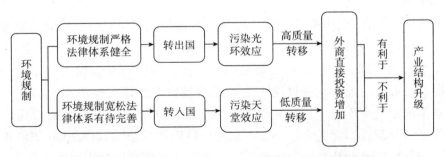

图 4-6　环境规制基于 FDI 对产业结构升级的间接影响机理

---

① 东道国是指跨国企业业务扩展地所在的国家。而母国是指企业原注册地及企业主体所在国家。

二、直接效应

（一）模型构建及数据说明

1. 模型构建

环境规制对产业升级的直接影响既可能是正向的促进效应，也可能存在逆向的阻碍效应，两者间并非简单的线性关系，本节参照杨仁发和郑媛媛（2020）的做法，引入环境规制的平方项以考察潜在的非线性影响，构建计量模型来衡量环境规制对产业升级影响的直接效应如下：

$$Upgrade_{it} = \beta_0 + \beta_1 ER_{it} + \beta_2 ER_{it}^2 + \xi X_{it} + \alpha_i + \varepsilon_{it} \tag{4-1}$$

其中，i 和 t 分别表示地级市和年度；$Upgrade_{it}$ 是被解释变量，表示各地级市产业升级程度；ER_{it} 是解释变量，表示环境规制；待估参数 β_1 和 β_2 表示环境规制对产业升级的直接影响。α_i 表示地区非观测效应，反映了江西省地级市持续存在的差异。ε_{it} 表示特定异质效应，假设服从正态分布。X_{it} 是一组控制变量，包括江西省各城市技术创新水平、FDI、人口规模、人均收入、能源结构和城镇化水平。此外，在公式中，若环境规制及其平方项的系数 β_1 和 β_2 均显著不为零，则根据 β_1 和 β_2 的符号可以对产业结构与环境规制之间的关系进行如下判断：①若 $\beta_1 > 0$ 且 $\beta_2 < 0$，则环境规制与产业升级之间呈现倒 U 形曲线关系，即当环境规制低于其唯一的拐点值（阈值）时，环境规制强度的增强促进产业升级；但当环境规制强度高于拐点值（阈值）时，环境规制对产业升级的抑制作用占据上方。②若 $\beta_1 < 0$ 且 $\beta_2 > 0$，环境规制与产业升级之间呈现 U 形曲线关系，即环境规制强度低于拐点值（阈值）时会阻碍产业升级，超过拐点值（阈值）后反而有利于产业升级。

2. 数据与变量

本节使用江西省 2000~2017 年 11 个地级市面板数据进行实证检验。原始数据主要来源于历年《中国统计年鉴》、《江西统计年鉴》、《中国环境统计年鉴》、《中国城市统计年鉴》及国家统计局网站上所公布的数据。其中，在数据处理方面，为了剔除价格因素对数据的影响，通过地区生产总值指数对各地区生产总值实行价格平减处理；作为统一货币单位，采取美元兑人民币的年均价汇率，以人民币为计算的实际利用外商投资额折算为美元，并且为剔除价格因素的影响，以 2000 年的价格水平为基期，进行价格的平减处理。此外，人均收入缺失值采取插值法进行填充。

（1）主变量。

1）被解释变量：产业升级（Upgrade）。主要从产业结构高度化与产业结构合理化两个维度进行测度。

产业结构高级化（Ts）是产业结构转型升级的重要维度，表现的是产业结构根据经济社会发展的历史规律和逻辑顺序，由低水平状态向高水平状态顺次演变的动态过程（袁航和朱承亮，2018）。干春晖等（2011）指出，产业结构升级应该用产业结构高级化来表征，因为数字化驱动下的经济结构性服务化是产业升级的一种特征，借用他们的研究，本书把第三产业产值与第二产业产值的比例视为产业结构高度化的衡量指标。另外，在稳健性检验部分，参考王文哲等（2020）的处理方法，认为经济内部结构变化的大致态势是第二产业产值比例逐步减少，而第三产业产值的比例逐步增加，所以，使用第三产业增加值与第二产业增加值的比例来表征产业结构高级化指标。

产业结构的合理化（TL）是指产业之间协调能力不断加强和相互关联水平不断提升的动态过程，它既是行业内部协作程度的体现，又是资源合理使用程度的体现，是对要素投入结构与产出结构耦合水平的体现（干春晖等，2011）。在现有研究中，关于产业结构合理化指标的定量研究成果并不多，其指数的确定也并没有统一，部分研究者以钱纳里等所提出的标准产业结构为基础，通过 Hamming 贴近度指数来衡量区域产业结构合理化水平，而该指数中所包含的三次产业结构标准模式中各行业产业产值比重并不符合我国的实际状况，致使得出的结果往往存在偏差。采用产业结构与就业结构偏离系数来衡量产业结构合理化指标，具体计算公式如下：

$$TL = \sum_{t=1}^{3}(y_{i,m,t} \times l_{i,m,t}) / \sqrt{\sum_{t=1}^{3}(y_{i,m,t})^2 \sum_{t=1}^{3}(l_{i,m,t})^2} \quad (4-2)$$

其中，$m=1,2,3$，$y_{i,m,t}$ 表示 i 地区第 m 产业在 t 时期占地区生产总值的比重，$l_{i,m,t}$ 表示 i 地区第 m 产业在 t 时期从业人员占总就业人员的比重。TL 越是接近 1，则说明该区域产业结构与就业结构的耦合程度越好，二者之间越是平衡，即产业结构越趋于合理化；而 TL 越是接近 0，则说明该区域产业结构与就业结构的耦合程度越差，二者之间越不平衡，则三次产业的偏离程度就越高，产业结构越不合理。

2）解释变量：环境规制（ER）。国内外测量环境规制强度的方法，主要有以下几类：一是从污染治理投资/支出角度进行衡量，如环境保护财政支出（郭进，2019）、污染物的治理投资额（江小国和张婷婷，2019）、排污费（郑石明，2019）等。二是从环境法规数量和相关管理制度方面衡量（郭进，2019；郑石明，2019）。三是从污染治理的效率角度进行衡量，如污染物排放量、城市工业废水排污达标率、二氧化硫去除率和城市固体废物综合利用率等（徐敏燕和左和平，2013）。四是使用工具变量来表征，如邝嫦娥和路江林（2019）、李敬子等（2015）选择了市辖区绿化覆盖率来度量环境规制的代理变量，由于市辖区建成区的绿化覆盖率与环境治理程度高度关联，且受产业结构升级的影响相对较小，从而能够有效解决使用工具类变量时可能造成的内生性问题。一般来说，市辖区建成区的绿化覆盖率越高，代表环境规制的强度越高。因此，参考邝嫦娥与路江林（2019）的做法，采用建成区绿化覆盖率来衡量环境规制指标。

（2）控制变量。

1）技术创新（Tech）。技术创新的衡量通常运用 R&D 投入资金或人员（邝嫦娥和路江林，2019）、专利数据（郭进，2019；郭捷和杨立成，2020；林春艳等，2019）或者全要素生产率（梁圣蓉和罗良文，2019）来衡量。本章选择使用专利数据作为技术创新的测量指标。企业绿色技术创新的测度方法具备如下优势：与自我报告的问卷式调查数据比较，专利数据更客观且公允可得；适合于大样本，同时便于复制以用于后续研究；专利可以代表重大的激进技术创新，但并非仅仅只是微小改进的创新（谢靖和廖涵，2017）。因此，参考林春艳等（2019）的方法，采用绿色专利数量来衡量绿色技术创新，根据 WIPO 公布的绿色技术清单中的 IPC 号，在专利汇数据库（https：//www.patenthub.cn/）进行搜索，由于外观设计专利不涉及技术方案，因此只统计发明专利和实用新型专利的数据。用于衡量技术创新时，由于可能会有零专利的情况，统一加 1 处理，并取对数。

2）外商直接投资（FDI）。随着经济全球化的发展和中国对外开放的加深，我国已经成为世界上吸引最多直接投资的区域之一（李娜等，2016；曾国安和马宇佳，2020）。一方面，从短期看，FDI 对产业结构优化升级的贡献较为突出（贾妮莎等，2014）；从长远看，由 FDI 所带来的科技进步对产业升级产生了正向的直接与间接作用，并且间接作用远高于直接作用。另一方面，由于地区政府以牺牲环境为代价引入低质量 FDI，导致 FDI 与环境规制的交互作用对产业结构升级具有抑制作用。因而，高耗能、高污染的行业可能迁移至中国，从而形成严重的贸易引致型环境污染。例如，柴泽阳等（2016）用 FDI 的绝对值来衡量外商投资水平，为了排除区域差异造成的影响，李斌和吴书胜（2016）采用 FDI 与 GDP 的比值，徐盈之等（2015）用人均 FDI 来表示。参照李斌和吴书胜（2016）的做法，采用各地级市 FDI 与 GDP 的比值来衡量外商直接投资的强度。

3）能源结构（Ener）。优化能源供给结构，提高能源利用效率，是影响产业结构的重要因素，采用煤炭消费占能源消费总量的比重测度。

4）城镇化水平（UR）。由于中国城市化水平与产业结构升级之间具有明显的空间关联性（靖学青，2020），存在着较高水平区域集中、较低水平区域聚集的特征，采用城镇人口占总人口比重来测度该指标。

5）人均收入（Income）。人均收入能反映一个地区的经济活动，是产业升级的重要驱动因素，选取各地级市人均 GDP 的对数作为人均收入的代理指标。

6）人口规模（Pop）。人口规模也是产业结构升级的一个重要的驱动因素，采取各地级市年末总人口的对数来衡量该指标。

3. 描述性统计

各变量的描述性统计结果如表 4-1 所示。

表 4-1 变量的描述性统计

变量名称	变量符号	样本量	均值	标准差	最小值	最大值
产业结构高级化	TS	198	0.692629	0.186783	0.3932828	1.304795
产业结构合理化	TL	198	0.1852677	0.0753332	0.0427591	0.4207131
环境规制	ER	198	3.65197	0.3090474	2.54	4.26
技术创新	Tech	198	3.08133	1.982279	0	7.615298
外商直接投资	FDI	198	0.4288782	0.2876643	0.0204239	1.355721
能源结构	Ener	198	0.9826768	0.0236602	0.87932	0.998215
城镇化水平	UR	198	0.270228	0.194144	0.053367	0.750021
人均收入	Income	198	9.711337	0.907597	7.900411	11.55765
人口规模	Pop	198	14.99766	0.6903649	13.8559	15.9714

由表 4-1 可以看出，首先，产业结构高级化的最大值与最小值之间的差距较产业结构合理化之间的差距大，产业结构高级化的区域不平衡性更明显。其次，外商直接投资差异稍大，各城市的外资发展水平参差不齐，说明地区之间的外资投资水平有一定的差异。最后，技术创新水平差异较大，最小值为 0，最大值为 7.62，各城市的技术发展不一。但能源结构的差异较小，说明江西省整体的能源结构水平较为落后，能源消耗中大多以化石燃料为主。人均收入存在较大的差异，说明江西省11 个地级市之间的经济存在较大的差异。总体而言，产业升级与技术创新、外商直接投资等息息相关。

（二）实证结果与分析

表 4-2 报告了环境规制影响产业结构升级直接效应的结果。模型（1）和模型（2）为环境规制的一次方、二次方与产业结构合理化关系的估计结果；模型（3）和模型（4）为环境规制的一次方、二次方与产业结构高级化关系的估计结果。

表 4-2 环境规制对产业结构升级影响的直接效应

解释变量	模型（1）	模型（2）	模型（3）	模型（4）
ER	0.053 *** (2.79)	-0.347 (-1.45)	-0.117 ** (-2.55)	0.627 (1.46)
ER^2		0.058 * (1.69)		-0.108 * (-1.77)
Income	-0.021 * (-1.96)	-0.025 ** (-2.42)	-0.121 *** (-3.70)	-0.114 *** (-3.50)
Pop	-0.068 *** (-7.52)	-0.070 *** (-8.01)	0.097 *** (4.53)	0.102 *** (4.63)

解释变量	模型（1）	模型（2）	模型（3）	模型（4）
Tech	0.006 （1.35）	0.007* （1.70）	0.020* （1.83）	0.018 （1.61）
UR	−0.071** （−2.27）	−0.075** （4−2.45）	0.135* （1.80）	0.143* （1.88）
Ener	−1.103*** （−6.78）	−1.002*** （−6.51）	0.359 （0.89）	0.172 （0.41）
FDI	0.073*** （4.09）	0.076*** （4.29）	0.103*** （2.88）	0.097*** （2.71）
常数项	2.265*** （10.91）	2.923*** （6.61）	0.352 （0.60）	−0.871 （−0.93）
观测值	198	198	198	198
R^2	0.376	0.384	0.499	0.503

注：括号内数据为 t 值，*、** 和 *** 分别表示在 10%、5% 和 1% 水平上显著。

从表 4-2 容易看出，模型（1）中环境规制的一次方项系数在 1% 的水平上显著为正，说明环境规制能有效促进江西省产业结构合理化。更进一步地，模型（2）中环境规制的一次方项系数为负值，而二次方项系数在 10% 的统计学水平上显著为正值，表明江西省各地级市环境规制和产业结构合理化存在 U 形曲线关系。即环境规制强度低于阈值时会阻碍产业升级，超过阈值后反而有利于产业升级。

模型（3）中环境规制的一次方项系数在 5% 的统计学水平上显著为负值，表明环境规制政策抑制了江西省产业结构高级化。更进一步地，模型（4）中环境规制的一次方项系数为正值，而二次方项系数在 10% 的统计学水平上显著为负值，说明了环境规制和产业结构高度化之间具有倒 U 形曲线关联。例如，在环境规制水平小于阈值时，环境规制力度的提高将会倒逼产业结构高度化，而在环境规制水平大于阈值时，则环境规制对产业结构高级化的抑制作用占据上方。

控制变量中的估计结果表明，人均收入在各个模型中与产业结构合理化和高级化皆显著为负，表明人均收入对产业结构升级有明显的抑制作用。然而，外商直接投资在各个模型中都是在 1% 的水平上显著为正，说明外商直接投资不仅对产业结构合理化，而且对产业结构高级化具有强烈的推动作用。另外，由于人口规模与城镇化水平在模型（1）和模型（2）中都显著为负，而在模型（3）和模型（4）中皆显著为正值，表明了由于人口的快速增长与城镇化水平的明显提高，其对产业结构合理化有明显的阻碍作用，但对产业结构高级化却有明显的倒逼作用。

（三）稳健性检验

由于经济社会指标之间的关系千丝万缕，很难完全处理可能存在的内生性问题，因而对实证结果的稳健性检验必不可少。本节主要从工具变量法和指标测量误差两个角度进一步检验基准实证结果的稳健性。

1. 工具变量法

一种较好的工具变量，必须符合两个前提条件：要和内生变量具有较强的关联，同时与残差项无关的外生性。一方面，将解释变量（环境规制）滞后一期生成工具变量代入模型实证分析，如表4-3所示，发现研究结论依然稳健；另一方面，将产业结构升级滞后一期作为工具变量，采用两阶段回归法来控制内生性，如表4-4所示，发现工具变量通过有效性检验，并且得到的实证结果依然稳健。表4-4介绍了工具变量法的统计结论。第一阶段的回归结果表明，工具变量的回归系数在1%的统计学水平上显著为正值，而且系数较大，同时F统计量的值远远超过了10，上述结论均说明了工具变量有着良好的性质。此外，第二阶段的回归结果尽管在系数值上发生了较大的变化，但是系数符号依然与基准实证结果保持了一致性，进一步增强了本章基准实证结论的可靠性。

表4-3　稳健性检验：环境规制滞后一期

解释变量	模型（1）tl	模型（2）tl	模型（3）ts	模型（4）ts
L. ER	0.075*** (4.46)	−0.214 (−1.05)	−0.105** (−2.48)	0.364 (0.87)
L. ER^2		0.042* (1.44)		−0.068* (−1.16)
Income	−0.028** (−2.45)	−0.032*** (−2.91)	−0.096*** (−3.12)	−0.090*** (−2.96)
Pop	−0.070*** (−7.67)	−0.072*** (−7.88)	0.102*** (4.54)	0.106*** (4.57)
Tech	0.005 (1.24)	0.006 (1.54)	0.013 (1.28)	0.012 (1.11)
UR	−0.070** (−2.23)	−0.073** (−2.32)	0.118 (1.56)	0.122 (1.60)
Ener	−1.190*** (−7.41)	−1.122*** (−7.01)	0.313 (0.80)	0.202 (0.50)
FDI	0.080*** (4.33)	0.083*** (4.50)	0.114*** (3.04)	0.109*** (2.89)
常数项	2.370*** (11.02)	2.863*** (7.46)	0.039 (0.07)	−0.762 (−0.83)
观测值	187	187	187	187
R^2	0.400	0.403	0.475	0.475

注：括号内数据为t值，*、**和***分别表示在10%、5%和1%水平上显著。

表4-4 稳健性检验：产业结构升级滞后一期作为工具变量

解释变量	模型（1） L. tl	模型（2） L. tl	模型（3） L. ts	模型（4） L. ts
ER	0.046** (2.25)	-0.472** (-2.04)	-0.129*** (-2.96)	0.547 (1.08)
ER^2		0.075** (2.27)		-0.098 (-1.38)
Income	-0.017 (-1.33)	-0.022* (-1.70)	-0.103*** (-3.71)	-0.097*** (-3.46)
Pop	-0.068*** (-6.97)	-0.071*** (-7.44)	0.106*** (4.66)	0.110*** (4.68)
Tech	0.007 (1.50)	0.008* (1.82)	-0.001 (-0.05)	-0.002 (-0.21)
UR	-0.080** (-2.51)	-0.087*** (-2.76)	0.128* (1.72)	0.136* (1.81)
Ener	-0.997*** (-5.48)	-0.879*** (-5.10)	0.202 (0.54)	0.047 (0.12)
FDI	0.076*** (4.11)	0.080*** (4.43)	0.137*** (3.57)	0.131*** (3.35)
常数项	2.158*** (8.63)	3.014*** (6.66)	0.282 (0.49)	-0.834 (-0.77)
观测值	187	187	187	187
R^2	0.361	0.376	0.588	0.591

注：括号内数据为 t 值，*、** 和 *** 分别表示在 10%、5% 和 1% 水平上显著。

2. 变换关键指标衡量法

一般来说，判断环境规制政策实施效果的一个有效方法是，排污的相关责任方是否采取了具体的治理环境污染的措施，而由于地区之间的产业基础、污染程度等具有差异性，污染治理投资额难以真实地反映环境规制的水平。因此，参考张忠杰（2019）的处理方法，采用工业污染治理投资额与工业增加值的比例来衡量环境规制水平指标，相比之下，这个衡量指标更能如实地反映环境规制的水平。如表4-5所示，研究结果表明实证结论依然可靠。另外，参考黄茂兴和李军军（2009）的处理方法，通过运用第三产业增加值占 GDP 的比例来表征产业结构高级化，如表4-6所示，结果也发现研究结论依然稳健。

表4-5 稳健性检验：改变环境规制衡量法

解释变量	模型（1） tl	模型（2） tl	模型（3） ts	模型（4） ts
ER	0.053*** (2.79)	-0.347 (-1.45)	-0.394** (-2.50)	1.785 (1.02)

续表

解释变量	模型（1）tl	模型（2）tl	模型（3）ts	模型（4）ts
ER^2		0.058* （1.69）		−0.316 （−1.30）
Income	−0.021* （−1.96）	−0.025** （−2.42）	0.060 （0.48）	0.082 （0.63）
Pop	−0.068*** （−7.52）	−0.070*** （−8.01）	−0.109 （−0.83）	−0.096 （−0.71）
Tech	0.006 （1.35）	0.007* （1.70）	0.013 （0.29）	0.007 （0.14）
UR	−0.071** （−2.27）	−0.075** （−2.45）	−0.947*** （−4.32）	−0.924*** （−4.20）
Ener	−1.103*** （−6.78）	−1.002*** （−6.51）	−0.546 （−0.40）	−1.095 （−0.72）
FDI	0.073*** （4.09）	0.076*** （4.29）	0.105 （0.86）	0.089 （0.72）
常数项	2.265*** （10.91）	2.923*** （6.61）	4.175 （1.33）	0.595 （0.13）
观测值	198	198	198	198
R^2	0.376	0.384	0.122	0.127

注：括号内数据为 t 值，$*$、$**$ 和 $***$ 分别表示在 10%、5% 和 1% 水平上显著。

表 4-6　稳健性检验：改变产业升级衡量法

解释变量	模型（1）tl	模型（2）tl	模型（3）ts	模型（4）ts
ER	0.053*** （2.79）	−0.347 （−1.45）	−6.207* （−1.85）	58.465* （1.81）
ER^2		0.058* （1.69）		−9.367** （−2.06）
Income	−0.021* （−1.96）	−0.025** （−2.42）	1.624 （0.77）	2.287 （1.04）
Pop	−0.068*** （−7.52）	−0.070*** （−8.01）	−1.414 （−0.64）	−1.005 （−0.45）
Tech	0.006 （1.35）	0.007* （1.70）	0.662 （0.83）	0.469 （0.56）
UR	−0.071** （−2.27）	−0.075** （−2.45）	−20.436*** （−4.73）	−19.775*** （−4.58）
Ener	−1.103*** （−6.78）	−1.002*** （−6.51）	−3.350 （−0.11）	−19.656 （−0.61）

解释变量	模型（1） tl	模型（2） tl	模型（3） ts	模型（4） ts
FDI	0.073*** (4.09)	0.076*** (4.29)	6.547*** (2.71)	6.067** (2.47)
常数项	2.265*** (10.91)	2.923*** (6.61)	75.803 (1.43)	-30.493 (-0.38)
观测值	198	198	198	198
R^2	0.376	0.384	0.149	0.165

注：括号内数据为 t 值，*、**和***分别表示在 10%、5%和 1%水平上显著。

（四）结论

本节通过构建面板模型，采集 2000~2017 年江西省 11 个地级市的相关数据，为江西省环境规制与产业结构升级的关系提供合乎现实的经济解释。首先，江西省环境规制与产业结构合理化存在 U 形曲线关系，即环境规制强度低于阈值时会阻碍产业升级，超过阈值后反而有利于产业升级。其次，江西省环境规制与产业结构高级化之间存在倒 U 形曲线关系，即当环境规制低于阈值时，环境规制强度的增加会促进产业结构高级化，但当环境规制强度高于阈值时，环境规制对产业结构高级化的抑制作用占据上方。最后，人均收入对产业升级具有较强的阻碍作用；外商直接投资对产业结构升级有着明显的倒逼作用；而人口的快速增长与城镇化进程水平的提高对产业结构合理化具有抑制作用，对产业结构高级化具有明显的倒逼作用。

三、间接效应

（一）模型构建及数据说明

1. 模型构建

为了分析环境规制对产业升级的间接影响，本节主要检验环境规制通过消费需求、投资需求、自然资源利用状况、技术创新和对外直接投资（FDI）的中介作用来影响产业升级，参照钱雪松等（2015）的做法，从数理上检验其中介效应，具体的计量回归模型如下：

$$Y = C_1 + \alpha_1 Z + \beta X + \mu_1 \tag{4-3}$$

$$M = C_2 + \alpha_2 Z + \mu_2 \tag{4-4}$$

$$Y = C_3 + \alpha_3 Z + \gamma X + \delta M + \mu_3 \tag{4-5}$$

其中，Y 表示被解释变量产业升级 Upgrade，Z 表示核心解释变量环境规制 ER，X 表示一系列控制变量，包括江西省各城市人口规模（Pop）、人均收入（Income）、数字经济（Digi）、能源结构（Ener）和城镇化水平（UR）。M 表示中介效应变量，分别可代表消费需求（Cons）、投资需求（Inve）、技术创新（Tech）、自然资源利用状况（Reso）和外商直接投资（FDI）。C_1、C_2 和 C_3 是常数项，μ_1、μ_2 和 μ_3 是随机误差项，其余则是变量的回归系数。产业升级中介效应的检验程序具体如图 4-7 所示。

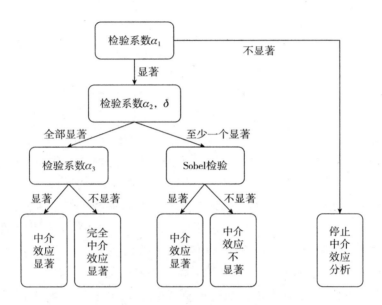

图 4-7　中介效应的检验程序

2. 数据与变量

本节的主变量（解释变量环境规制、被解释变量产业升级）、中介变量（技术创新、FDI）、控制变量（人口规模、人均收入、能源结构和城镇化水平）指标的衡量及数据来源与本章第二节相同。此外，考虑到城市数据的可获得性，使用江西省 2001~2016 年 11 个地级市面板数据进行实证检验。

（1）消费需求（Cons）和投资需求（Inve）。参照肖兴志和李少林（2013）的处理方法，使用居民消费的对数来表征消费需求指标，使用全社会固定资产投资总额的对数来反映投资需求指标，资料来源于中经网统计数据库。

（2）自然资源利用状况（Reso）。开发资源是地区经济发展壮大的重要基础条件，而我国资源型城市产业发展普遍遇到瓶颈，在此背景下，将资源利用状况作为产业升级的影响因素十分必要且具有重要的现实意义（张娟，2017）。国际贸易中一般采用初级产品出口或能源产出在 GDP 中的比例，来描述某个国家或地区的资源开发利用程度。国内现有的文献中多采用下面的指数来替代：其一，采矿业从业人员总数占地区人口总数的比例（方颖等，2011）；其二，采掘业从业人员总数占工业人员总数的比例（景普秋和王清宪，2008）；其三，采掘行业固定资产投资金额占固定资产投资总额的比例（胡援成和肖德勇，2007）；其四，采掘行业员工收入占地区员工总收入的比例（丁菊红和邓可斌，2007）；其五，能源工业生产总值占工业总产值的比例（邵帅和齐中英，2008）等。但充分考虑到城市数据的可得性，本节参照韩淑娟（2014）的处理方法，使用采矿业从业人员总数占全社会从业人员总数的比重来表示一个城市的自然资源利用状况。

（3）数字经济（Digi）。一般认为，数字经济的发展能够促进产业结构升级（韩健和李江宇，2022）。近年来，数字经济出现了爆发式增长，倒逼中国传统工业数字化改造全面加快，数字经济已然成为了我国经济增长和产业结构升级的助推器之一（陈晓东和杨晓霞，2021）。测度数字经济指标的方法包括：①从网络信息化发展、数字交易发展和互联网发展三个方面建立我国各省份的数字经济评价指标体系（刘军等，2020）；②从互联网普及率、移动电话的普及率、相关从业人员的情况和相关产出情况四个方面的指标（黄群慧等，2019）；③使用由北大数字金融研究服务中心与蚂蚁金服集团联合编制的中国数字普惠金融指数（郭峰等，2020）[①]；④使用腾讯研究院公布的数字经济发展指标来度量（杜传忠和张远，2021）；⑤运用主成分分析法，把全国百人中互联网宽带的接入用户数、计算机服务与软件业从业人员占城镇单位从业人员比例、人均电信业务总量以及全国百人中移动电话用户数五个指标的数据进行标准化后的降维处理方法（赵涛等，2020）；⑥根据工业、第三产业与第一产业（农业）的数字化发展，从产业增加值、技术创新改造与资金投入、零售、电子支付及一些智慧化产品和服务、基建投资、数字化人才等角度表征产业数字化发展水平（杨慧梅和江璐，2021）；⑦从涵盖广度、应用深度、支付服务程度三个层面建立数字经济发展度量指标；⑧应用腾讯研究院推出的"互联网+"数字经济指数对数字经济进行测度（杜传忠和张远，2021）。关于数字经济具体衡量方法，由于大部分的研究来自省级层面，对城市层级的数字经济的衡量方法减少，因此，依据黄群慧等（2019）的研究，根据现有文献对数字经济的具体衡量指标及城市层面数据的可得性，选取了互联网的普及率、相关从业人员的情况、相关产出情况和移动电话普及率四方面的数据指标。所有统计数据资料均源于历年《中国城市统计年鉴》以及各种公开发布的信息。在具体计算上，先将四个指标进行标准化处理，在此基础上采用主成分分析综合成一个指标代理数字经济指标。此外，参考杜传忠和张远（2021）的做法，对所有的连续变量采用双边1%缩尾（Winsorize）处理，各变量的描述性统计结果如表4-7所示。

---

① 该指数由北京大学数字金融研究中心和蚂蚁金服集团共同编制。

表 4-7 变量的描述性统计

变量名称	变量符号	样本量	均值	标准差	最小值	最大值
环境规制	ER	174	3.666609	0.2944585	2.55	4.25
产业结构高级化	TS	174	0.6713506	0.1719729	0.400034	1.24623
产业结构合理化	TL	173	0.1866318	0.0716117	0.062475	0.378839
消费需求	Cons	174	13.44527	0.9821046	11.55793	16.48514
投资需求	Inve	173	13.92185	1.299171	11.26504	17.24854
自然资源利用状况	Reso	174	0.0875351	0.1029407	0.000367	0.4204893
技术创新	Tech	175	2.97013	1.845933	0	6.97821
外商直接投资	FDI	174	0.4406322	0.2828331	0.037672	1.32426
人均收入	Income	174	9.709099	0.8236025	8.1188	11.3096
人口规模	Pop	174	14.99911	0.6851923	13.8741	15.9611
数字经济	Digi	174	0.0195843	1.554342	-1.696602	4.171797
能源结构	Ener	176	0.9822159	0.0242176	0.88	1
城镇化水平	UR	173	0.2684754	0.1919144	0.053854	0.740229

（二）实证结果与分析

采用逐步添加变量进行实证分析的做法，主要目的在于逐步观察环境规制通过 6 种途径间接影响产业升级的情形，以检验结果的稳健性。环境规制对产业结构合理化和高级化的间接影响分别如表 4-8、表 4-9 所示。

表 4-8 环境规制对产业结构合理化的间接影响

解释变量	模型（1）	模型（2）	模型（3）	模型（4）	模型（5）
ER	0.035	0.032	0.037	0.039	0.659
	(0.019)	(0.019)	(0.019)	(0.021)	(2.278)
Cons	-0.026*	-0.035*	-0.033*	-0.034*	-0.130
	(0.013)	(0.015)	(0.014)	(0.014)	(-0.33)
Inve		0.013	0.012	0.015	-2.034***
		(0.012)	(0.012)	(0.012)	(-7.55)
Reso			-0.161*	-0.269***	1.028***
			(0.068)	(0.051)	(-5.32)
Tech				0.012*	1.033***
				(0.005)	(4.39)
FDI					0.779**
					(3.32)

续表

解释变量	模型（1）	模型（2）	模型（3）	模型（4）	模型（5）
Digi	-0.001	-0.001	-0.001	-0.001	0.209*
	(0.002)	(0.003)	(0.002)	(0.003)	(1.02)
Income	0.021	0.011	0.005	-0.022	-0.033*
	(0.014)	(0.017)	(0.017)	(0.018)	(-1.77)
Pop	-0.040*	-0.048*	-0.046*	-0.054***	0.049***
	(0.020)	(0.023)	(0.019)	(0.013)	(4.55)
Ener	-0.715*	-0.643*	-0.568	-0.527*	0.903***
	(0.301)	(0.310)	(0.301)	(0.252)	(3.25)
UR	-0.055	-0.085	-0.064	-0.039	-0.148**
	(0.063)	(0.072)	(0.060)	(0.037)	(-2.19)
常数项	1.524***	1.623***	1.566***	1.833***	2.901***
	(0.361)	(0.409)	(0.352)	(0.278)	(7.98)
观测值	176	176	176	176	176

注：括号内数据为 t 值，*、**和***分别表示在 10%、5%和 1%水平上显著。

表 4-9　环境规制对产业结构高级化的间接影响

解释变量	模型（1）	模型（2）	模型（3）	模型（4）	模型（5）
ER	-0.681***	-0.630***	-0.533**	-0.605*	0.104**
	(0.190)	(0.186)	(0.179)	(0.276)	(2.26)
Cons	-1.566	0.245	0.038	1.397	-0.009**
	(1.430)	(1.549)	(1.491)	(1.854)	(-2.44)
Inve		-3.330**	-3.703**	-6.832***	0.004
		(1.186)	(1.134)	(1.623)	(1.16)
Reso			-3.134***	-3.941***	-0.060***
			(0.801)	(0.650)	(-4.05)
Tech				1.933**	-0.223***
				(0.662)	(-7.103)
FDI					0.108*
					(1.85)
Digi	0.078	-0.013	-0.024	-0.098	1.560
	(0.245)	(0.240)	(0.228)	(0.369)	(0.23)
Income	4.377**	7.028***	6.318***	8.854***	0.115
	(1.544)	(1.782)	(1.714)	(2.278)	(0.80)
Pop	0.719	2.379	3.118	4.300**	-1.711*
	(4.376)	(5.141)	(6.468)	(1.597)	(-2.15)

续表

解释变量	模型（1）	模型（2）	模型（3）	模型（4）	模型（5）
Ener	1.070**	1.106**	1.203***	6.395*	-0.141
	(0.344)	(0.339)	(0.032)	(3.176)	(-0.08)
UR	-1.289	-4.404	-0.118	-6.817	0.396
	(1.245)	(13.62)	(14.60)	(4.649)	(0.53)
常数项	-6.553	-1.019	-1.096	-3.434	-1.107***
	(7.061)	(8.152)	(0.996)	(3.504)	(-11.27)
观测值	176	176	176	176	176

注：括号内数据为 t 值，*、**和***分别表示在 10%、5%和 1%水平上显著。

如表 4-8 所示，消费需求除模型（5）以外均在 10%的统计学水平上显著为负，即环境规制通过消费需求对产业结构合理化产生间接的抑制影响。而在表 4-9 中，消费需求除模型（1）和模型（5）外对产业结构高级化的影响为正，但在统计学上并不显著，即环境规制通过消费需求对产业结构合理化的间接促进作用可以忽略。究其根源，尽管人们的需求偏好与消费结构随着环境规制力度的加大而产生着变化，但环境规制力度的加大，却使得污染密集型行业产业承担着巨大的环境遵循成本，相比而言，江西省的清洁能源投入巨大、市场幼小、体制不完善，都不利于产业结构合理化。此外，随着江西省环境规制的增强，消费者会增加对清洁型产品的需求，最终使得污染密集型产业规模减小和清洁型产业规模扩大，有利于促使产业结构高级化，但由于消费者的绿色环保意识还不够强，所以这种推动作用非常微妙。

投资需求在表 4-8 中除模型（5）外对产业结构合理化的影响为正，但系数在统计学上不显著。而在表 4-9 中，投资需求除模型（5）外均在 5%和 1%的水平上显著为负，即环境规制通过投资需求对产业结构高级化产生间接的抑制作用。结合江西省省情，可能的原因是：环境规制的客体为资源耗费大、污染物排放量高的企业，所以，环境规制主要提高了此类企业的环境遵循成本，对其他类型企业产生的不利影响则相对较小。在此基础上，为满足环境标准，弥补环境遵循成本，寻求更高的经济效益，资本市场对污染密集型行业产业的投资需求会越来越低，并转而扩大对清洁型行业产业的投资需求。总体来说，清洁型行业产业代表着未来更高的生产技术水平与生产制造效率，有利于产业结构合理化，但由于江西省的经济欠发达，地方政府可能更多引导投资到实现经济追赶上。因此，在环境规制的制约下，通过投资需求倒逼产业结构合理化的效果是有限的。另外，江西因为位于中部崛起区域的战略布局，承担着向东部区域转移的劳动密集型、资金依赖型、污染密集型企业，所以环境规制的推行给江西省的产业结构高度化带来了很大的负面影响。

自然资源利用状况在表 4-8 中除模型（5）外在不同的统计学水平上显著为负，

在表4-9中均在1%的统计学水平上显著为负,即环境规制通过资源利用状况对产业结构合理化和高级化产生间接的抑制影响。究其原因,江西省位于华南成矿区的核心地带,属于环太平洋成矿带西缘,且该区成矿地质基础条件优越,富集矿石资源(煤、铜、钨、稀土等)。在环境规制的约束下,相对于矿产资源,可再生的清洁资源的利用成本较高,导致当前江西大部分地区仍然利用"资源红利"发展经济,因此,在考察期内,环境规制通过自然资源利用状况对产业升级产生消极影响。

技术创新在表4-8中分别在10%和1%水平上显著为正,在表4-9中除模型(5)外在5%的统计学水平上显著为正,即环境规制通过技术创新对产业结构合理化产生间接促进作用。如同机理分析中提到的,一方面,较高的环境遵循成本挤占了企业的生产性成本和技术研发投入,这将对企业产生不利的影响;另一方面,企业能够利用技术创新所产生的经济效益来抵消环境规制所带来的遵从成本的上升,从而有利于促进产业升级。在短期内,创新的效果尚未体现,也无法抵消环境遵从成本的增加,而此时环境规制的遵循成本效应更明显;但从长远看,企业有充足的时间采取市场行为和调整生产计划使得创新补偿效应大于遵循成本效应,此时,环境规制便通过技术创新的作用促进了产业升级。

外商直接投资在表4-8和表4-9中分别在5%和10%的水平上显著为正,即环境规制通过外商直接投资对产业结构合理化和高级化产生间接促进影响。从理论上看,环境规制对外商直接投资有着正向及负向的双重影响(污染光环效应和污染天堂效应),但由于江西属于欠发达地区,再加上先天的生态优势,各地方政府出于发展经济的考虑,可能实行较宽松的环境规制政策,这就很可能会吸引外资的进入,FDI的进入也有可能为本地区带来先进的生产设备、具有领先水平的技术及管理经验等,从而能够倒逼产业结构合理化和高级化。

进一步地,为了考察实证基准回归结果的稳健性,借鉴张成等(2011)的方法,将主解释变量(消费需求、投资需求、资源利用状况、技术创新、外商直接投资)均滞后一期作为新的解释变量,重新进行回归,以尽量减少变量间互为因果而带来的内生性问题,分别如表4-10和表4-11所示。结果显示,除部分解释变量的显著性有所变化外,其系数的符号几乎未改变,回归结果具有一定的稳健性。

表4-10 环境规制对产业结构合理化的间接影响

解释变量	模型(1)	模型(2)	模型(3)	模型(4)	模型(5)
ER	0.054**	0.038*	0.041*	0.040*	0.041*
	(0.018)	(0.018)	(0.018)	(0.018)	(0.018)
L. Cons	-0.018**	-0.053***	-0.054***	-0.061***	-0.060***
	(0.006)	(0.014)	(0.014)	(0.015)	(0.015)
L. Inve		0.029**	0.026*	0.023*	0.019
		(0.010)	(0.010)	(0.010)	(0.011)

解释变量	模型（1）	模型（2）	模型（3）	模型（4）	模型（5）
L. Reso			−0.137	−0.152	−0.150
			(0.083)	(0.079)	(0.078)
L. Tech				0.006	0.008
				(0.005)	(0.005)
L. FDI					0.029
					(0.020)
控制变量	YES	YES	YES	YES	YES
常数项	0.227**	0.358***	0.413***	0.529***	0.545***
	(0.071)	(0.083)	(0.089)	(0.122)	(0.122)
观测值	165	165	165	165	165

注：括号内数据为 t 值，*、**和***分别表示在10%、5%和1%水平上显著。

表 4-11　环境规制对产业结构高级化的间接影响

解释变量	模型（1）	模型（2）	模型（3）	模型（4）	模型（5）
ER	−4.006*	−3.319	−2.637	−2.592	−2.573
	(1.862)	(1.959)	(1.911)	(1.946)	(1.949)
L. Cons	1.448*	2.942*	2.658	2.612	2.662
	(0.652)	(1.484)	(1.442)	(1.550)	(1.555)
L. Inve		−1.222	−1.820	−1.890	−2.024
		(1.090)	(1.072)	(1.107)	(1.139)
L. Reso			−3.056***	−3.067***	−3.030***
			(0.909)	(0.898)	(0.904)
L. Tech				0.055	0.127
				(0.516)	(0.535)
L. FDI					1.145
					(2.144)
控制变量	YES	YES	YES	YES	YES
常数项	3.877***	3.315***	4.553***	4.680***	4.717***
	(0.769)	(0.917)	(0.962)	(1.312)	(1.317)
观测值	165	165	165	165	165

注：括号内数据为 t 值，*、**和***分别表示在10%、5%和1%水平上显著。

（三）稳健性检验

1. 替换关键变量

（1）替换被解释变量。为了检验产业升级度量方法的稳健性，借鉴黄茂兴和李军军（2009）的做法，采用第三产业增加值占 GDP 的比重来度量产业结构高级化，如表 4-12 所示。结果显示，除部分解释变量的显著性发生一些变化外，其他系数的符号几乎未出现变动，回归结论具有稳定性。

表 4-12 稳健性检验：替换被解释变量

解释变量	模型（1）	模型（2）	模型（3）	模型（4）	模型（5）
ER	0.578***	0.598***	0.305***	-1.503***	-0.534***
	(7.98)	(8.40)	(7.18)	(-10.31)	(-7.94)
L. Cons	-0.138	-0.178	-0.286	0.546	-0.478
	(-0.08)	(-1.46)	(-0.32)	(0.70)	(-0.38)
L. Inve		0.783	-5.393***	0.899***	-0.142**
		(0.86)	(-5.25)	(7.46)	(-4.21)
L. Reso			-1.935	-0.144*	-0.108*
			(-0.95)	(-1.66)	(-1.00)
L. Tech				3.887	-0.701
				(0.71)	(-0.08)
L. FDI					0.984
					(-1.84)
控制变量	YES	YES	YES	YES	YES
常数项	0.168**	-0.961	0.612***	-0.848	5.827***
	(4.36)	(-0.08)	(6.56)	(-0.11)	(21.73)
观测值	176	176	176	176	176

注：括号内数据为 t 值，*、**和***分别表示在 10%、5%和 1%水平上显著。

（2）替换核心解释变量。参考张忠杰（2019）的方法，采用工业污染治理投资额与工业增加值的比例来衡量环境规制水平指标。回归结果分别如表 4-13（a）和表 4-13（b）所示，不难发现，在考察期内的基准回归结果与此回归结果基本一致，表明研究结论依然稳健。

表 4-13（a） 稳健性检验（产业结构合理化）：替换核心解释变量

解释变量	模型（1）	模型（2）	模型（3）	模型（4）	模型（5）
ER	-0.892***	0.409***	0.770***	0.806***	-0.098*
	(-7.82)	(5.01)	(7.67)	(7.83)	(-2.11)
L. Cons	0.135	0.302***	0.898	-0.582	-6.382
	(0.11)	(3.65)	(1.50)	(-1.13)	(-1.10)
L. Inve		0.540	-2.576***	3.392*	0.476***
		(0.09)	(-13.68)	(5.43)	(8.43)

续表

解释变量	模型（1）	模型（2）	模型（3）	模型（4）	模型（5）
L. Reso			−0.995	−2.484	−0.869
			（−1.37）	（−0.38）	（−1.00）
L. Tech				0.806*	−0.725
				（4.93）	（−1.38）
L. FDI					0.469**
					（−5.77）
控制变量	YES	YES	YES	YES	YES
常数项	2.366**	0.271	0.149**	1.891***	0.512**
	（2.82）	（0.00）	（4.33）	（5.71）	（5.66）
观测值	176	176	176	176	176

注：括号内数据为 t 值，*、** 和 *** 分别表示在 10%、5% 和 1% 水平上显著。

表 4-13（b）　　稳健性检验（产业结构高级化）：替换核心解释变量

解释变量	模型（1）	模型（2）	模型（3）	模型（4）	模型（5）
ER	−0.927	−0.199	0.712**	−0.293***	0.182*
	（−1.87）	（−1.78）	（4.25）	（−10.84）	（2.42）
L. Cons	0.379	0.136	0.152	−0.173	−1.090
	（1.21）	（1.70）	（0.20）	（−1.78）	（−0.77）
L. Inve		0.997***	−0.822	−3.939	−0.190**
		（14.38）	（−0.77）	（−1.86）	（−1.13）
L. Reso			0.918	2.698*	−0.285
			（1.65）	（2.42）	（−0.21）
L. Tech				3.855**	0.434**
				（12.77）	（5.54）
L. FDI					4.082***
					（−13.65）
控制变量	YES	YES	YES	YES	YES
常数项	−0.587	0.442	0.391***	2.949	0.410
	（−1.28）	（0.55）	（13.93）	（0.50）	（0.85）
观测值	176	176	176	176	176

注：括号内数据为 t 值，*、** 和 *** 分别表示在 10%、5% 和 1% 水平上显著。

2. 其他稳健性分析

为确保结论的稳健性，进一步采用以下两种方法进行分析（杜传忠和张远，2021）。

（1）对所有的连续变量进行双边2%缩尾处理，以进一步缓解极端值对估计结果造成的影响，估计结果分别如表4-14和表4-15所示。

表4-14　双边2%缩尾处理结果（产业结构合理化）

解释变量	模型（1）	模型（2）	模型（3）	模型（4）	模型（5）
ER	-0.613	1.069	0.457	-0.672	0.014
	（-0.88）	（0.75）	（0.03）	（-0.89）	（1.67）
L. Cons	0.205	-0.0186	-0.023**	-0.746	0.854
	（1.20）	（-1.52）	（-2.70）	（-0.83）	（1.90）
L. Inve		0.214*	-0.436	-0.271	-0.630
		（2.50）	（-0.42）	（-0.38）	（-1.13）
L. Reso			-0.064	-0.417	0.858***
			（-1.31）	（-0.98）	（16.69）
L. Tech				0.398	0.604
				（0.63）	（1.20）
L. FDI					1.363
					（1.78）
控制变量	YES	YES	YES	YES	YES
常数项	1.099***	3.480**	-0.007**	-0.026	0.018*
	（16.30）	（13.14）	（-1.86）	（-0.10）	（2.02）
观测值	137	137	132	132	124

注：括号内数据为t值，*、**和***分别表示在10%、5%和1%水平上显著。

表4-15　双边2%缩尾处理结果（产业结构高级化）

解释变量	模型（1）	模型（2）	模型（3）	模型（4）	模型（5）
ER	0.797	0.108	0.688**	1.343**	-0.223*
	（0.11）	（0.41）	（4.03）	（5.03）	（-4.33）
L. Cons	0.265	-0.125	0.828	-1.591	0.135**
	（0.61）	（-0.33）	（0.17）	（-1.20）	（2.44）
L. Inve		-0.170**	0.623	-1.067	-0.122***
		（-2.62）	（0.10）	（-1.52）	（-3.34）
L. Reso			-0.736	0.334	-1.101***
			（-0.83）	（0.01）	（-4.76）
L. Tech				5.899	-0.001
				（0.55）	（-0.00）
L. FDI					0.046*
					（1.49）

续表

解释变量	模型（1）	模型（2）	模型（3）	模型（4）	模型（5）
控制变量	YES	YES	YES	YES	YES
常数项	-0.273	-1.340	0.646	0.347***	9.716
	(-0.43)	(-1.76)	(1.14)	(3.65)	(1.12)
观测值	141	141	136	136	128

注：括号内数据为 t 值，*、**和***分别表示在 10%、5%和 1%水平上显著。

（2）增加控制变量。因为在各种生产要素中，人力资本是产业结构调整的关键基础，其规模、质量及结构构成情况都将对产业升级造成重大影响，人力资本在行业产业之间分配的差异会造成行业产业间生产率的差距（孙玉阳等，2020）。鉴于此，在模型中加入人力资本变量，并重新进行回归。使用高等学校在校学生总数占常住人口的比率来定量衡量人力资本指标，如表 4-16 和表 4-17 所示，发现研究结论依然稳健。

表 4-16　增加控制变量的回归结果（产业结构合理化）

解释变量	模型（1）	模型（2）	模型（3）	模型（4）	模型（5）
ER	-0.226	0.111**	-0.151*	0.467	0.914***
	(-1.85)	(1.12)	(-2.49)	(0.12)	(5.41)
L. Cons	-0.155	0.139	0.023*	0.380	0.467
	(-0.24)	(0.10)	(0.20)	(0.07)	(0.12)
L. Inve		0.740	0.659	-0.310**	0.380
		(-0.52)	(0.48)	(-3.25)	(0.07)
L. Reso			0.357	-0.028	-0.031**
			(0.00)	(-0.20)	(-3.25)
L. Tech				0.696	-0.228
				(-0.10)	(-0.20)
L. FDI					0.857
					(0.65)
控制变量	YES	YES	YES	YES	YES
常数项	-1.350	0.228**	0.914***	0.172*	0.172**
	(-1.72)	(3.14)	(21.41)	(2.55)	(2.55)
观测值	176	176	176	176	176

注：括号内数据为 t 值，*、**和***分别表示在 10%、5%和 1%水平上显著。

表 4-17 增加控制变量的回归结果（产业结构高级化）

解释变量	模型（1）	模型（2）	模型（3）	模型（4）	模型（5）
ER	0.145	−1.284	2.371	0.658	0.014*
	(1.67)	(−0.68)	(0.68)	(0.33)	(2.14)
L. Cons	3.126*	3.586	4.699	−0.144	0.600
	(5.55)	(1.90)	(0.84)	(−0.94)	(0.98)
L. Inve		−2.672**	−0.213	−0.101	−2.735**
		(−8.70)	(−0.26)	(−0.53)	(−3.25)
L. Reso			−1.399	0.165	−0.296**
			(0.98)	(1.67)	(3.29)
L. Tech				1.557*	−0.334**
				(−2.14)	(−2.62)
L. FDI					0.637***
					(6.30)
控制变量	YES	YES	YES	YES	YES
常数项	−0.322	0.891***	2.291	−0.381*	0.027*
	(−0.24)	(2.35)	(1.40)	(−2.11)	(2.16)
观测值	102	101	96	95	82

注：括号内数据为 t 值，*、** 和 *** 分别表示在 10%、5% 和 1% 水平上显著。

（四）结论

本节通过构建面板模型，采集 2001~2016 年江西省 11 个地级市的相关数据，分别检验环境规制影响产业升级的五个路径，即消费需求、投资需求、自然资源利用状况、技术创新和对外直接投资。研究结果表明：①环境规制通过消费需求对产业结构合理化产生间接的抑制影响，而对产业结构高级化产生的促进作用非常微妙。②环境规制通过投资需求对产业结构高级化产生间接的抑制作用，而对产业结构合理化基本未产生间接影响。③环境规制通过自然资源利用状况对产业结构合理化和高级化产生间接的抑制影响。④环境规制通过技术创新对产业结构合理化和产业结构高级化皆产生了间接的倒逼作用。⑤环境规制通过外商直接投资对产业结构合理化和高级化产生间接促进影响。

由此，江西省应继续加强环境规制建设，正确地利用好环境规制基于不同途径对产业升级的影响差异，本书主要提出以下政策启示：

第一，江西省应该积极引导环境规制政策通过居民消费结构对产业升级的促进作用，通过加大对绿色消费、环保健康生活等保护环境方面的宣传力度，积极推动居民从生存型消费向享受型消费的转变，以促进产业结构的优化升级。

第二，江西省应该利用环境规制政策的影响效应积极引导企业的资本等要素向能耗少、产出高、环境污染较小的行业产业流入，间接引导企业资本流向，优化投资结构，从而促进产业结构优化升级。

第三，江西省应当重视对可再生能源和洁净型能源资源的利用，进一步优化能源结构，全面挖掘核能、风能、太阳能等新能源的开发利用，从源头上减少高耗能资源能源的使用，使得江西省产业朝着资源节约型、绿色环保型方向发展。

第四，江西要加大政府对企业创新活动的支持力度，并指导企业设立环保创新奖励制度，把生态环境保护思想贯彻整个企业的生产制造过程中，以此降低企业对环境污染的直接危害。营造技术创新的良好氛围，可以不断提升技术创新水平，搭建技术创新成果转换平台，进而发挥环境规制对产业结构升级的促进作用。

第五，对经济欠发达的江西来说，政府应该不断促进数字信息技术的运用，增加对数字化基础设施投资，提高数字化设施品质，增强数字化生产能力，力争推动江西数字经济释放更多的数字红利。

第六，江西省要重视引进外资的投资规模和投入质量，并通过建立适当力度的环境规制政策，设置壁垒限制污染密集型企业的进入，以减轻"污染天堂"效应对生态环境的负面效应，逐步提升地区的生态环境质量。另外，还应积极吸纳技术含量较高且外溢效应较突出的行业产业的进入（如高新技术产业）以推动本土产业的进化，并以此进一步推动整个产业结构的转型升级。

四、结论与政策建议

本章从环境规制对产业升级的影响这一基本问题出发，结合产业结构合理化和高级化两个视角进行研究，认为环境规制不仅会对产业结构形成直接影响效应，而且会通过消费需求、投资需求、自然资源利用状况、技术创新、FDI等传导渠道间接影响产业升级。具体来看，一方面，江西省环境规制与产业结构合理化具有 U 形曲线关联，而与产业结构高级化之间具有倒 U 形曲线关联。另一方面，针对产业结构合理化，环境规制主要通过消费需求、自然资源利用状况产生间接的抑制影响，通过技术创新和 FDI 产生间接的促进作用，但投资需求尚未产生间接影响效应；而针对产业结构高级化，环境规制主要通过技术创新和 FDI 产生间接的促进作用，通过投资需求和自然资源利用状况产生间接的抑制作用，令人遗憾的是，消费需求则至少在考察期内产生间接影响作用非常微弱。

第五章
空间溢出

一、相关理论概述

20世纪90年代，Fujita、Krugman和Venables等先后把新空间理论纳入经典的垄断竞争模型迪克西特—斯蒂格里茨（Dixit-Stiglitz）中，开创了新经济地理学的新阶段。新经济地理学假定世界是同质的，主张通过市场需求、规模经济、生产要素、生产成本等经济学指标来分析经济活动的空间分布规律，并认为经济活动空间上的聚集和传播扩散是以规模经济为主导的向心力，以及以不能流动的生产要素和运输成本为主的离心力之间相互影响的结果。相比于传统地理学，新经济地理学把经济学建模的思维和方式引入地理学研究中，通过运用简单抽样的经济学模型来研究复杂性的空间结构布局与空间结构效应。中心外围模型（Core-Periphery）就是新经济地理学中的一个基本模型，它形象地模拟了经济活动的空间聚集过程。中心外围模型假定一个区域内只有农业和制造业两个经济部门，由于经济活动都发生于圆圈的周围，两个经济部门的产品都要沿着圆圈进行运输，同时这些产品在运送过程中会发生一定的损坏并产生"冰山成本"的支出，因此如果最初空间结构上的所有经营活动都一样，且向心力足够大，那么将会引发生产上的空间聚集现象。中心外围模型使新经济地理理论从抽象变得具体，提高了该理论实际利用价值（吴军，2014）。

邻近区域经济活动的外部性即空间溢出，是新经济地理学的重大发现。本章空间溢出效应主要考虑的是毗邻地区的环境规制政策如何作用于本地区的产业结构。空间溢出有正负之分，溢出效应大致有物质溢出、知识溢出和技术溢出三个表现形式。作为影响整个区域合作的主要内在动力，溢出效应一经提出便引起了学术界的广泛关注。结合中心—外围框架来分析这一问题，一般来说，中心区域经济发展水平较高，外围区域经济发展水平较差，对中心区域来说适当强度的环境规制，很可能对外围区域来说就成为比较严苛的规制政策，甚至超出了外围区域的经济发展承受能力。因此，中心区域的环境规制强度对外围区域产业结构的影响程度和方向，主要取决于外围区域所选择的环保应对策略。

中心—外围模型的四种效应（即市场接近效应、知识技术外溢效应、劳动力共享效应、产业的前后关联效应）共同作用决定了经济活动的空间分布规律。①市场接近效应。企业为减少运输成本并获得市场规模效应，通常都会选择在具有较大市场规模的区域组织生产活动。②知识技术外溢效应。产业聚集可以促进知识技术的溢出效应，并因此有助于带动产业聚集区域内企业生产技术水平的提升（蒋仁爱和贾维晗，2019）。③劳动力共享效应。工业集聚区域可以带来更多的拥有专业知识技能的劳动力，并且通过一些具有娴熟技术的劳动力在各个行业企业之间的流动，促进技术的外溢。④产业的前后关联效应。产业区在发展后，会促进和推动与之有关的前项和后项关联产业的发展，从而吸引产业链上关联企业向本区域的集聚。因为知识技术外溢效应、劳动力共享效应与产业的前后关联效应可以推动产业聚集，所以称之为对产业聚集的向心力；而产业聚集区域内要素资源的拥挤、竞争的不合理和环境污染的严重等问题都可能导致产业聚集的扩散效应，造成本区域企业向其他区域迁移，所以称之为产业聚集的离心力。在向心力与离心力的联合作用下，社会经济活动在地理空间上的分配是趋向集中或离散，主要取决于这两种作用力的较量。当集聚的向心力超过离心力时，经济活动的空间分布就呈现聚集的态势；而相反，则会导致经济活动空间分布呈现分散的态势。

外围区域的环境规制对中心区域的产业结构影响不大，而中心区域的环境规制对外围区域产业升级的影响，则取决于外围区域选择了何种环保对应策略，大致可分为四种应对策略。①不跟进策略，如外围区域选择始终不跟随，仍然致力于发展经济，那么其产业结构将不断升级，但同时其环境污染也会不断加重。②同等跟进策略，即外围区域跟进实行同样强度的环境规制政策，则其产业结构将不断低度化，但环境污染问题也将随之得到改善。③先严后松策略，即外围区域一开始跟随，但后来因无法承受而又选择了不跟随，在这种情况下其产业结构将沿着先降后升的轨迹变化，近似于 U 形分布。④先松后严策略，即外围区域一开始不跟随，后来环境污染变得严峻了才跟随，这种情况下其产业结构将沿着先升后降的轨迹变化，近似于倒 U 形分布（马丽梅和史丹，2017）。充分考虑到不同地区的治污要求，一般较发达地区的外围区域偏向于首选第三种策略，而较落后地区的外围区域则偏向于第四种策略。实际上，第一种和第二种策略都只有理论意义，而并无实际指导价值。

二、机理分析

现有关于环境规制对产业升级影响（促进、抑制或者不确定等）的探讨还存在分歧，主要有波特假说（创新补偿效应）、壁垒效应、污染避难所假说（转移效应）和替代效应。

（一）波特假说

波特假说指出，虽然短期内的环境规制或许会对企业生产制造带来额外的成本负担，但因为生产运营活动是动态发展的过程，从长远来看，企业仍愿意把这些"额外成本负担"转化为创新动力，以求大大提高治污效率、减少企业边际治污成本，进而产生创新补偿效应，这不但能有效抵消因环境规制的实行而产生的遵从成本，而且能促使整个产业生产技术的提升。另外，随着知识技术的持续累积，企业也会以优化生产流程、改进生产工艺技术等来适应由环境规制导致的生产环境的改变。因此，适宜强度的环境规制有助于企业提高资源配置效率、提升产品技术含量等，但由于环境污染实质上已经预示了自然资源并没有被充分利用，这又给企业提供了明确的改进工艺技术的方向。也就是说，企业通过技术创新提高能源资源的利用效率，不但可以克服由于环境规制而产生的"额外成本负担"，甚至还会因为工艺技术的进步而获得额外收益，这样整个产业的生产效益将得以提高，进而推动产业结构进一步向高级化、合理化的趋势演变（程中华等，2017）。

（二）壁垒效应

政府通过设定环境进入壁垒（通常包括资金壁垒和技术壁垒），对试图进入区域市场的企业或产业加以筛选，企业要么选择放弃市场，要么选择通过改善自身条件以满足进入市场的标准，从而促进企业转型升级。这主要通过设定资金和技术壁垒来限制企业的进入。①资金壁垒，即要求新进入企业必须安装相对洁净的生产设备和污染处置装置，这必然会加大企业的资金投入困难，并增加企业的必要资本存量，因此对新企业进入市场构成了资金壁垒；②技术壁垒即要求新进入企业必须执行较高强度的环境规制，对产品材质、制造设备、工艺流程、生产质量、制造技术和废弃物的排放标准等都有较高要求，从而对新企业进入形成了技术壁垒。设定这样的资金或技术壁垒势必会大大增加新进入企业额外的环境成本（部分文献称之为遵循成本效应），从这一方面来看不利于产业发展，但却限制低端产业的进入，整个产业环境和生产经营效率因此得到提高，使得环境规制进一步优化了新进企业主体，促进整个产业结构优化升级，所以说环境规制的壁垒效应对整个产业结构具有双向的影响效果。

（三）污染避难所假说

根据贸易中的污染避难所假说，实施较严厉的环境规制政策会增加污染密集型企业的生产成本，污染密集型企业为了规避这一遵循成本，将会由环境规制政策较严格的地方向环境规制政策较宽松的地方转移，这样一来有利于迁出地的产业升级，而不利于迁入地的产业升级。同时，各个地区因为要吸引大量外资进入，很有可能出现竞相"向环境规制底线赛跑"的现象，导致地区相互之间以牺牲环境来吸引外商投资的恶性竞争行为，使本区域产业结构更加倾向于污染密集型。所以，严格的环境规制将直接导致本区域污染密集型产业搬迁到环境规制相对宽松的区域，取而代之的是以服务业为代表的清洁型产业，从而有助于本地区的产业结构升级。

（四）替代效应

环境规制的实施会导致工业企业在进行生产活动时所能利用的矿产资源开采受到限制，也会对工业企业的生产经营过程增加一些约束性条件，使得工业企业的生产要素供应能力下降、制造成本负担增加等，将减少地区工业的投资规模，并通过投资乘数效应使地区工业企业相应份额减少（王丽霞等，2017）。同时，虽然环境规制的实行导致地区工业企业生产成本的增加，但地区服务业的生产成本受环境规制的影响并不明显，进而导致地区工业相对于服务业的生产成本增加；相应地，工业产品对于服务业产品的相对价格也会上涨。依据消费者选择理论，消费者将会以更多的服务来替代工业产品，而这种替代效应促进了服务业的发展，也因此可以促进本地区的产业升级。

综合上述四个理论假说不难发现，环境规制对产业转型升级的影响主要取决于多种错综复杂的原因，各区域经济社会发展水平以及企业、政府、产业等应对环保要求的行为的不同都可能会导致研究结果迥异。另外，环境规制实质上是政府社会性规制管理的主要范畴，是由于环境污染的负外部性，单纯通过社会主义市场机制无法有效约束企业行为，而应该通过采取收取排污税、行政处罚和设定污染许可证等强制性手段对企业的生产经营行为加以限制和规范，以期达到环保与经济社会的可持续发展。江西环保投资总额从 2003 年的 21.6 亿元增至 2018 年的 357.11 亿元，年均增长率高达 25.27%[①]，这一数据从侧面体现了江西省政府对环保问题的高度关注。环境规制的空间溢出效应反映了区域之间具有外部性特征，污染源地区通常会通过向其他区域疏散自己的污染物而不承担其他代价，因此减少了环境规制的机会成本，而迫使"接受"污染物传输的区域规制费用的增加，由此导致了区际之间发

---

① 数据来自《江西统计年鉴》。

展的不均衡。若不考虑环境规制的空间溢出效应，则会高估污染源区域的产业升级效应。因此，江西在环境规制政策实施过程中也会受邻接地区空间溢出效应的影响，即各地级市间存在利益互动行为，而江西各地级市之间到底是为谋求区域经济发展而放宽环境规制政策的"逐底竞争"，还是竞相追求保护环境而抓严环境规制政策的"逐顶竞争"（又称示范效应），则需要进一步探讨并检验环境规制的空间溢出效应对产业升级的影响程度和方向。

三、模型构建

常见的空间计量模型大致有空间自回归模型（SAR）、空间误差模型（SEM）和空间杜宾模型（SDM）三类。由于空间自回归模型与空间误差模型是空间杜宾模型的两个特征的情形，所以在使用空间计量方法时通常选择空间杜宾模型（Le Sage 和 Pace，2009）。此外，为了能够进行直观对比分析，参考李强和丁春林（2019）的处理方法，同时建立两个模型进行分析。第一个模型不考察空间溢出效应，如公式（5-1）所示，只考虑环境规制政策对产业升级的直接影响效应。第二个模型引入环境规制的空间溢出效应，如公式（5-2）所示，并重新对二者之间的关系加以分析，从而检验环境规制的空间溢出效应对产业结构升级的影响。

模型（一）：一般函数，无空间溢出，基于前文的理论分析，构建静态面板模型如下：

$$US_{it} = b_0 + b_1 ER_{it} + b_2 z_{it} + \alpha_i + u_t + \varepsilon_{it} \tag{5-1}$$

其中，i 表示各地级市，t 表示年份，US_{it} 表示产业升级，ER_{it} 表示环境规制，b_0 表示常数项，系数 b_1 描述了环境规制强度对产业升级的影响程度和方向，考虑到地区和时间特征，引入地区固定效应 α_i 和时间虚拟变量 u_t，z_{it} 表示一系列控制变量，并假设随机误差项 ε_{it} 服从正态分布。

模型（二）：为度量环境规制中的空间溢出效应，将其引入模型中类似模型（一）的设定，带有环境规制溢出效应的产业升级函数构建如下：

$$US_{it} = \gamma_0 + \rho WUS_{it} + \gamma_1 ER_{it} + WER_{it}^* \theta_1 + WZ_{it} \theta_2 + \lambda_i + v_t + \varepsilon_{it} \tag{5-2}$$

其中，γ_0 表示常数项，ρ 表示空间自回归系数，W 表示空间权重矩阵，λ_i 和 v_t 分别表示地区效应和时间效应，ε_{it} 表示随机扰动项，γ_1、θ_1 和 θ_2 是变量系数，ER_{it}^* 表示环境规制空间溢出效应，Z_{it} 表示其他可能的影响因素（如经济发展水平、外商直接投资、自然资源禀赋状况等），其余与公式（5-1）相同。

①空间权重矩阵设定是空间计量的关键一环，空间权重矩阵描述了变量的空间相关性，现有研究一般是从地理空间或经济空间维度度量两个观测值之间的空间距

离。地理空间一般采用地理距离或邻接矩阵进行描述。本章使用邻接权重矩阵、地理权重矩阵、经济权重矩阵三种空间矩阵度量空间溢出，均为 11×11 矩阵。邻接权重矩阵采用 0~1 相邻空间权重矩阵，若两地有共同边界则为 1，无共同边界则为 0，城市与城市本身之间即主对角线标为 0。如表 5-1 所示，利用江西省各地级市所处的地理位置，根据相邻与否构建其相邻结构，而得到空间加权矩阵，在空间加权矩阵中，相邻的地级市对应的元素为 1，不相邻的地级市对应的元素为 0。在构建地级市之间的相邻关系时，一般只考虑有共同边界的地级市有相邻关系，再对这个矩阵进行标准化，分别使每一行的和为 1，得到标准空间加权矩阵 W。②地理距离矩阵，可通过两个城市间的经纬度推算而来。邻接权重矩阵与地理权重矩阵都只表现了在地理上毗邻的地区，这些地区的经济发展、贸易往来、政策制度等彼此之间会相互影响，这很符合实际经验，但这种分析割断了地理上不毗邻地区相互之间经济贸易往来的实际，所以有必要把经济影响因素纳入权重模型中。③经济距离权重矩阵关注社会经济的相似之处，认为社会经济发展水平相似地区之间的经济贸易往来自然会更加频繁，采用各地级市人均 GDP 差距绝对值的倒数代替经济距离权重矩阵，其中，各地级市为人均 GDP 取样本期内的平均数据。三个权重矩阵都进行了标准化处理，即每行元素之和等于 1，其中的邻接权重矩阵如表 5-2 所示。

表 5-1 江西省 11 个地级市的空间加权矩阵

各地级市	南昌	九江	赣州	鹰潭	宜春	新余	萍乡	吉安	抚州	上饶	景德镇
南昌	0	1	0	0	1	0	0	0	1	1	0
九江	1	0	0	0	1	0	0	0	0	1	0
赣州	0	0	0	0	0	0	0	1	1	0	0
鹰潭	0	0	0	0	0	0	0	0	1	1	0
宜春	1	1	0	0	0	1	1	1	1	0	0
新余	0	0	0	0	1	0	0	1	0	0	0
萍乡	0	0	0	0	1	0	0	1	0	0	0
吉安	0	0	1	0	1	1	1	0	1	0	0
抚州	1	0	1	1	1	0	0	1	0	1	0
上饶	1	1	0	0	0	0	0	0	1	0	1
景德镇	0	0	0	0	0	0	0	0	0	1	0

资料来源：江西省地图。

表 5-2 江西省 11 个地级市的邻接权重矩阵（标准化处理后）

各地级市	南昌	九江	赣州	鹰潭	宜春	新余	萍乡	吉安	抚州	上饶	景德镇
南昌	0	1/4	0	0	1/4	0	0	0	1/4	1/4	0
九江	1/3	0	0	0	1/3	0	0	0	0	1/3	0

续表

各地级市	南昌	九江	赣州	鹰潭	宜春	新余	萍乡	吉安	抚州	上饶	景德镇
赣州	0	0	0	0	0	0	0	1/2	1/2	0	0
鹰潭	0	0	0	0	0	0	0	0	1/2	1/2	0
宜春	1/6	1/6	0	0	0	1/6	1/6	1/6	1/6	0	0
新余	0	0	0	0	1/2	0	0	1/2	0	0	0
萍乡	0	0	0	0	1/2	0	0	1/2	0	0	0
吉安	0	0	1/5	0	1/5	1/5	1/5	0	1/5	0	0
抚州	1/6	0	1/6	1/6	1/6	0	0	0	1/6	0	1/6
上饶	1/5	1/5	0	1/5	0	0	0	0	1/5	0	1/5
景德镇	0	0	0	0	0	0	0	0	0	1	0

资料来源：江西省地图。

四、数据说明

考虑到江西省各地级市统计数据的可获得性，使用 2003~2017 年江西省 11 个地级市的面板统计数据，统计数据及资料来自历年《江西统计年鉴》、《中国环境统计年鉴》、《中国城市统计年鉴》等，部分数据来源于国家统计局网站公布的数据资料。对于个别缺失数据，采用年平均增长率推算得出。

（一）被解释变量

关于产业升级指标的衡量，学者们根据不同的原因或从不同的视角使用不同的测度方法，大部分学者通过建立产业结构升级指标，或是利用一些单项指标的综合指标来衡量，也有一些学者采用产业结构合理化和高度化进行衡量。随着产业升级相关研究的不断深入，国内外研究者主要分析了资源禀赋、技术创新、碳排放、数字经济、FDI 等对产业升级的影响。依据统计数据资料的可得性，以及衡量方法的应用频次（使用频率高的方法在一定程度上可视为认可度较高且方法较成熟），本章从产业结构高级化和合理化两方面对产业升级进行衡量。产业结构高级化（TS）采用第三产业产值与第二产业产值之比进行表征，并借鉴干春晖等（2011）的做法，通过泰尔指数（TL）衡量产业结构合理化指数，计算公式如下：

$$TL = \sum_{i=1}^{n} \frac{Y_i}{Y} \ln\left(\frac{\dfrac{Y_i}{L}}{\dfrac{Y}{L}}\right) \tag{5-3}$$

其中，TL 表示产业结构合理化程度，TL 值越大，表示经济偏离均衡状态越远，意指产业结构越不合理；反之，TL 值越小，表示产业结构越合理，若泰尔指数为 0，则表示经济处于均衡状态。i 表示第 i 产业部门，n 表示产业部门的总量。Y 表示总产出，L 表示总的劳动力投入量；相应地，Y_i 表示第 i 产业的总产出，L_i 表示第 i 产业的劳动力投入。由于 TL 指数为负向指标，取倒数后采用熵值法与产业结构高级化指标合成产业升级综合指标 US。

（二）核心解释变量

环境规制的测度可以从投入（如污染治理投资额）以及产出（如三废处理率、污染排放）两方面进行。因为用工业污染投资额进行衡量较为片面且无法很好地解释环境治理成效，所以本节采用第二种衡量方式，参照魏玮和毕超（2011）的做法，选用单位工业总产值所对应的重点污染物（如工业废水、工业 SO_2、工业粉尘）的排放量反映各区域环境规制的力度。又因为产业升级和环境规制指数由多个指标体系组成，因此同样采用熵值法确定各部分指数权重，再确定综合指数。如公式（5-4）所示：

$$ER_{ij} = \sum_{i=1}^{3} \alpha_i \left(1 - \frac{\dfrac{p_{ij}}{v} - \min\left(\dfrac{p_{ij}}{v}\right)}{\max_j\left(\dfrac{p_{ij}}{v}\right) - \min_j\left(\dfrac{p_{ij}}{v}\right)} \right) \tag{5-4}$$

其中，p_{ij} 表示 j 地区主要污染物 i 的排放量，v 表示工业总产值，α_i 表示污染物 i 的权重，通过对主要污染物排放量进行熵值法计算得出。ER 值越大，表示该地区环境规制的强度越高。

（三）其他解释变量

影响产业升级水平的因素较多，故本节延续以往文献的研究成果，采用除环境规制外的其他控制变量度量对产业升级水平的影响，具体涉及如下变量：

1. 经济发展水平（GDP）

产业是地区经济增长的重要体现之一，地区经济发展水平是产业升级的主要制约因素之一。按照恩格尔法则，经济发达程度较高的地区，居民可支配收入水平越高，消费需求越可能向绿色化、环保化方向发展，越有利于产业升级。均采用人均 GDP 的对数进行表征。

2. 外商直接投资（FDI）

FDI 主要通过竞争效应、溢出效应和关联效应等来影响一个地区的产业结构调整（程中华等，2017）。江西省是我国华东地区主要的交通枢纽省份之一，承接了大部分外来投资，所以把 FDI 当作解释变量代入模式中是比较合适的。故把实际外商投资额与 GDP 的比例当作 FDI 的代理变量，实际外商投资额则用当年美元平均汇率换算为人民币来计算。

3. 自然资源禀赋（NR）

自然资源是地区经济发展必不可少的基础条件，而我国资源型城市的产业转型升级普遍困难重重，在此背景下，很有必要将自然资源禀赋纳入产业升级的影响因素。按照比较优势理论，当一个地区的自然资源禀赋较丰富时，人们就会密集地利用这些资源的优势来发展经济，促进相应产业得以更快发展，从而构成了某种产业的相对比较优势。均选用一个地区采掘业从业人员占该地区全部从业人员的比重来衡量资源丰裕程度。

4. 政府干预程度（GOV）

我国地方经济社会发展是在地方政府领导下完成的，虽然政府干预被认为是产业升级的主要外部条件之一，但自1980年我国财政分权改制以来，地方政府在财政税收、政策法规制定等方面都具有了较大的自主性，而中央政府则在经济资源和政策法规上具有了绝对控制权，现实经验也可以看出政府重点扶持产业和地区一般均能获得较快发展。政策的干预过程会对经济社会发展和产业升级起到重要影响，适度的干预可以克服市场失灵进而推动经济的发展，但监管不善或限制太多则可能干扰市场机制发挥作用。政府部门作为环境规制具体政策措施的决策者，是壁垒效应有效实现的主要载体（Zou等，2019），所以，政府干预是体现壁垒效应对产业结构升级产生影响的重要指标。故选取江西省各地级市财政收入占GDP中的比重来反映政府干预程度。

5. 人力资本（HR）

在各种产出要素中，人力资源是产业结构转型的重要条件，人力资本的总数、水平以及构成情况等都会对产业结构产生重大影响，而人力资源在产业中分布的差异也会造成产业与产业之间生产率的差异性。故采用高等学校在校学生数与常住人口比例来衡量人力资本的水平。

6. 基础设施（Infra）

新经济地理学理论指出，较好的基础设施建设能够明显减少要素在生产和流通中的成本，进而有助于提高生产要素的配置效率、产生生产规模效应、加快产业集聚、促进企业协作、深化行业分工等，从而加快产业转型。故采用城市道路人均占有面积作为基础设施的代理变量。

综上，各变量的描述性统计结果如表5-3所示。

表5-3 变量的描述性统计结果（2003~2017年）

变量	观测值	平均值	标准差	最小值	最大值
ER	165	0.6488668	0.1761078	0.2227972	0.9505184
US	165	0.6528467	0.1556362	0.393283	1.16871

变量	观测值	平均值	标准差	最小值	最大值
GDP	165	10. 3519	0. 775022	8. 276649	11. 61953
FDI	165	3. 250069	2. 064736	0. 14474	9. 607724
NR	165	0. 0795054	0. 0976634	0. 0003559	0. 4272446
GOV	165	0. 3017965	0. 2198377	0. 0669352	1. 102864
HR	165	0. 0165231	0. 0263578	0. 0014012	0. 1169826
Infra	165	2. 624444	2. 09579	0. 310845	9. 551476

五、计量检验

（一）不考虑空间溢出效应

首先考虑无空间溢出效应的回归，经过 Hausman 检验可知，χ^2（7）= 57. 40，对应 P = 0. 0000，在 1% 的水平上显著，应拒绝原假设（随机效应模型），选择使用固定效应模型，考虑建立时间、个体同时固定的双固定效应模型。通过逐渐引入各解释变量，发现各变量的符号和显著性均无明显改变，所以认为此具有稳健性，具体的回归估计结果如表 5-4 所示。

表 5-4 无空间溢出估计结果

模型	（1）	（2）	（3）	（4）	（5）
被解释变量	US	US	US	US	US
估计方法	FE	FE	FE	FE	FE
ER	0. 353 ***	0. 397 ***	0. 379 ***	0. 332 ***	0. 328 ***
	（0. 0344）	（0. 0346）	（0. 0346）	（0. 0344）	（0. 0351）
GDP	−0. 0307	−0. 0432 *	−0. 00715	−0. 00507	0. 000765
	（0. 0224）	（0. 0254）	（0. 0278）	（0. 0269）	（0. 0252）
FDI	0. 00247	−0. 00647	−0. 00788	−0. 0116 **	−0. 00987 **
	（0. 00463）	（0. 00543）	（0. 00532）	（0. 00517）	（0. 00488）
NR		−0. 510 ***	−0. 480 ***	−0. 441 ***	−0. 425 ***
		（0. 0593）	（0. 0619）	（0. 0574）	（0. 0620）
GOV			0. 126	0. 168 **	−0. 00340
			（0. 0771）	（0. 0826）	（0. 0709）

续表

模型	（1）	（2）	（3）	（4）	（5）
HR				0.855***	1.119***
				（0.224）	（0.207）
Infra					−0.0290***
					（0.00353）
_CONS	0.886***	1.067***	0.716***	0.716***	0.733***
	（0.202）	（0.226）	（0.259）	（0.251）	（0.235）
N	165	165	165	165	165
个体效应	控制	控制	控制	控制	控制
时间效应	控制	控制	控制	控制	控制
Hausman	0.0000	0.0000	0.0000	0.0000	0.0000

注：括号内数据为 t 统计值，*、** 和 *** 分别表示在 10%、5% 和 1% 水平上显著。

由表 5-4 不难看出，若不考虑空间溢出效应，环境规制在不同模型中都在 1% 的统计学水平上显著为正值，初步表明了环境规制有利于推动江西省的产业升级。正如前文分析，环境规制对产业升级的影响是多种因素的综合影响，证实了波特假说和替代效应的存在性，并肯定了环境创新补偿效应可以补偿企业的遵循成本，环境规制水平的提高确实能够倒逼江西省各地区的产业升级。此外，资源禀赋状况在 1% 水平上显著为负，说明自然资源禀赋状况越充裕，地区经济发展反而越落后（反而越不利于产业升级），关于这样的"资源诅咒命题"早在 1993 年就已经被 Auty 证明了。人力资本在 1% 水平上显著为正，表明人力资本对促进产业升级作用不可忽视，能够倒逼江西省产业升级。而基础设施在 1% 水平上显著为负，也就是说基础设施抑制了江西省的产业升级，结合江西省省情，可能的原因是，江西省仍属于农业大省，经济欠发达，财政支出有限，而基础设施建设需要投入大量资金，对于江西来说，基础设施越健全，意味着基础设施建设方面投入的资金越多，可用来支持经济发展的财政支出就越少，不利于江西省的产业升级。不过这是静态面板估计的结果，因为江西省内各县级市间都存在着互动行为，究竟他们之间是为了谋求对区域经济发展而放松环境规制的"逐底竞争"，还是竞相追求保护环境而严抓环境规制的"逐底竞争"，还需要加入空间因素进一步探讨。

（二）考虑空间溢出效应

鉴于被解释变量产业升级存在空间范围上的溢出效应，而仅仅使用面板回归的方法会忽略这种空间上的相关性，导致模型评估偏差，所以引入空间面板计量模型重新进行实证分析，试图更加精确地衡量解释变量、被解释变量和各控制变量间的关联。而空间自相关性则是对区域间集聚现象的描述，本节使用最普遍的莫兰指数

（Moran's I）来描绘产业结构升级的空间相关性，并进行了局部自相关检验，由于篇幅关系，选取邻接权重矩阵下样本期的首尾两年（2003 年和 2017 年）进行展示，具体如图 5-1 所示。

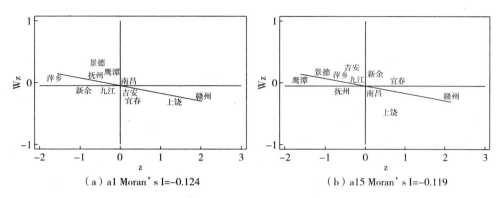

（a）a1 Moran's I=-0.124　　　　　（b）a15 Moran's I=-0.119

图 5-1　2003 年和 2017 年产业结构升级莫兰散点图

从图 5-1 中不难看出，多数城市均位于第二和第四象限，产业升级城市之间存在负空间相关性，这种相关性意味着仅仅考虑普通的 OLS 估计无效，因此将空间溢出效应纳入模型中。为了进一步分析江西省产业结构升级的影响因素及空间效应，采用空间杜宾（SDM）模型进行计量分析，空间面板杜宾模型的报告结果如表 5-5 所示。

表 5-5　空间杜宾模型估计结果

变量	邻接权重（W1）		地理权重（W2）		地理权重（W3）	
	US	US	US	US	US	US
	RE	FE	RE	FE	RE	FE
ER	-0.1584 ** (0.0502)	-0.1814 *** (0.0402)	-0.1579 ** (0.0511)	-0.2345 *** (0.0510)	-0.1491 ** (0.0485)	-0.2555 *** (0.0562)
GDP	0.0024 (0.0238)	-0.0117 (0.0212)	0.0110 (0.0256)	0.0457 (0.0294)	-0.0042 (0.0234)	0.0001 (0.0293)
FDI	0.0001 (0.0043)	-0.0053 (0.0034)	-0.0002 (0.0046)	0.0001 (0.0042)	-0.0020 (0.0043)	0.0074 ** (0.0037)
NR	-0.1176 (0.1321)	-0.0900 (0.1014)	-0.3461 ** (0.1330)	0.0930 (0.1462)	-0.1355 (0.1218)	-0.2942 ** (0.1038)
GOV	-0.1366 ** (0.0554)	-0.0713 (0.0485)	-0.1691 ** (0.0594)	-0.1853 ** (0.0603)	-0.1565 ** (0.0581)	-0.0241 (0.0640)
HR	1.2744 (0.8189)	2.1242 ** (0.6796)	1.7666 ** (0.8623)	0.4903 (1.0933)	1.6764 ** (0.8006)	3.9905 *** (0.9895)

变量	邻接权重（W1）		地理权重（W2）		地理权重（W3）	
	US	US	US	US	US	US
	RE	FE	RE	FE	RE	FE
Infra	0.0303 *** (0.0086)	0.0131 * (0.0076)	0.0184 ** (0.0087)	0.0195 ** (0.0086)	0.0169 ** (0.0084)	0.0095 (0.0091)
W×ER	0.1634 ** (0.0730)	-0.1193 * (0.0714)	0.2305 * (0.1311)	-0.1797 (0.4315)	0.4369 *** (0.1157)	-0.3189 (0.2740)
W×GDP	-0.1444 *** (0.0360)	-0.1598 ** (0.0495)	-0.1329 * (0.0686)	0.1231 (0.3678)	-0.2580 *** (0.0564)	-0.1294 (0.1769)
W×FDI	-0.0067 (0.0078)	-0.0103 (0.0070)	-0.0198 (0.0204)	-0.0139 (0.0255)	-0.0029 (0.0166)	0.0368 ** (0.0165)
W×NR	-1.5742 *** (0.2591)	-0.8204 ** (0.2575)	-0.2863 (0.4092)	0.8606 (0.6407)	-1.8982 *** (0.4349)	-2.3363 *** (0.5506)
W×GOV	-0.0953 (0.1148)	0.1008 (0.1299)	-0.3677 * (0.2021)	-0.3415 (0.4301)	-0.1310 (0.1582)	0.3487 (0.2718)
W×HR	-3.2032 (1.9652)	2.8887 (1.9501)	-7.8125 * (4.4961)	-15.6735 (11.6353)	1.6122 (3.0481)	19.4631 ** (6.0395)
W×Infra	0.0083 (0.0161)	-0.0232 (0.0183)	0.0814 ** (0.0275)	0.0499 (0.0712)	0.0498 ** (0.0244)	0.0146 (0.0486)
rho	0.4473 *** (0.0633)	-0.4349 *** (0.1059)	0.4245 *** (0.1114)	-0.6418 ** (0.2557)	0.3295 ** (0.1043)	-1.2372 *** (0.2605)
sigma2_e	0.0034 *** (0.0004)	0.0017 *** (0.0002)	0.0035 *** (0.0004)	0.0022 *** (0.0003)	0.0032 *** (0.0004)	0.0018 *** (0.0002)
R^2	0.089	0.007	0.075	0.029	0.084	0.020
样本量	165	165	165	165	165	165

注：括号内数据为 t 统计值，﹡、﹡﹡和﹡﹡﹡分别表示在 10%、5%和 1%水平上显著。

从表 5-5 可以看出，三种权重矩阵的六种模型下，在随机效应模型中的空间自回归系数 ρ 均在 1%水平上显著为正，而在固定效应模型中的空间自回归系数 ρ 均在 1%水平上显著为负，这充分说明以往研究中经常忽略地区外部性对本地区产业升级的重要作用。回归结果表明，环境规制强度以及空间滞后项的系数于不同模型下均在不同的统计学水平上显著为负，说明江西省各地区的环境规制及毗邻地区的污染溢出效应都不利于本地的产业结构升级。根据江西省的实际情况，这或许和江西采取的环境规制政策密切相关，江西大多通过出台环境规章制度、追责惩罚（如排污收费）的做法，但对生产企业来说，交纳排污费等比从源头处理更"划算"，也不利于区域产业转型。反之，地方排污费的提高大大增加了本区域企业外迁的可能，加上环境规制强度的提高对传统产业会造成较大的消极影响，而江西省是农业大省之一，高新技术产业相对较少，导致环境规制抑制了江西省的产业结构升级。这就更加证实了江西省各地级市之间存在竞相追求经济发展而放宽环境规制政策的"逐底竞争"，而不是竞相追求环境保护而严抓环境规制政策的"逐项竞争"。值得注意的是，除在个别模型中不显著，其余模型中政府干预程度变量在5%水平上显著为负，说明政府干预对江西省产业结构升级具有一定的负向作用，这与李强和丁春林（2019）的研究结论一致。

另外，根据空间面板杜宾模型报告的结果，我们还估计了解释变量变化的直接效应、溢出效应和总效应。其中，总效应等于所有直接效应和溢出效应的加总。由于篇幅限制，本节选择了与空间关联程度较高的地理权重（反距离权重矩阵W3）下的空间固定效应（FE）模型的三种效应，如表5-6所示。由效应结果不难发现，直接效应结果并不等于相应的基准回归系数的结果（见表5-5最后两列）。这是由反馈效应导致的，所谓反馈效应是指由解释变量引发的相邻区域的反应，这种反应一部分来源于相邻区域滞后项的系数，另一部分来源于解释变量滞后项的系数，又反馈到本区域内的现象（王文普，2013）。也就是说，解释变量的直接效应和回归系数之差反映了反馈效应的高低。值得注意的是，虽然直接效应和溢出效应的变化方向并不总是相同，但总效应的高低决定于这两个效应的共同作用。例如，以地区经济发展水平（GDP）为例，环境规制对产业升级的直接效应在10%统计学水平上显著为正值，但溢出效应却在5%统计学水平上显著为负值，这就意味着，尽管地方经济发展水平的提高可以推动产业转型升级，但毗邻地区的经济增长水平却会在一定程度上不利于本区域的产业结构升级。究其原因，这或许是由于地理上相近地区的各种资源流通方便、成本偏低，各种资源通常都趋向于直接流向经济比较发达的地方，但因为各地方政府（较发达的地区也不例外）带有一些地方保护主义色彩，使得其对邻接地区产业升级的带动作用明显受限。

表5-6　空间溢出效应结果

变量	直接效应		溢出效应		总效应	
	系数	z统计量	系数	z统计量	系数	z统计量
ER	−0.2536***	−0.0492	−0.0051*	−0.1222	−0.2587**	−0.14
GDP	0.0113*	−0.0226	−0.0699**	−0.0821	−0.0586*	−0.0879
FDI	0.0048	−0.0038	0.0157*	−0.0084	0.0205**	−0.0085
NR	−0.0904	−0.1193	−1.0876***	−0.3152	−1.1780***	−0.2804
GOV	−0.0628	−0.0566	0.217	−0.1329	0.1542	−0.1441
HR	2.5682***	−0.752	7.9857**	−3.0654	10.5539**	−3.3038
Infra	0.009	−0.0084	0.0035	−0.0239	0.0124	−0.0259

注：***、**、*分别表示在1%、5%、10%水平上显著。

从表5-6中不难看出，环境规制的直接效应、空间溢出效应和总效应分别在1%、10%和5%的统计学水平上显著为负，说明江西省环境规制抑制了本地的产业升级，也从侧面说明波特假说在江西省地级市层面并不成立。这与沈能和刘凤朝（2012）的研究结论基本一致，即较不发达的中部地区的环境规制会阻碍当地产业发展。与不考虑空间溢出效应相比而言，考虑空间效应的基准回归系数（此处指回归系数的绝对值）显然小于不考虑空间效应的回归系数（此处也指回归系数的绝对值），表明忽略了空间效应的回归结果会明显高估环境规制对产业升级产生的影响。

进一步地，为了验证空间面板杜宾模型结果的准确性，有必要进行稳健性检验。采用关键指标衡量方法的替换的方法，参照李强和丁春林（2019）的做法，用第三产业占GDP比重来衡量产业升级并进行重新估计，估计的结果如表5-7所示。可以发现，在三种权重矩阵下的六种模型中，除稳健性检验的变量系数的数值有变动外，各变量符号和显著性都没有出现明显的变动，因而可以相信估计结果还是比较稳健的。

表5-7　替换关键衡量指标的估计结果

变量	邻接权重（W1）		地理权重（W2）		地理权重（W3）	
	US	US	US	US	US	US
	RE	FE	RE	FE	RE	FE
ER	−0.0395*	−0.0464*	−0.0607*	−0.1163**	−0.0550	−0.0947**
	(0.0345)	(0.0302)	(0.0328)	(0.0354)	(0.0337)	(0.0450)
GDP	−0.0416**	−0.0688***	−0.0529**	−0.0808***	−0.0536***	−0.0365
	(0.0160)	(0.0159)	(0.0162)	(0.0204)	(0.0163)	(0.0234)
FDI	0.0041	0.0012	0.0015	−0.0012	0.0039	0.0081**
	(0.0030)	(0.0026)	(0.0029)	(0.0029)	(0.0029)	(40.0030)
NR	−0.2065**	−0.0907	−0.2579**	−0.0996	−0.1668**	−0.1494*
	(0.0863)	(0.0764)	(0.0828)	(0.1013)	(0.0818)	(0.0814)
GOV	0.2184***	0.2548***	0.2280***	0.2523***	0.2154***	0.2764***
	(0.0382)	(0.0363)	(0.0382)	(0.0417)	(0.0407)	(0.0507)
HR	0.8738*	1.4046**	1.2991**	0.6769	1.1506**	1.7661**
	(0.5307)	(0.5123)	(0.5334)	(0.7565)	(0.5260)	(0.7942)
Infra	0.0266***	0.0149**	0.0175**	0.0222***	0.0186***	0.0192**
	(0.0059)	(0.0058)	(0.0055)	(0.0060)	(0.0056)	(0.0073)
W×ER	−0.0684	−0.0679	0.2053**	−0.2183	0.1728**	−0.0884
	(0.0516)	(0.0512)	(0.0858)	(0.2994)	(0.0818)	(0.2176)
W×GDP	0.0041	−0.0866**	−0.0170	−0.4092	−0.0326	0.1214
	(0.0245)	(0.0383)	(0.0424)	(0.2545)	(0.0364)	(0.1429)

续表

变量	邻接权重（W1）		地理权重（W2）		地理权重（W3）	
	US	US	US	US	US	US
	RE	FE	RE	FE	RE	FE
W×FDI	0.0110 ** （0.0054）	0.0029 （0.0052）	−0.0389 ** （0.0136）	−0.0232 （0.0180）	0.0048 （0.0117）	0.0334 ** （0.0135）
W×NR	−0.3277 * （0.1706）	0.4067 ** （0.1950）	−0.4446 * （0.2473）	0.1287 （0.4330）	−0.5558 ** （0.2753）	−0.0652 （0.4392）
W×GOV	−0.0625 （0.0753）	0.2938 ** （0.0988）	−0.3890 ** （0.1304）	0.1645 （0.3068）	−0.2073 ** （0.1010）	0.4058 * （0.2355）
W×HR	−2.7229 ** （1.3694）	−0.2408 （1.4694）	3.2591 （3.0615）	−1.6240 （8.0208）	2.9595 （2.1615）	7.3490 （4.8623）
W×Infra	0.0010 （0.0106）	−0.0349 ** （0.0137）	−0.0043 （0.0169）	0.0235 （0.0493）	0.0022 （0.0151）	0.0021 （0.0388）
rho	0.1985 * （0.1051）	−0.3066 ** （0.1215）	−0.0513 （0.1631）	−0.8565 *** （0.2361）	0.0223 （0.1586）	−0.9466 *** （0.2651）
sigma2_e	0.0017 *** （0.0002）	0.0010 *** （0.0001）	0.0015 *** （0.0002）	0.0011 *** （0.0001）	0.0016 *** （0.0002）	0.0011 *** （0.0001）
R²	0.209	0.003	0.139	0.005	0.192	0.111
样本量	165	165	165	165	165	165

注：***、**、*分别表示在1%、5%、10%水平上显著，括号内数据为标准误。

六、结论与政策建议

　　本章基于江西省2003～2017年11个地级市面板数据，考察了环境规制对产业升级的影响，其中，重点探究了环境规制的空间溢出效应。通过实证分析可知，波特假说是否成立可能与地区的经济发展水平及产业结构有关，尤其对于江西省这个较不发达的地区来说，其第二产业占比仍然较高，环境规制未必一定能够推动产业结构升级，因而波特假说并非通用真理。从不考虑空间效应和考虑空间效应两方面入手，在这两种情形下，环境规制对产业结构升级的影响作用存在一定的差别，得到的主要结论及政策建议如下：

　　第一，不考虑空间效应时，环境规制均在1%水平上显著为正，表明环境规制倒逼了江西省的产业升级。人力资本在1%水平上显著为正，说明人力资本要素对促进产业升级的作用效果不能忽略,因为它可以倒逼江西省产业转型升级。而自然资源禀赋状况和基础设施在1%水平上显著为负,一方面说明江西省逃不过"资源诅咒"(Auty,1993),优渥的自然资源反而成为当地产业发展的束缚;另一方面说明至少在样本考察期内江西省的基础设施并不利于产业升级。启示性建议在于,地方政府应注重利用环境规制驱动产业结构升级的潜力,充分发挥环境规制在产业结构转型中的积极作用。通过环境规制来促进产业升级是一个长期的过程,应循序渐进,依据各地区的可承受范围逐渐加大环境规制力度。一方面,应大力扶持非资源型产业重点项目,逐渐降低对资源的过度依赖,改变当下对资源"路径依赖"的经济发展模式等;另一方面,应结合各地区自身实际情况采取因地制宜的基础设施建设。

第二,若不考虑空间溢出效应,将高估环境规制对产业结构升级的影响,因此,控制空间效应非常有必要。在考虑空间效应后,环境规制指标及其空间滞后项系数在随机效应(RE)模型和固定效应(FE)模型下都在不同程度上显著为负值,说明江西省各地区的环境规制与其相邻地区的环境污染溢出效应均不利于本地的产业升级,这同时也说明,江西省各地区之间的环境规制政策在具体实施时存在"逐底竞争"而非"逐顶竞争"。政府干预程度基本在5%水平上显著为负,表明江西省政府干预对当地的产业升级具有一定的负向作用。此结论的现实指导意义就是,地区政府在选择、制定和实施环境规制政策工具时,应当把邻接地区环境规制具体政策的空间影响考虑进来,并且在环境规制具体政策制定和实施时还要兼顾产业经济等的现实状况,以便政府对本区域做出最有利、有效的决策。例如,在实行具体的环境规制政策时,要尽可能地减少地方政府部门的直接管制,以及针对经济水平发展不同的区域,企业有必要进行一定程度的区分对待。此外,本地及邻地政府皆要把握好经济增长与环境保护的平衡,不能为追求经济增长而一味地降低环境规制的强度。

第三,进一步估算了解释变量变化的直接效应、溢出效应和总效应。环境规制的直接效应、空间溢出效应和总效应分别在1%、10%和5%水平上显著为负,说明江西省环境规制抑制了本地的产业升级,这从侧面说明波特假说在江西省地级市层面并不成立,这与伍格致和游达明(2019)、袁晓玲等(2021)的研究结论一致。此结论的建设性意义在于,应当采取更有效措施以减少地方政府对环境规制的非完全执行现象,采取差异化环境规制政策势在必行。各地政府可从完善环境规制政策角度出发,达到规制政策工具的多样化,如设定准入门槛、增加环保方面的资金投入,鼓励企业进行技术创新从根本上解决排污问题等,而非主要依靠征收排污费等惩罚性措施对生产厂商行为进行规制。此外,江西省应改变以牺牲环境为代价来发展经济的思想及转变粗放型的经济增长模式,逐步过渡到集约型经济增长模式,促进产业结构的转型升级,进而实现经济的高质量发展和生态环境的高水平保护的"双赢"。

第六章
异质性效应

改革开放以来，中国粗放型的经济增长模式造成了国内资源持续匮乏、自然环境不断恶化，严重影响了我国社会经济的可持续发展，党的十九大报告指出，要"大力推进生态文明建设"，落实"绿色发展"核心发展理念。调整产业结构被公认为是实现经济与绿色发展目标的必要路径，产业升级会增加知识密集型和技术密集型产业的比重，有助于培育创新型企业的发展与壮大；产业结构的进一步优化还有助于减少高污染、高耗能和高排放产业的规模，促使清洁能源发展、提高技术水平，从而有效控制污染物的产生量和排放量。环境规制是促进产业结构优化调整的关键政策工具，随着环境规制力度的加大，污染物的排放能够得到有效控制，环境质量能够得到明显改善，同时通过影响企业的生产行为来进一步促进产业结构升级，促进经济增长与环境保护的协调发展。根据文献综述可知，环境规制对产业升级的异质性研究主要包括不同类型环境规制对产业升级的异质性研究和环境规制对产业升级的空间异质性研究。

一、不同类型环境规制的异质性效应

（一）环境规制的分类

环境规制旨在通过有形或无形的形式，如法制制度等达到保护环境的目标（夏海力和叶爱山，2020）。一般而言，环境规制有五种分类：一是正式与非正式，这是当前主要的分类模式，由于不同的经济主体排污管控不同，前者可区分成激励型与命令控制型；二是便于政府部门的管理工作，往往在正式与非正式的基础上多分出商业—政府部门合作型；三是为了促使环境规制具有普遍适用性，分成进、出口国以及多边环境规制三种；四是合作式与障碍式环境政策，二者区别于管制强制；五是强有力的命令控制、灵活多样化的市场激励、具有震慑力度的强制信息披露、需要民众合作的自愿规范以及企业与政府合作的商业—政府模式。

环境规制政策工具的实施目的在于保护环境，通过法律法规的制定、协议的签订等来约束个人或组织的行为，一般可分为命令控制型环境规制和市场激励型环境规制（Xie 等，2017）。命令控制（Command and Control，CAC）是一个环境术语，表明政府使用排放准则以及一些规章制度来实现环境质量改善的目标；市场激励（Market-Based Incentive，MBI）的手段是把环境外部性引入公司内部，通过推动其投资从而更有效地保护环境。实际上，我国已经逐步建立起了命令控制型、市场激励型和自愿型等的环境规制政策工具的体系（李小平等，2020；杨洪涛等，2018）。

1. 命令控制型环境规制

命令控制型环境规制对企业生产中产生的废气、废水、固体废物等的排放加以限制，主要是由环保部门通过颁布规章制度或管理办法等，强制要求排污者采取行动以达到环保目标，然后由管理部门按照是否超过排污标准予以奖惩，这种规制政策工具简单并直接，具有明确具体的排污标准和环保目标，既体现了社会意愿，又方便政府管理部门进行监督和制约。这些限制规定要求企业必须通过实施严厉的环境规制政策，或是改进生产工艺来实现治污技术水平的提高，进而减少污染的排放量。但特点是排污企业或部门只能被迫接受，无法主动选择，一旦企业违反了相关规定则必须受到一定的惩罚（尹建华等，2020）。此类管理制度能够迅速高效地改善环境质量；不过，对于政府部门却必须制定严格且高效的监管政策和措施。但针对企业限制性的环境保护措施往往会使得其产出效率下降，不利于企业进行技术创新。这种管理制度已经应用于许多国家，如我国的《环境保护法》、普遍适用的环境评估与管理制度以及"三同时"制度等（曹越等，2020）。

2. 市场激励型环境规制

市场激励型环境规制则是利用环境经济手段，通过在排污者之间合理地分摊污染物排放的减少量，以及对治污项目进行投资等方式减少对社会污染管理的费用。它主要以税收形式、排污许可交易、治污处理投资等方式进行规制，这种规制政策工具大致包括费用收取类和治污投资类，其中，费用收取类主要涉及对排污费（税）、排污许可交易等进行收费支付，而治污投资类则主要体现为企业对治污项目等进行的投资。这种管理制度是由政策引导、市场主体着手制定的，政府可以通过市场经济手段来协助调整企业的排污，或者奖励或惩罚那些已经达到降低污染排放量的企业，控制整个环境管理的局面，以保护好自然环境。其手段包括排放许可制度与税收、其他税费等。这一类管理制度的好处就是经营主体能够针对自身的状况采取相应的政策措施，具有主动选择权而不是被动接受；另外还在一定程度上有助于激励企业采用合适的污染控制工艺或进行技术创新等。但是此类管理制度也有不少弊端。其一，只有建立健全规范的市场经济体制，才能使得排放许可制度和排污税费等手段充分发挥其实际的作用；其二，由于这种环境规制政策工具往往都必须经历一段较长的过程才能够作用到市场经济主体，从而不能及时高效地发挥其功能。市场激励型环境规制是在 1972 年经济合作与发展组织（OECD）宣布了"污染者付费原则"后，才开始受到世界各国的关注，并陆续开始借鉴这一规制政策的做法。

3. 自愿型环境规制

一般地，自愿行动型环境规制和自愿参与型环境规制都属于自愿型环境规制。自愿行动型环境规制是指由政府部门、行业协会、公司内部以及其他经营主体，主动或自觉参加是为了环保活动而制定的合同、约定或计划等。自愿参与型环境规制，则是指企业、公众在政府引导或者自身具备环保意识的前提下，自愿自觉参与环保活动所形成的对企业排污行为的约束，主要包括自愿环保合同、企业信息披露制度和公众的绿色消费意识等。自愿型环境规制一般是通过利用信息披露、公开参与、自愿参加等形式来实现，依靠企业、公众自身或者第三方机构评估，其人际关系、利益冲突或是权利关系往往会左右对减排行为的评估，甚至出现弄虚作假的情况，因此必须开展相对系统的事后监督审查等多方位的机制建立，特别是通过动员社会公众的积极参与、完善信息公开渠道和加强企业信息披露等，才能让这一政策工具的普及更具有存在的价值。事实上，自愿型环境规制是私人环境公共产品供应的有效方式，它的运行费用相对低廉，当发达的经济体方兴未艾时，产业链的供给压力、成本的节约和良好形象的树立等都会成为实行这一规制工具的驱动因素，为了迎合环境友好型消费者的需要和政府政策激励等，这种方式越来越受到国家的重视。表 6-1 对我国这三种环境规制工具的使用情况进行了总结。

表 6-1　我国环境规制工具的使用情况

环境规制工具类别		实施时间
命令控制型	环境影响评价制度	《环境保护法》（1979 年、1989 年第十九条）、《建设项目环境保护管理条例》（1998 年）、《环境影响评价法》（2003 年）、《建设项目环境影响评价分类管理名录》（2008 年）、新《环境影响评价法》（2016 年）
	"三同时"制度	《关于保护和改善环境的若干规定》（1973 年首次提出）、《关于加强环境保护工作的报告》（1976 年重申该项制度）、《环境保护法》明确规定（1979 年、1989 年）、新《环境保护法》第四十一条明确规定（2015 年实施）
	污染物总量控制制度	《大气污染防治法》第十五条（2000 年）、《水污染防治法》第十八条（1984 年）、《海洋环境保护法》第三条（2000 年）、《水污染防治法》（修订）第十八条（2008 年）
	排污许可证制度	《水污染物排放许可证管理暂行办法》（1988 年）、《水污染防治实施细则》（1989 年）、《水污染防治法》（修订）（2008 年）
	限期治理	《环境保护法》第十八、第二十九条规定（1989 年）、《限期治理管理办法（试行）》（2009 年）
	关停并转	《国务院关于环境保护若干问题的决定》（1996 年）

环境规制工具类别		实施时间
市场激励型	排污收费	《征收排、污费暂行办法》（1982 年）、《关于开展征收工业燃煤二氧化硫排污费试点工作的通知》（1992 年）、《关于征收污水排污费的通知》（1993 年）、《排污费征收标准管理办法》（2003 年）
	排污权交易	1987 年开始试点、《关于开展"推动中国二氧化硫排放总量控制及排污交易政策实施的研究项目"示范工作的通知》（2002 年）、《国务院办公厅关于进一步推进排污权有偿使用和交易试点工作的指导意见》（2014 年）
自愿型	信息公开	《中国环境状况公报》（自 1989 年开始编发）、《关于企业环境信息公开的公告》（2003 年）、《环境保护法》第五十四条（2015 年）
	公众参与	《水污染防治法》第五条（1996 年）、第十条（2008 年），《大气污染防治法》第五条（1995 年、2000 年），《环境保护法》第五十四、第五十七条等（2015 年）
	自愿参与型	中国环境标志产品认证委员会（1994 年正式成立）、中国环境管理技术委员会（1995 年成立）、环境管理体系审核中心（1996 年成立）、ISO14000 系列标准等同转化为国家标准（1996 年）、中国环境保护产业协会中环协（北京）认证中心将环境保护产品认定转为环境保护产品认证（2005 年）

（二）不同类型的环境规制对产业升级的影响

1. 文献综述

在我国经济从高速增长转向高质量发展阶段的这一历史背景下，怎样在保持经济发展的同时改变环境污染恶化的局势，社会各界已经开展过若干有益尝试和探索。经过文献整理发现，学术界普遍认为环境规制可以作为改善环境污染状况、升级产业结构的有效工具（肖兴志和李少林，2013；钟茂初等，2015；程中华等，2017）。研究环境规制与产业结构调整关系的文献主要包括三大类（郑晓舟等，2021）。

（1）将环境规制默认为正式环境规制来研究其与产业结构调整的关系。主要形成了三种观点：第一种观点支持波特假说，认为正式环境规制能够通过进入壁垒、技术创新、国际贸易等传导机制促进产业结构调整和升级（Brunnermeier 和 Cohen，2003；徐开军和原毅军，2014）。第二种观点支持遵循成本说，认为执行正式环境规制带来的环境治理投资的增加会挤占原本用于生产或者技术创新的资金和资源，从而对企业创新能力和产业竞争力造成负面影响（Gray 等，2006）。第三种观点认为正式环境规制与产业结构调整因为正式环境规制强度的异质性、正式环境规制工具的异质性、区域异质性、时间或者发展阶段异质性而存在不确定关系。例如，傅京燕和李丽莎（2010b）、Rubashkina 等（2015）认为二者存在门槛效应或 U 形关系；Testa 等（2011）通过对欧洲国家重度污染行业的研究，得出正式环境规制在短期内不利于改善企业经营绩效，对行业长期发展具有一定的积极影响。

（2）将环境规制进行分类来研究其与产业结构调整的关系，这类研究分为两种：一是将环境规制区分为正式环境规制和非正式环境规制来研究其对产业结构调整的影响，得出的结论不同。例如，李强（2018a）的研究结果证明了正式环境规制与非正式环境规制对长江经济带的节能减排效果比较明显；马骏和王改芹（2019）的研究成果则证实了中国沿海地区在环境规制和产业结构转型升级之间具有 U 形关联，在非正式环境规制中，人力资本和人均收入能够明显地推动产业升级，但人口密度对产业升级却存在负向影响，并且具有明显的地域差异。二是把环境规制划分为行政命令型、市场激励型、公众参与型等类型，分别探讨不同环境规制类型与产业升级之间的关系。例如，孙玉阳等（2018）认为行政命令型和市场激励型两种环境规制政策与产业升级之间呈现出倒 U 形的关联，而公众参与型环境规制在考察期内并未对产业升级产生任何影响；高明和陈巧辉（2019）的研究表明了不同类型环境规制对产业结构升级的异质性影响，并验证了东部和中西部地区的异质性。

（3）少量学者单独研究了非正式环境规制与产业结构调整的关系。例如，Kathuria（2000）、Goldar 和 Banerjee（2004）分别利用媒体对污染事件的曝光率、受教育水平和议会选举中有关环境事项的关注力作为非正式环境规制的代理变量来研究其与产业结构调整的关系。郑晓舟等（2021）从时间和空间两个维度探讨了我国非正式环境规制对产业升级的影响，结果表明，从环境规制的强度来看，在时间维度上，随着时间的推移，我国非正式环境规制的强度明显提高；在空间维度上，我国非正式环境规制的强度则呈现出东部最高、中部其次、西部最低的趋势。另外，我国非正式环境规制强度的提高不仅有利于抑制高污染产业的发展，而且能显著促进高技术产业发展。

2. 机理分析

本章借鉴孙帅帅等（2021）的处理方法，把环境规制分为命令控制型、市场激励型和自愿型三种类别，来探讨三种不同环境规制对产业升级的影响机制。

（1）命令控制型环境规制对产业升级的作用机理。命令控制型环境规制主要以政府法规和制度的规定，对环境行为和污染标准等方面做出直接规制和约束，它是通过政府直接命令或实施行政手段，对环境资源进行分配、指令的一种机制。例如，政府要求企业配置减排设施设备、规定企业排放的标准和技术要求、限制或禁止企业污染要素投入等行为，均属于命令控制型环境规制政策的范畴。通常地，面对环境污染、生态破坏等问题，当地政府都会颁布各种政策性规定来惩罚当地企业的环保违规行为（尹建华等，2020），这就会刺激本地排污企业进行工艺改进和生产整改，同时淘汰本地部分低生产率、高污染、高排放的落后企业，还有部分企业不得不迁移到对环境规制比较宽松的地方继续发展，从而推动了本地产业转型升级。但对那些承接高污染产业项目的落后地方而言，往往因为经济发展滞后，为推动自身经济的快速发展，就只能以牺牲环境为代价，实施较为宽松的环境规制以吸引外资，但这样不利于落后地区的产业升级。同时，更严格的环境标准，如政府设定企业排放标准、限制企业污染要素投入等行为都将提高外地企业的进入成本，从而形成了资本壁垒，另外，政府设定的技术规定、要求企业安装减排设施设备等将使得污染治理技术水平、技术设施设备不达标的企业无法进入，形成了技术壁垒，这些皆有利于本地产业结构的升级。由此，提出以下假设：

假设 H_1：命令控制型环境规制能够显著促进产业升级。

（2）市场激励型环境规制对产业升级的作用机理。市场激励型环境规制是将环境污染和生态破坏的社会成本，通过税收形式或排放许可证交易等经济工具，内化到企业生产成本和产品、要素市场价格中，以市场机制分配环境资源的一种经济手段。环境税、政府补贴、排放许可证交易等，都属于市场激励性环境规制工具。一般情形下，企业在面临严格的污染排放标准时，若把资金大部分都投入到污染整治中，会占用企业正常的生产性投入，对于企业来说额外增加的环境成本会降低企业盈利能力和市场竞争力，最终不利于产业升级；企业为了满足规定的较严格的污染排放要求，会选择加大对创新领域的投资，通过改进传统的生产工艺、突破生产性核心技术，从污染的根源上降低企业的排污行为，推动企业达到提高生产效率和保护环境的双赢，从而促进产业转型升级（余伟等，2017）。由此，提出以下假设：

假设 H_2：市场激励型环境规制也能够显著促进产业升级。

（3）自愿型环境规制对产业升级的作用机理。自愿型环境规制是指由市民、企业、民间组织依据自身对可持续发展理念的深刻认识和理解，自觉进行的各种在生产与生活过程中降低环境资源消耗与消费的自觉式环保行为。例如，ISO14000环保管理体系认证、环保标识等的个人自觉保护环境的行为，以及自然保护区、生态示范区、生态工业园、环境友好型城市的评选等区域界限性自觉保护环境的行为等，都构成了自愿型环境规制的主体政策工具。随着社会经济的发展，现代人对生存条件有愈来愈多的需求，环境保护意识提高，环境因素愈来愈多地加入到购买决策中，如环境认证、低碳生活、绿色食品等（胡珺等，2017；李娅楠等，2019；李毅等，2020）。因此，人们会积极主动地监督企业违规排放行为以及污染社区、危害公众健康和破坏自然环境等的行为，当发现问题后还会及时通过网络、信访、电话等方式检举反映企业排污和其他污染环境的行为，并自发性地与排污企业协商要求企业停止污染行为或进行补偿，企业迫于舆论、政府环境惩治、企业形象受损等压力，可能会采取两种措施来减少环境污染：一是企业违背需求，缩小生产规模，继续生产污染型产品，这可能终将被市场淘汰；二是企业顺应民意，采用技术创新、提高生产效率等措施来减少环境污染。不管是何种措施，都将对产业结构升级产生积极的影响。然而，一方面，江西省仍属于经济欠发达地区，经济发展水平不高，民众对于环保产品的需求较少；另一方面，公众参与环境保护的相关法律及反馈机制还不完善，公众对于环境诉求的表达顾虑较多。由此，提出以下假设：

假设 H_3：对于江西省而言，自愿型环境规制对产业升级仍未发挥作用。

3. 模型构建与数据说明

（1）模型构建。GMM 方法由 Holtz-Eakin、Newey 和 Rosen 提出，可以有效解决模型的内生性问题（原伟鹏等，2021）。为此，本章使用系统广义矩阵 GMM 估计法（SYS-GMM）来检验三种不同类型的环境规制政策工具对产业结构升级的影响，所构建的动态面板计量模型设定如下：

$$CY_{it} = \alpha_0 + \varphi CY_{i(t-1)} + \alpha_1 ER_{it} + \alpha_2 X_{it} + u_i + \varepsilon_{it} \tag{6-1}$$

其中，i 表示江西省地级市，t 表示时间；CY_{it} 表示产业升级，加入滞后一期 $CY_{i(t-1)}$ 来反映产业升级的动态性和延续性；ER_{it} 是解释变量，表示环境规制；X_{it} 表示各地区其他有关的控制变量；u_i 表示个体效应，ε_{ti} 表示随机误差项，α_0 表示常数项，其余为变量系数。

（2）变量说明。使用江西省 2003~2017 年 11 个地级市面板数据进行实证检验，具体分析的指标如下：

1）被解释变量：产业升级（CY_{it}）。由于各研究问题的差异，对产业升级的计量方式也会有较大不同。在国外，主要用标准结构法（钱纳里）、霍夫曼系数等来测度产业升级（李逢春，2012），而国内则主要从产业发展方向、产业结构层次、产业增加值等方面加以衡量（卜伟和易情，2015）。就相对比值而言，是由第三产业增加值比第二产业增加值（原毅军和谢荣辉，2014；时乐乐和赵军，2018）、第三产业产值与国内生产总值的比重（黄清煌和高明，2018）来度量；就综合指数法而言，是由三次产业就业劳动力占总比加权平均值（龚海林，2013）、三次产业增加值占总产业比重的加权平均值来度量。但出于统计的可获得性，仍选用产业增加值的占比的方式，即以第三产业增加值和第二产业增加值之比衡量产业升级的程度（吴丰华和刘瑞明，2013）。当这个指标的数字上升时，说明第三产业增加值相对第二产业增加值有所提高，表示产业结构的优化升级。

2）核心解释变量：环境规制（ER_{it}）。陈德敏和张瑞（2012）将环境规制分为法律、监管、方法和支撑体系四大层面，采取多个评价目标来评价一个层面，它们之间相互影响，相对其他衡量方法会比较全面（卜伟和易情，2015）。但上述方法无法考虑不同类别的环境规制对产业升级的影响，所以，对环境规制的具体指标进一步细分，将其明确界定为命令控制型（可简称命令型）、经济激励型（可简称激励型）、自愿意识型（可简称自愿型）环境规制，如表 6-2 所示，并采用熵值法赋权得出它们的分类指标。命令控制型环境规制，是指由政府部门和国际环境保护组织所颁布的有关环境方面的法令、规章和政策措施，限制性是其最主要的特征；根据受理环境行政处罚案件数、所颁布的有关环境规制相关的政策法规数量，来测度命令控制型环境规制的水平；而经济激励型环境规制，是指地方政府部门采用价格定价和收费等市场化手段，或者采取鼓励企业创新措施以减少环境污染，市场性是其最主要特征；以单位 GDP 的排污费投入和环保投资额来测度经济激励型环境规制的力度；自愿意识型环境规制，是指企业和公众主动参加的旨在节能减排与环保的自觉性行为和活动，以自愿性为其主要特征；通过上访批次数量以及上访批次与总人口数之间的比例关系来反映自愿意识型环境规制的强度（吴丰华和刘瑞明，2013）。

表6-2　不同类型环境规制体系

按照环境规制体系的分类标准									
分类标准	环境规制法律体系	环境规制 方法体系						环境规制支撑体系	环境规制监督体系
衡量指标	受理环境行政处罚案件	工业污染治理完成投资	"三同时"执行环保投资额	建设项目限期治理投资	单位GDP排污费收入	环评制度执行率	排污许可证发放数	环保科研课题经费	环保系统实有人数	环境污染信访人数

按照环境规制类型的分类标准							
分类标准	命令控制型环境规制				经济激励型环境规制		自愿意识型环境规制	
衡量指标	受理环境行政处罚案件	两会环境提案数	环境影响评价制度执行率	"三同时"执行合格率	单位GDP排污费收入	单位GDP环保科研课题费	环保系统实有人数	"三废"综合利用产值占GDP的比重

资料来源：彭星，李斌．不同类型环境规制下中国工业绿色转型问题研究［J］．财经研究，2016，42（7）：134-144．

3）控制变量。考虑到可能会影响产业升级的其他影响因素，本节主要选择以下四个因素：①地区经济发展水平。一个地区的经济发展水平越高，越有助于企业集聚资源开展创新活动，提升企业的创新水平，促进产业转型升级（陈德敏和张瑞，2012）。采用剔除价格因素的实际人均GDP来计算。②人力资本水平。人力资本是影响环境规制和技术进步的重要因素（吴丰华和刘瑞明，2013）。采用各地区平均受教育年限来衡量，计算公式为：（小学受教育人数×6+初中受教育人数×9+高中受教育人数×12+大学受教育人数×16）/总受教育人数。③外商直接投资（FDI）。FDI能够利用竞争效应、溢出效应和关联效应等方式直接影响地区的产业结构的变迁（程中华等，2017）。江西省是我国华东地区主要的交通枢纽省份之一，承接了来自不同国家和地区的外商投资，所以把FDI这个解释变量代入模式中是比较合适的。把实际外商投资额占GDP的比例当作FDI的主要代理变量，其中，实际外商投资额采用当年的美元平均汇率转换为人民币计算。④技术创新。技术创新是产业升级的根本动力，创新活动的开展有助于推动产业向高新技术方向转变，进而使产业结构向更高层次的方向转变，从而促进产业转型。使用各地区每年的发明专利授权量来表示技术创新指标。

（3）环境规制综合评价指数。对于环境规制的测度，相比使用单项指标衡量法，多个指标综合衡量的方法能够更科学、更全面地反映环境规制强度的内部结构。所以，采用熵值法来计算命令型、激励型和自愿型三种环境规制类型的综合指标，以衡量环境规制效应（张崇辉等，2013）。那么，采用熵值法计算的具体步骤如下：

1）原始数据标准化处理：

$$x'_{\theta ij} = \frac{x_{\theta ij} - \overline{x}_j}{s_j} \tag{6-2}$$

$$x'_{\theta ij} = \frac{\overline{x}_j - x_{\theta ij}}{s_j} \tag{6-3}$$

其中，公式（6-2）表示正向指标，公式（6-3）表示逆向指标。$x_{\theta ij}$ 表示第 θ 年 i 城市 j 项指标的数值，$x'_{\theta ij}$ 表示标准化值，$\overline{x}_j$ 表示第 j 项指标的平均值，s_j 表示第 j 项指标的标准差。

2）第 θ 年 i 城市 j 项指标占该指标比重（$y_{\theta ij}$）。

$$y_{\theta ij} = \frac{z_{\theta ij}}{\sum_{\theta} \sum_{i} z_{\theta ij}} \tag{6-4}$$

其中，$\theta = 1, 2, \cdots, r$；$i = 1, 2, \cdots, n$；$j = 1, 2, \cdots, m$。$z_{\theta ij} = x'_{\theta ij} + A$，对 $x'_{\theta ij}$ 标准化值平移 A 个单位，避免 $x'_{\theta ij}$ 负值的出现，影响下一步信息熵的运算。

3）指标信息熵（e_j）：

$$e_j = -k\left[\sum_{\theta} \sum_{i} y_{ij} \ln(y_{\theta ij}) \right] \tag{6-5}$$

其中，$k > 0$，$k = \frac{1}{\ln(rn)}$。

4）第 j 项指标的权重（w_j）：

$$w_j = \frac{g_j}{\sum_{j} g_j} \tag{6-6}$$

其中，g_j 为第 j 项指标的差异系数，$g_j = 1 - e_j$。

5）第 θ 年 i 城市的环境规制效应综合得分（$H_{\theta i}$）：

$$H_{\theta i} = \sum_{j=1} x_{\theta ij} \tag{6-7}$$

其中，$x_{\theta ij}$ 表示 θ 年 i 城市的环境规制效应综合指数得分，$x_{\theta ij} = y_{\theta ij} \times w_i$。

4．实证检验结果与分析

（1）数据来源及描述性统计。原始数据主要源于历年《江西统计年鉴》、《城市统计年鉴》及江西省生态环境厅的官网所公布的报告和数据（《江西省生态环境状况公报》、《江西省生态环境统计年报》），为了避免异方差问题的产生，对部分数据进行了取对数处理。另外，为了提高数据的可信度，对部分缺失和遗漏数据通过采用均值插值法、趋势分析法等进行了填补，样本变量的描述性统计具体如表6-3所示。

表6-3 主要变量的描述性统计

变量	指标	均值	标准差	最大值	最小值
CY	第三产业增加值与第二产业增加值之比	0.9490461	0.4388162	3.012906	0.4133076

续表

变量	指标	均值	标准差	最大值	最小值
ER	熵值法综合评价指数	0.1371005	0.0970501	0.6906621	0.0326018
ML	工业废水排放达标率	4.526867	0.0758676	4.599555	3.811539
JL	环保投资额	9.016173	1.579897	12.30511	4.092677
ZY	上访批次	5.169255	0.3326905	6.253829	4.644391
GDP	实际人均 GDP	10.3519	0.775022	11.61953	8.276649
HR	平均受教育年限	0.0165231	0.0263578	0.1169826	0.0014012
FDI	实际外商投资额占 GDP 的比重	3.250069	2.064736	9.607724	0.14474
Tech	专利授权量	3.451837	1.887286	7.6153	0

（2）多重共线性检验。进一步地，为了检测各解释变量之间是否具有多重共线性，对其进行了方差膨胀因子 VIF 检验，结果如表 6-4 所示。

表 6-4　各解释变量的方差膨胀因子 VIF 检验

解释变量	VIF	1/VIF
ER	3.62	0.276322
ML	1.23	0.812495
JL	2.89	0.346468
ZY	3.77	0.265430
GDP	2.20	0.453793
HR	2.50	0.400721
FDI	1.88	0.532889
Tech	2.83	0.353745
均值	2.48	0.460978

由表 6-4 可知，所有解释变量中最大的 VIF 值为 3.77，均值为 2.48，远小于 10，故可以初步判断解释变量之间不存在多重共线性，所使用的估计方法不会产生严重的偏差。

（3）动态 GMM 回归结果及分析。为处理动态面板模型的内生性问题，使用系统 GMM（也称 SYS-GMM）进行估计。实际上，面板数据 GMM 估计法一般由差分 GMM 估计法和系统 GMM 评估法组成，两者的主要区别在于差分 GMM 估计法易造成弱工具变量问题的发生，而系统 GMM 评估法不但能够弥补差分 GMM 估计法的缺陷，还能够增加模型中工具变量的个数，从而解决内生性的难题。因此，本节参考张建和李占风（2020）的做法，采用一步系统 GMM 方法，对所建立的动态面板模型进行参数估计。同时，为了避免异方差问题对模型造成的不良影响，进行了稳健标准误处理。鉴于本节所选取样本有限，以及综合考虑到异方差和序列相关问题，还采用了两步系统 GMM

估计法（吴丰华和刘瑞明，2013）进行处理。此外，运用 Sargan 统计量检验工具变量是否满足过度识别的约束条件，结果表明并不存在过度识别的问题。另外，根据 Bond（2002）的研究成果，为了确定一步系统 GMM 估计结果的有效性，使用了 OLS 法和 FE 估计方法对动态面板模型进行了估计，估计的所有回归结果如表 6-5 所示。

表 6-5　系统 GMM 回归结果

变量	模型 1	模型 2	模型 3	模型 4	模型 5	模型 6
	系统 GMM	系统 GMM	系统 GMM	系统 GMM	OLS	FE
L. CY	0.554***	0.559***	0.542***	0.543***	0.766***	0.516***
	(0.0488)	(0.0492)	(0.0514)	(0.0519)	(0.0484)	(0.0647)
ER	0.0234	0.0678	0.0261	0.0262	0.0475	−0.0595
	(0.374)	(0.377)	(0.380)	(0.389)	(0.361)	(0.385)
ML	−0.899*	−0.958*	−1.142*	−1.143*	−0.854*	−1.051*
	(0.627)	(0.633)	(0.652)	(0.654)	(0.469)	(0.620)
JL	0.0200	0.0222	0.0281	0.0281	0.0190	0.0159
	(0.0252)	(0.0254)	(0.0261)	(0.0262)	(0.0216)	(0.0239)
ZY	−0.157	−0.245*	−0.231*	−0.231	−0.0269	−0.126
	(0.130)	(0.137)	(0.138)	(0.143)	(0.108)	(0.131)
GDP	−0.0480	−0.0896*	−0.0790	−0.0784	−0.0249	−0.0540
	(0.0489)	(0.0529)	(0.0532)	(0.0691)	(0.0368)	(0.0687)
HR		5.129**	4.728*	4.729*	−0.315	4.482
		(2.414)	(2.439)	(2.451)	(1.070)	(4.165)
FDI			0.0231	0.0231	0.00340	0.0186
			(0.0189)	(0.0190)	(0.0126)	(0.0195)
Tech				−0.000264	0.0134	0.0189
				(0.0204)	(0.0172)	(0.0214)
常数项	5.629*	6.669**	7.217**	7.216**	4.265*	6.007**
	(2.886)	(2.952)	(2.997)	(3.019)	(2.199)	(2.907)
样本量	154	154	154	154	154	154

注：***、**、*分别表示在 1%、5%、10% 水平上显著，括号内数据为标准误。

从表 6-5 可以看出，一步系统 GMM 中被解释变量滞后一期项的影响系数均介于 FE 估计（0.516）和 OLS 估计（0.766）之间，表明了一步系统 GMM 滞后一期项的影响系数均在 1% 的水平上显著为正，说明产业结构升级具有累积性和持续性的特点，进一步说明构建动态面板模型进行分析是必要的。核心解释变量环境规制的综合评价指标（ER）的影响系数为正，但在统计学上不显著。究其原因，可能是表征环境规制的评价指标的三种类型的环境规制（命令型、激励型和自愿型环境规制）

的综合作用的结果,其中,命令型环境规制均在10%的水平上显著为负;激励型环境规制的影响系数为正,但统计学上并不显著;自愿型环境规制的影响系数为负,但除在模型2和模型3中在10%的水平上显著外,其余都不显著。这表明江西省的环境规制在总体上并没有对产业结构升级产生作用,但具体来看,江西省的命令型环境规制抑制了产业升级;激励型环境规制促进了产业结构升级,但这种作用效果是非常微妙的;自愿型环境规制对产业升级的抑制作用有限。

结合江西省省情来看,其成因大概可以归纳为:首先,命令控制型环境规制政策工具为达到环保目的采取了强制性手段,而这些强制性手段(如要求企业增加治污设备等)对江西这个经济欠发达地方而言,很可能大大增加了企业生产运营的成本和经济负担,而且随着这种政策执行期限的延长,"一刀切"的排污标准剥夺了企业选择减排方法的自由,如果环境规制实施的严厉程度不合理,很可能还会进一步加重企业的经济负担,最终不利于产业结构升级。其次,如果激励型环境规制能够合理地运用市场力量对环境资源进行有效控制和配置,并充分激励企业根据自身的实际情况自主选择减排方法以达到减排的目的,最终能为产业结构调整带来正面的促进作用。但由于江西省的碳排放交易尚不成熟(邹艳芬等,2021),市场化的激励型环境规制并没有发挥作用。最后,虽然自愿型环境规制不具备强制性的约束力,但对于产业结构的升级仍能起到一定的推动作用,然而由于当前江西省内关于环境知识的宣传教育工作还很欠缺,公众环保的积极性和意识远远不够,另外,有关公众监督企业违规排污和其他污染环境行为的法律法规和规章制度还不完善,再加上公众普遍对监督的渠道和手段不知情等,使得自愿型环境规制的功能并未被充分地发挥。

5. 稳健性检验

本节主要从两个方面(考察期和异常值)展开稳健性检验:其一,为了尽量减少由研究样本的时间段(考察期)的选择带来的误差,采取剔除首尾两年的样本数据,即剔除2003年和2017年的数据后,再将2004~2016年的样本量进行重新估计;其二,为了克服被解释变量即产业升级CY出现异常值或者非随机性模型的偏误等对预测结果的干扰,分别剔除了1%的产业升级CY极大值和极小值(双边1%缩尾处理)后,再对样本量进行重新估计。以上两种方式估计的结果如表6-6和表6-7所示,不难发现,稳健性检验的结果和基准回归的结论基本一致,说明此前的判断是可信的,回归方程也是有效稳健的。

表6-6 稳健性回归结果(剔除首尾两年的样本)

变量	模型1	模型2	模型3	模型4	模型5	模型6
	系统 GMM	系统 GMM	系统 GMM	系统 GMM	OLS	FE
L. CY	0.420*** (0.0555)	0.427*** (0.0561)	0.424*** (0.0578)	0.420*** (0.0584)	0.743*** (0.0546)	0.571*** (0.0737)

续表

变量	模型1	模型2	模型3	模型4	模型5	模型6
	系统GMM	系统GMM	系统GMM	系统GMM	OLS	FE
ER	0.181	0.231	0.225	0.194	0.202	0.0810
	(0.388)	(0.392)	(0.394)	(0.402)	(0.395)	(0.420)
ML	−2.356***	−2.365***	−2.407***	−2.378***	−1.263**	−1.593*
	(0.783)	(0.789)	(0.810)	(0.810)	(0.568)	(0.847)
JL	0.0173	0.0175	0.0190	0.0184	0.0180	0.0108
	(0.0272)	(0.0274)	(0.0281)	(0.0281)	(0.0244)	(0.0269)
ZY	−0.123	−0.207	−0.205	−0.193	−0.0652	−0.133
	(0.136)	(0.147)	(0.147)	(0.150)	(0.120)	(0.147)
GDP	−0.0754	−0.109*	−0.107*	−0.126*	−0.0417	−0.0662
	(0.0558)	(0.0598)	(0.0603)	(0.0755)	(0.0418)	(0.0791)
HR		4.174	4.068	3.954	−0.0367	5.250
		(2.554)	(2.600)	(2.612)	(1.221)	(6.368)
FDI			0.00581	0.00606	0.00585	0.0184
			(0.0226)	(0.0225)	(0.0141)	(0.0232)
Tech				0.0103	0.00843	0.0142
				(0.0244)	(0.0215)	(0.0264)
常数项	12.48***	13.21***	13.35***	13.33***	6.510**	8.703**
	(3.628)	(3.683)	(3.739)	(3.735)	(2.697)	(3.972)
样本量	132	132	132	132	132	132

注：***、**、*分别表示在1%、5%、10%水平上显著，括号内数据为标准误。

表6-7 稳健性回归结果（剔除1%的CY极大值和极小值）

变量	模型1	模型2	模型3	模型4	模型5	模型6
	系统GMM	系统GMM	系统GMM	系统GMM	OLS	FE
L.CY	0.726***	0.710***	0.767***	0.756***	0.867***	0.739***
	(0.0567)	(0.0593)	(0.0692)	(0.0698)	(0.0512)	(0.0729)
ER	0.282	0.202	0.276	0.253	0.248	0.193
	(0.486)	(0.501)	(0.514)	(0.510)	(0.434)	(0.474)
ML	−0.246*	−0.153*	−0.327*	−0.327*	−1.025**	−0.860*
	(0.547)	(0.556)	(0.578)	(0.573)	(0.400)	(0.531)
JL	0.0108	0.0154	0.0129	0.0109	0.0101	0.00823
	(0.0228)	(0.0239)	(0.0243)	(0.0241)	(0.0200)	(0.0217)
ZY	−0.0350	−0.129	−0.101	−0.104	−0.0737	−0.155
	(0.133)	(0.162)	(0.164)	(0.163)	(0.113)	(0.133)

变量	模型 1	模型 2	模型 3	模型 4	模型 5	模型 6
	系统 GMM	系统 GMM	系统 GMM	系统 GMM	OLS	FE
GDP	−0.0134	−0.0407	−0.0123	−0.0482	−0.00626	−0.0315
	(0.0405)	(0.0469)	(0.0477)	(0.0617)	(0.0313)	(0.0598)
HR		2.643	2.400	2.666	0.129	2.807
		(2.023)	(2.095)	(2.087)	(0.922)	(3.714)
FDI			−0.000608	0.000446	−0.00988	0.00458
			(0.0193)	(0.0192)	(0.0115)	(0.0177)
Tech				0.0158	0.0134	0.0179
				(0.0175)	(0.0143)	(0.0181)
常数项	1.570*	1.857*	−0.796*	−0.439*	5.095***	5.061**
	(2.522)	(2.568)	(2.733)	(2.735)	(1.916)	(2.524)
样本量	144	142	140	140	140	140

注：***、**、*分别表示在1%、5%、10%水平上显著，括号内数据为标准误。

本节使用江西省 2003~2017 年 11 个地级市面板数据进行实证检验，研究发现命令型环境规制均在 10% 的水平上显著为负；激励型环境规制的影响系数为正，但统计学上并不显著；自愿型环境规制的影响系数为负，除在模型 2 和模型 3 中在 10% 的水平上显著外，其余都不显著。这意味着江西的环境规制政策在总量上并不会对产业升级造成影响，具体而言，江西的命令型环境规制抑制了产业升级；激励型环境规制推动了产业结构转型升级，但是这个效果是非常微妙的；而自愿型环境规制对产业升级的抑制作用有限。据此，提出以下对策和建议。

首先，应制定适宜强度的命令型环境规制政策。过于强硬的命令型环境规制政策会适得其反，让产业结构调整受阻，即"政策失灵"，应当把握好命令型环境规制政策的力度（鄢德奎，2019）。其次，大力发挥激励型环境规制政策的促进作用，进一步建立健全市场激励型环境规制体系，完善与环境规制生态补偿机制相关的政策法规基础等。最后，加强对环境保护知识的宣传教育力度，逐步增强公民群众的环保意识，提高环境保护组织和公民群众参加环境保护的积极性，构建和健全公民群众参加环境保护监督的制度体系，疏通公民监督途径，共同实现保护环境与升级产业结构的目标。

二、空间异质性效应

环境规制对产业升级的异质性除体现在不同类型环境规制对产业升级的异质性研究外，还体现在环境规制对产业升级的空间异质性研究。

（一）机理分析

对于环境规制对产业升级的空间影响关系，学者们议论纷纷，莫衷一是。通过对文献进行梳理，大致可将两者之间的关系归纳为以下三种观点：

一是促进作用。例如，郑金铃（2016）发现，邻近地区将会竞相效仿环境规制的策略，而环境规制对邻近地区的产业结构具有正向的溢出效应，能够倒逼邻近地区的产业升级。李晓英（2018）选用空间计量法研究了 FDI、环境规制和产业升级之间的关系，结果表明环境规制优化了 FDI 对产业结构的影响。

二是抑制作用。例如，李强和丁春林（2019）通过对长江经济带城市群的研究发现，若选取静态面板模型，则环境规制会抑制产业升级；若选取空间杜宾模型，本地区及邻近地区环境规制水平的提高将会阻碍长江经济带城市群产业转型升级。游达明等（2019）整合了财政分权与环境规制，并在此基础上进行了空间检验，最终确定财政分权下的环境规制不利于地区产业升级。袁嘉琪和卜伟（2017）则利用空间计量模型对京津冀城市群的环境规制的影响进行分析，得到其环境规制也不利于产业结构升级的结论。

三是不确定性作用。例如，杨骞等（2019）选用了空间计量模型，分别研究环境规制对产业结构高级化和产业结构合理化的影响，结果显示，在不考虑空间效应下，环境规制能够倒逼产业结构高级化和合理性；但考虑了空间效应，环境规制对产业结构合理化与产业结构高级化分别具有正向的空间溢出效应和负向的空间溢出效应。高明和陈巧辉（2019）指出，不同类型的环境规制对我国产业升级的影响具有空间异质性，具体来说，我国东部区域自愿型环境规制并没有对产业结构升级产生显著的激励作用，命令型、激励型环境规制对产业升级的影响则依次呈现倒 N 形、N 形的趋势变化，不同类型的环境规制之间存在差异性，对其产业升级的影响效应也会有所不同。

综上所述，由于各个地区的经济发展状况、经济内部的产业结构等不同，导致不同区域、不同类别的环境规制影响效应具有异质性。另外，可持续发展和区域协同理论指出，各个地区之间应该达到经济、人们生活水平和社会关系的和谐发展，地区间的差异应逐渐缩小。但是，鉴于中国区域广阔，受经济社会制度的影响，各区域间的发展极不均衡，对环境规制作用于产业结构调整的程度与方向存在显著的异质性。此外，由于各个地区之间的经济活动密切，如果不考虑空间性可能会导致结果偏差，与实际不符。且由于环境规制政策在空间结构上具有显著的正向溢出效应（闫文娟等，2012），地区环境保护效率收敛具有很大的空间结构关联性和依赖性，空间结构溢出效应更为突出。所以，一方面，考虑到了环境规制政策工具的异质性（刘玉凤和高良谋，2020），本节将环境规制分成命令控制型、市场激励型和自愿型三种类别；另一方面，考虑到区域产业结构的升级与溢出效应，本节利用空间杜宾模型对 2000～2017 年江西省 11 个地级市的面板数据进行分析，并给出相应的政策建议。

（二）空间计量模型设定

Le Sage 和 Pace（2009）提出的空间杜宾模型（Spatial Durbin Model，SDM）同时具备因变量和自变量的空间滞后项，反映空间效应比较完整。因此，参照张优智和乔宇鹤（2021）的做法，选择空间杜宾模型来研究环境规制对产业结构升级的影响，构建模型如下：

$$CY_{it} = \alpha_0 + \alpha_1 \ln DER_{it} + \alpha_2 \ln X_{it} + \rho_1 W_{ij} \ln DER_{it} + \rho_2 \sum W_{ij} \ln X_{it} + \varepsilon_{it} \qquad (6-8)$$

其中，i、j 表示地级市，t 表示年份；CY_{it} 表示被解释变量产业升级；DER_{it} 表示核心解释变量，指三种不同类型的环境规制 ML_{it}、IER_{it}、ZY_{it}，分别代表命令控制型环境规制、市场激励型环境规制及自愿型环境规制；X_{it} 表示一系列控制变量，W_{ij} 表示空间权重矩阵；$W_{ij} \ln DER_{it}$ 表示解释变量的空间滞后项，即 $W_{ij} \ln ML_{it}$、$W_{ij} \ln IER_{it}$、$W_{ij} \ln ZY_{it}$；α_0 表示常数项，ε_{it} 表示随机扰动项（无空间自相关的误差项），α_1、α_2、ρ_1、ρ_2 表示变量系数。

在进行空间计量分析时，选取恰当的空间权重矩阵是一项关键步骤，空间计量研究中常常使用的有邻接、地理距离和经济距离三种空间权重矩阵。本节选择邻接矩阵，若地级市 i 和地级市 j 有共同边界，则 $W_{ij} = 1$，若地级市 i 和地级市 j 没有共同边界，则 $W_{ij} = 0$。其中，W_{ij} 是一个 11×11 的矩阵，行与列均对应相应的地级市，对角线上元素均为 0。

（三）变量选择及数据说明

1. 被解释变量

出于统计数据的可获得性，采用第三产业与第二产业增加值之间的比例关系来对产业升级的水平加以测度。

2. 解释变量

命令控制型（ML）、市场激励型（IER）和自愿型环境规制（ZY），本节采用环保系统实有人数占就业人数的比重来衡量命令控制型环境规制，参考高明和陈巧辉（2019）的做法，采用环境污染治理投资与 GDP 的比值来衡量市场激励型环境规制，采用上访批次与总人口的比值来衡量自愿型环境规制。

3. 控制变量

选取政府财政干预、经济发展水平、人力资本水平、外商直接投资和技术创新作为控制变量。由于本节的控制变量与前文大致相同，此处不再赘述，只解释政府干预（GI）。鉴于江西省各地级市的自然资源禀赋、经济的发展规模以及产业结构不同，并且受地方官员提拔晋升机制和地方政府财政分权制度的制约，以地方经济增长方式为基础的政府绩效考核体系，导致了各级政府在对环境规制政策的具体实施过程中体现出了明显的差异性，规制政策执行的严厉程度和工具本身的差异对产业结构的影响效应体现出了鲜明的地域差异性。此外，因为行政官员的政绩追求不同（胡珺等，2019），各个地方进行环境规制的方法产生差异，不同的规制政策工具手段使得环境规制对产业升级的作用效果产生差异。因此，以地方一般预算财政支出来衡量政府干预。

综上所述，模型中所涉及的指标如表6-8所示。

表6-8 变量的说明

变量名称	变量符号	指标
产业升级	CY	第三产业增加值与第二产业增加值之比值
命令控制型环境规制	ML	环保系统实有人数占就业人数的比重
市场激励型环境规制	IER	环境污染治理投资额占GDP比重
自愿型环境规制	ZY	上访批次
政府干预	GI	一般预算财政支出（万元）
经济发展水平	GDP	实际人均GDP
人力资本水平	HR	平均受教育年限
外商直接投资	FDI	实际外商投资额占GDP的比重
技术创新	Tech	专利授权量

本节使用江西省2003~2017年11个地级市面板数据进行实证检验。原始数据主要源于历年《江西统计年鉴》、《城市统计年鉴》及江西省统计局、江西省生态环境厅网站上所公布的报告和数据。

（四）产业结构优化升级的空间相关性检验

1. 空间权重矩阵

空间数据和时间序列数据的根本差异主要体现于观测对象在地理空间上关联的排列特征，这些空间结构关联可通过确定某个空间结构关联矩阵来反映。一般来说，空间连接矩阵既能够利用空间数据的拓扑性质（如邻接性）来构建，也可以通过空间矩阵来构建。

这些地理现象一般都具备空间自关联性特征，相距越近的两个事物之间越是接近，这一特征也是空间结构统计分布的基础。空间结构自相关性分析方法一般包含了全程空间自相关分析方法和局部区域空间自相关分析方法，空间自相关分析方法的结论可用来说明和找出实际存在的空间结构的聚集性或焦点。空间自相关分析方法所要求的空间数据种类一般为点或面统计数据，分析方法的研究对象一般为具备点或面分布特性的特定属性。全程空间自相关用于分析方法在全部研究区域内给定的特征属性能否具备自相关性。局部区域空间自相关用于分析方法在一定的局部区域位置给定的特征属性能否具备自相关性。具备了正自相关的特征属性时，其在邻近位置数值和当前位置的数值之间存在着很大的相似性。Moran's I 是分析空间自相关应用最广泛的指数。

地理事物在空间中的此起彼伏过程与相互作用都是借助其相互作用关系才能得以进行，空间权重矩阵是传载这一相互作用过程的主要实现方式。所以，建立空间权重矩阵是探讨空间自相关理论的主要前提条件之一。空间数据中所蕴含的拓扑信息，提供了空间邻近的一般度量。在这里，对江西省 11 个地级市，定义一个二元对称空间权重矩阵，表达形式如下：

$$W_{ij} = \begin{bmatrix} W_{11} & W_{12} & \cdots & W_{1,11} \\ W_{21} & W_{22} & \cdots & W_{2,11} \\ \vdots & \vdots & \vdots & \vdots \\ W_{11,1} & W_{11,2} & \cdots & W_{11,11} \end{bmatrix} \tag{6-9}$$

根据邻接标准，W_{ij} 表示江西省的地级市 i（i = 1，2，…，11）与 j（j = 1，2，…，11）的邻近关系，当地级市 i 和地级市 j 相邻时，空间权重矩阵的元素 W_{ij} 为 1，其他情况为 0，表达式如下：

$$W_{ij} = \begin{cases} 1, & \text{地级市 i 与 j 相邻} \\ 0, & \text{地级市 i 与 j 不相邻} \end{cases} \tag{6-10}$$

作为样本的 11 个地级市（南昌市、九江市、赣州市、鹰潭市、宜春市、新余市、萍乡市、吉安市、抚州市、上饶市、景德镇市），依据相关资料，相应的空间加权矩阵列举如表 5-1 所示。

2. Moran's I 指数

空间计量模型需建立在样本数据之间有空间关联性的基础上，Moran's I 是常用来计算空间自相关性的方法之一（Moran，1950），本节通过 Moran's I 指数对产业结构合理化和产业结构高度化的空间相关性进行衡量和判定，具体如表 6-9 所示。

表 6-9　Moran's I 指数的判定

Moran's I 的值	含义
正值且统计学上显著	说明数据之间具有正向的空间相关性，也即在一定范围内各位置的值相似
负值且统计学上显著	说明数据之间具有负向的空间相关性，也即在一定范围内各位置的值不相似
接近于 0	说明数据之间的空间分布是完全随机的，并无空间关联性

（五）实证结果及分析

1. 描述性统计

为了避免异方差问题的产生，对部分数据进行了取对数处理。另外，为了提高数据的可信度，对部分缺失和遗漏数值通过采用回归填补法或者同类均值插值法等进行了填补，样本变量的描述性统计具体如表 6-10 所示。

表 6-10　主要变量的描述性统计

变量	指标	均值	标准差	最大值	最小值
CY	第三产业增加值与第二产业增加值之比	0.9490461	0.4388162	3.012906	0.4133076
ML	环保系统实有人数占就业人数的比重	1.508367	0.7955254	4.405286	0.2159827
IER	环保投资占 GDP 的比重（%）	0.7418567	0.8894457	5.726518	0.0038518
ZY	上访批次	188.0242	85.94808	520	104
GI	一般预算财政支出（万元）	12.49562	1.237794	15.37067	9.776393
GDP	实际人均 GDP	10.3519	0.775022	11.61953	8.276649
HR	平均受教育年限	0.0165231	0.0263578	0.1169826	0.0014012
FDI	实际外商投资额占 GDP 的比重	3.250069	2.064736	9.607724	0.14474
Tech	专利授权量	3.451837	1.887286	7.6153	0

2. 空间特征分析

本节利用 Kernel 核密度函数分析产业结构升级及不同类型环境规制的空间异质性，运用 Moran's I（莫兰指数）解析产业结构升级和不同类型环境规制的空间关联性。

（1）动态演变过程分析。Kernel 核密度估计方法通过分析所研究对象曲线图的动态变化，揭示所选取变量的动态演变过程。本节对江西省 11 个地级市的产业结构升级和 3 种不同类型的环境规制进行 Kernel 核密度估计，试图反映产业结构升级和不同类型环境规制的动态空间演变过程。

产业结构升级的动态空间演变过程如图 6-1 所示，不难看出，2003~2015 年产业结构升级的核密度函数分布曲线中心稍向左移，2015~2017 年产业结构升级的核密度函数分布曲线的中心逐渐向右移动，说明 2015 年以后各地区产业结构向高水平升级，产业结构存在一些波动。且在样本考察期内，产业结构升级的核密度分布曲线存在明显的向右拖尾现象，表明江西省 11 个地级市中产业结构水平较高的地市的产业结构呈现升级趋势，拉大了与产业结构的平均水平的差距。

命令型环境规制的动态空间演变过程如图 6-2 所示，不难发现，在样本考察期内，命令型环境规制的核密度函数分布曲线的中心基本保持一致，仅有 2003 年向左移动，而 2017 年向右移动，表明江西省各地市的命令型环境规制实施的强度变化不明显。2003~2017 年分布曲线的主峰高度除在 2017 年稍向右移及 2003 年向左偏移外，其余基本呈现微弱的下降趋势，而主峰宽度则逐渐缩小，表明江西省各地级市的命令型环境规制的强度的绝对差距呈现逐渐变小的趋势。

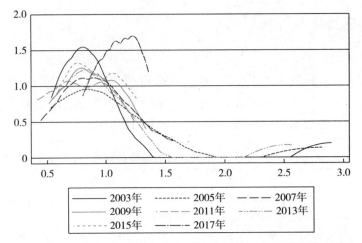

图6-1 江西省11个地级市产业结构升级的核密度函数分布曲线

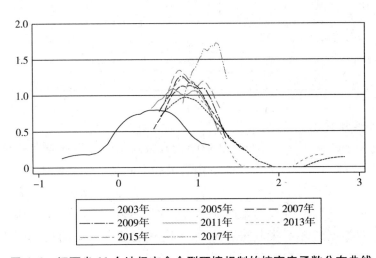

图6-2 江西省11个地级市命令型环境规制的核密度函数分布曲线

激励型环境规制的动态空间演变过程如图6-3所示，从中可以看出，2003~2017年激励型环境规制的核密度函数分布曲线的中心逐渐向右移动，说明江西省各地级市激励型环境规制实施强度逐渐增强。另外，2003~2015年分布曲线主峰峰值逐渐下降，而2015年后主峰峰值逐渐上升，主峰峰值呈现先下降后上升的趋势，同时主峰宽度在2015年前后两个阶段呈现先增大后缩小的趋势，表明江西省各地级市之间的激励型环境规制的绝对差距呈现出先扩大后缩小的趋势。

自愿型环境规制的动态空间演变过程如图6-4所示，从中可以看出，2003~2013年自愿型环境规制核密度函数分布曲线的中心逐渐向左移动，2013~2017年则逐渐向右移动，表明江西省各地级市自愿型环境规制实施强度先减弱后增强。在样本期内，分布曲线的主峰峰值逐渐增高，而主峰宽度呈现逐渐缩小的趋势，表明江西省各地级市之间自愿型环境规制的绝对差距有逐渐缩小的倾向。

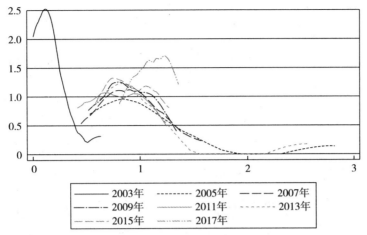

图6-3 江西省11个地级市激励型环境规制的核密度函数分布曲线

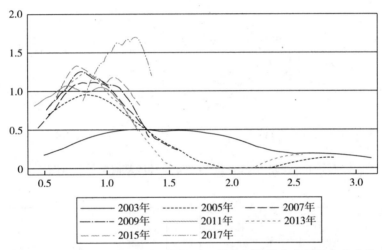

图6-4 江西省11个地级市自愿型环境规制的核密度函数分布曲线

（2）空间自相关检验。采用局部莫兰指数Ⅰ（Moran's I）开展局部自相关检验，检验样本期内产业结构升级及三种不同类型的环境规制的空间相关性，受篇幅限制，选取邻接权重矩阵下样本期的首尾两年（2003年和2017年）予以呈现，产业结构升级莫兰散点图具体如图6-5所示，命令型环境规制莫兰散点图具体如图6-6所示，激励型环境规制莫兰散点图具体如图6-7所示，自愿型环境规制莫兰散点图具体如图6-8所示。

从图6-5中不难看出，2003年多数地级市处于第三象限，表明产业结构升级之间存在正向的空间关联；到2017年，多数城市则位于第二和第四象限，这意味着产业结构升级之间存在负向的空间关联。

从图6-6中不难看出，2003年和2017年，江西省大多数地级市都位于第二和第四象限，表明命令型环境规制之间存在负空间相关性。

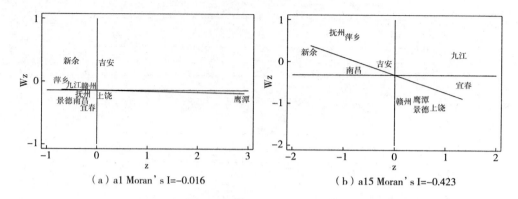

（a）a1 Moran's I=-0.016　　　　　　（b）a15 Moran's I=-0.423

图6-5　2003年和2017年产业结构升级莫兰散点图

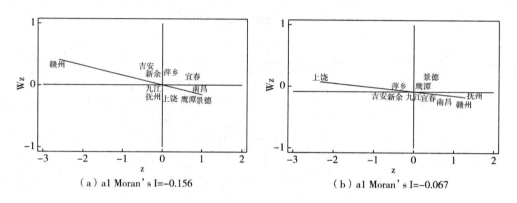

（a）a1 Moran's I=-0.156　　　　　　（b）a1 Moran's I=-0.067

图6-6　2003年和2017年命令型环境规制莫兰散点图

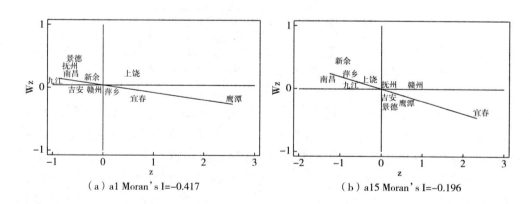

（a）a1 Moran's I=-0.417　　　　　　（b）a15 Moran's I=-0.196

图6-7　2003年和2017年激励型环境规制莫兰散点图

如图6-7所示，2003年，江西省大多数地级市位于第二象限，到2017年，大多数地级市位于第二和第四象限，表明激励型环境规制之间存在负相关性。

如图6-8所示，2003年和2017年，江西省大多数地级市都位于第二和第四象限，表明自愿型环境规制之间也存在明显的负相关性。

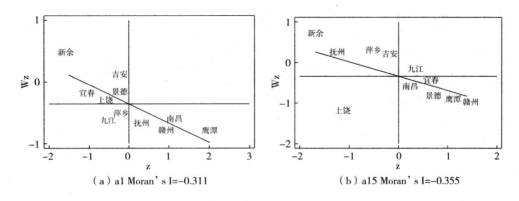

（a）a1 Moran's I=-0.311　　　　　　　（b）a15 Moran's I=-0.355

图6-8　2003年和2017年自愿型环境规制莫兰散点图

3. 空间杜宾模型分析

图6-5至图6-8的空间自相关检验表明主要变量存在空间聚集特征，为选取比较恰当的模型进行相关性检验，分别对三个模型进行 Hausman 检验，判断是固定效应（FE）还是随机效应（RE）的效果更优，估计结果具体如表6-11所示。

表6-11　Hausman 检验估计结果

变量	模型（1）		模型（2）		模型（3）	
	FE	RE	FE	RE	FE	RE
lnML	0.2004*** (0.0466)	0.2043*** (0.0477)	—	—	—	—
lnIER	—	—	0.0173 (0.0255)	0.0060 (0.0265)	—	—
lnZY	—	—	—	—	-0.1970 (0.1259)	-0.3886** (0.1267)
lnGI	-0.2373** (0.0888)	-0.1179 (0.0826)	-0.2209** (0.0917)	-0.0915 (0.0869)	-0.2277** (0.0937)	-0.0495 (0.0864)
lnGDP	-0.6856*** (0.1180)	-0.4790*** (0.1269)	-0.5559*** (0.1265)	-0.3555** (0.1268)	-0.6348*** (0.1273)	-0.3732** (0.1275)
lnHR	0.1303 (0.0913)	0.1012 (0.0817)	0.1021 (0.0955)	0.0671 (0.0838)	0.1065 (0.0974)	0.0935 (0.0841)
lnFDI	0.0302 (0.0433)	0.0298 (0.0485)	0.0466 (0.0444)	0.0512 (0.0515)	0.0672 (0.0452)	0.0660 (0.0515)
lnTech	-0.0953 (0.0736)	-0.0513 (0.0758)	-0.0704 (0.0767)	-0.0111 (0.0820)	-0.0640 (0.0794)	-0.0192 (0.0833)
_cons	—	2.2057 (1.6636)	—	2.5051 (1.8068)	—	4.8125* (2.6330)

续表

变量	模型（1）		模型（2）		模型（3）	
	FE	RE	FE	RE	FE	RE
WlnML	−0.1875 ** （0.0829）	−0.3344 *** （0.0761）	—	—	—	—
WlnIER	—	—	0.1399 *** （0.0416）	0.1086 ** （0.0355）	—	—
WlnZY	—	—	—	—	0.0805 （0.3595）	−0.2227 （0.3159）
WlnGI	−0.0339 （0.3063）	0.5937 *** （0.1737）	−0.4177 （0.3044）	0.3048 （0.1906）	−0.3831 （0.3370）	0.4336 ** （0.1897）
WlnGDP	−0.4060 （0.2745）	−0.2778 （0.2391）	−0.3834 （0.2875）	−0.0936 （0.2520）	−0.4623 （0.3011）	−0.1948 （0.2531）
WlnHR	−0.1560 （0.1493）	−0.1787 （0.1143）	−0.0920 （0.1576）	−0.1450 （0.1237）	−0.1629 （0.1596）	−0.1482 （0.1252）
WlnFDI	0.2898 *** （0.0811）	0.1537 ** （0.0738）	0.2388 ** （0.0859）	0.0593 （0.0806）	0.2923 *** （0.0876）	0.1232 （0.0798）
WlnTech	−0.2200 （0.1413）	0.0235 （0.1231）	−0.2625 * （0.1469）	0.0242 （0.1330）	−0.3324 ** （0.1589）	−0.0671 （0.1366）
rho	−0.1179 （0.1374）	0.1417 （0.1191）	−0.2095 （0.1379）	0.0796 （0.1255）	−0.2031 （0.1383）	0.0347 （0.1284）

注：***、**、*分别表示在1%、5%、10%水平上显著，括号内数据为标准误。

表6-11的模型（1）、模型（2）和模型（3）为三种不同环境规制类型对产业结构升级影响的空间计量结果。针对模型（1），经过 Hausman 检验结果发现，χ^2（6）= 0.07，且 P>0.5，在1%的水平上显著，不能拒绝原假设，使用随机效应模型更为合适；对于模型（2）来说，Hausman 检验结果表明，χ^2（6）= −4.85，当出现这种 Hausman 检验统计量为负值时，认为原假设不成立，选择固定效应模型更合理；针对模型（3），Hausman 检验结果显示，χ^2（6）= 47.47，对应 P = 0.0000，在1%的水平上显著，拒绝原假设，应当使用固定效应模型。因此，对模型（1）中的随机效应，以及模型（2）、模型（3）中的固定效应，进行分析说明。

由表6-8可知，模型（1）、模型（2）和模型（3）中三类环境规制对产业结构升级影响的回归系数存在一定的差异，除激励型环境规制的回归系数与其空间滞后项的回归符号相同外，命令型环境规制和自愿型环境规制的回归系数均与其空间滞后项的回归符号相反，表明激励型环境规制对本地和邻地的影响基本相同，而命令型和自愿型环境规制对本地和邻地的影响不同。命令型环境规制的回归系数在1%的统计学水平上显著为正，但其空间滞后项在1%的统计学水平上显著为负；激励型环

境规制的回归系数没能通过显著性检验，而其空间滞后项在1%的统计学水平上显著
为正；自愿型环境规制的回归系数及其空间滞后项均没能够通过显著性检验。因而，
对于本地产业结构升级的作用而言，命令型环境规制和激励型环境规制是促进作用，
自愿型环境规制是阻碍作用，但只有命令型环境规制的促进作用是显著的，其中，
命令型环境规制的作用最大。邻地命令型环境规制实施强度的增大对本地产业结构
升级是显著的负向空间溢出作用，邻地的激励型环境规制水平的提高对本地产业结
构升级具有显著的正向空间溢出效应，邻地自愿型环境规制实施强度的增大对本地
产业升级有正向的空间溢出效应，在统计学上并不显著，其中，命令型环境规制的
作用最大。

结合江西省的省情，可能的原因是：第一，命令控制型环境规制通过强制性手
段达到环境保护的目的，当地方污染治理压力较大时，地方政府迫于环保压力会减
少固定资产投资，增加环境污染治理投资，特别是加大对"三高"污染企业的环保
投资，所以在命令型环境规制实施初期可能会取得一定成效，有利于产业结构升级。
当邻地地区命令型环境规制实施强度增大时，邻地可能将一些重污染企业转移到本
地，从而不利于本地产业结构升级。第二，由于江西省碳市场交易不完善等，没能
发挥出市场激励型环境规制的作用，对产业升级的促进作用微乎其微。而当邻地的
激励型环境规制实施强度增大时，意味着邻地将加大对市场环境合理配置的力度，
这便于本地"搭便车"的行为，从而有利于本地产业结构升级。第三，由于江西省
有关环保知识的宣传教育不够、公众保护环境的积极性和意识不足等，致使自愿型
环境规制的作用未被挖掘，而这种现象在江西省各地级市相差无几，故邻地的自愿
型环境规制实施强度的增大对本地产业升级几乎没有起到作用。

三、结论与政策建议

本章使用江西省2003~2017年11个地级市面板数据进行实证检验，将环境规制
分为命令型、激励型和自愿型环境规制，选用空间杜宾模型分析三类环境规制影响
产业结构升级的差异。研究表明，对于本地产业结构升级的影响而言，命令型环境
规制和激励型环境规制能够倒逼本地产业升级，自愿型环境规制会抑制本地产业升
级，只有命令型环境规制对产业升级的影响在统计学上是显著的，而且命令型环境
规制的影响最大。邻地命令型环境规制水平的提高对本地产业结构升级起着显著的
负向空间溢出作用，邻地的激励型环境规制水平的提高对本地产业结构升级的空间
效应在统计学上显著为正，邻地自愿型环境规制水平的提高对本地产业升级的空间
效应是正向的，在统计学上并不显著，其中，命令型环境规制的作用最大。因此，

提出如下几点政策建议：

第一，应依据不同环境规制在推动产业升级过程中的差异，深刻认识各种环境规制的优缺点，根据江西省具体省情选取最恰当的环境规制类型，而并不以环境规制实施强度的强弱来判断环境规制政策的优劣，应科学组合多种环境规制政策工具，充分发挥不同环境规制类型优点的同时达到优势互补，争取实现环境规制政策工具组合效果最大化。

第二，由于命令型环境规制的强制性最强，可以在短时间内取得较为明显的实施效果，但同时随着时间的推移，实施效果难以长时间维持，应积极发挥激励型环境规制的作用，健全市场体系支撑的相关交易，完善环境保护及碳市场交易等的相关法律法规，为企业进行排污权交易等创造良好的条件（任胜钢等，2019；史丹和李少林，2020）。应多鼓励群众和媒体对地方政府、地方官员环境规制政策的制定和实施情况进行监督，使公众或舆论参与到环境保护的监督和执行当中来，产生促进作用，使得环境保护真正落到实处。

第三，在选择环境规制工具时还应认真考虑空间溢出效应。区域内部不统一的环境规制政策的实施强度可能会造成"搭便车"的行为发生，所以，需要通过构建和健全区域环境规制政策的统筹协调机制，各区域达成共识选用适当的环境规制的政策工具组合和执行力度，争取在对本区域产业升级产生积极影响的同时，最大限度地有益于邻地产业升级，减少"搭便车"的行为，引导产业转型升级。

第七章
政策建议与展望

一、主要结论

本书从江西省省情出发，研究了环境规制对江西省产业升级的驱动效应和形成机制，主要结论具体如下。

（一）驱动效应研究

1. 基于政府视角

从政府视角出发，选取江西省 2000~2017 年 11 个地级市的相关面板数据，将政府行为因素（如财政不平衡、财政分权等）纳入到"环境规制—产业升级"的框架中构建计量经济模型，为环境规制如何影响产业升级提供有力的证据，主要得到以下结论：

（1）环境规制是影响产业结构升级的最重要的原因之一，并且这种关系在产业结构高级化与合理化之间存在差异性。具体而言，环境规制显著促进了江西省产业结构合理化，而抑制了江西省产业结构高级化，不过这种影响效果有限。

（2）地方政府行为是环境规制发挥作用的关键条件。一般包括：①地方官员绩效考核压力越大，越有利于地方环境规制效能的发挥，从而倒逼地方产业结构转型升级；②财政平衡度越高，地方政府可使用的财政资源就越多，可供运用的财政空间越大，就越有余力支援地方环境保护工作，显著地倒逼了江西省产业结构合理化，但对江西省产业结构高级化的效力却非常微弱；③地方政府的财力越充足，越可能合理制定和执行地方环境规制政策，助推地方产业转型升级，只可惜这种促进效果是非常微妙的。

2. 基于行业视角

从行业视角（产业技术复杂度）出发，推导环境规制影响产业升级的数理模型，构建区域城市特征与产业层面特征交互作用的回归模型，并选取江西省 2004～2015 年 11 个地级市的地区及行业面板数据进行实证分析。研究指出，在产业发展进行到一定时期后，较严格的环境规制政策并没能够调动企业的创造热情，也没有起到优化产业资源配置的效果，因此不利于产业结构合理化；但是，当产业发展到了某个时期，较严格的环境规制政策反而能调动其技术创新的热情，有助于产业向高层次发展，从而有利于产业结构高级化。

此外，产业结构升级还受到一些外部因素的影响。一方面，人力资本禀赋越丰裕的地区，越能发挥产业结构合理化上的优势，而自然资源禀赋状况越丰裕、基础设施越完善的地区，越不利于产业结构合理化，江西省没能打破"资源诅咒"。另一方面，自然资源禀赋越丰裕的地区，越不利于产业结构高级化，这可能与江西大部分地区仍然利用"资源红利"发展经济的实情有关。

3. 基于企业视角

选取 2005～2009 年的江西省工业企业统计数据，并基于江西在"十一五"时期环境规制力度增强的实际，以此准自然实验来探讨环境规制对江西产业结构升级的影响。结果表明江西省环境规制力度的加强抑制了企业转型升级，至少在考察期内如此。此外，环境规制力度的加大并没有带动江西省国有企业的转型升级，环境规制力度的加强也没能推动江西省规模大些的企业的转型升级。进一步研究发现，环境规制既不能推动非国有企业的转型升级，也显著地抑制了国有企业的转型升级等。

（二）形成机制研究

1. 直接影响效应

通过构建面板模型，采集 2000～2017 年江西省 11 个地级市的相关数据，为江西省环境规制与产业结构升级的关系提供合乎现实的经济解释。第一，江西省环境规制和产业结构合理化之间呈现 U 形的曲线关系，即环境规制强度低于阈值时会阻碍产业升级，超过阈值后反而有利于产业升级。第二，江西省环境规制和产业结构高级化之间呈现倒 U 形的曲线关联。也就是说，当环境规制的水平低于某个阈值时，环境规制强度的增大有利于产业结构高级化；当环境规制的水平高于某个阈值时，环境规制强度的增大反而不利于产业结构高级化，且这种抑制作用占据上方。第三，人均收入不利于产业升级，且在统计学上影响显著；外商直接投资（FDI）则能够倒逼产业升级，且在统计学上影响显著；城镇化水平和人口的快速增长，能够倒逼产业结构高级化，但却抑制了产业结构合理化。

2. 间接影响效应

通过构建面板模型，采集 2001～2016 年江西省 11 个地级市的相关数据，分别检验环境规制影响产业升级的五个路径，即消费需求、投资需求、自然资源利用状况、技术创新和 FDI。研究结果表明：①通过消费需求，环境规制对产业结构合理化具有显著的抑制作用，而对产业结构高级化的影响间接的促进作用并不显著（即几乎无作用）。②通过投资需求，环境规制对产业结构高级化具有显著的抑制作用，而对产业结构合理化的影响微不足道。③通过自然资源利用状况，环境规制不管对产业结构合理化还是对产业结构高级化皆起到了间接的抑制作用。④环境规制通过技术创新对产业结构合理化和产业结构高级化都产生了间接的倒逼作用。⑤通过 FDI，环境规制对产业升级（产业结构合理化和高级化）具有显著的促进作用。

（三）空间溢出效应研究

选取江西省 11 个地级市 2003～2017 年的面板数据，研究了环境规制对产业升级的影响，重点分析了环境规制的空间溢出效应。通过实证分析得知波特假说的成立条件可能与一个地区的经济发展和产业结构有密切关系，尤其对于江西省这个较不发达的地区来说，其第二产业占比仍然较高，环境规制不一定有助于产业升级，因而波特假说并不是所谓的通用真理。本书从不考虑空间效应和考虑空间效应两方面入手，在这两种情形下，环境规制对产业结构升级的影响作用存在一定的差别，得到的主要结论如下。

首先，在不考虑空间效应的情形下，江西省环境规制都在 1% 的统计学水平上显著为正，因此可以倒逼产业结构升级；江西人力资源的影响不容小觑，也是在 1% 的统计学水平上显著为正值，能够促进产业升级；但资源禀赋状况与基础设施则在 1% 统计学水平上显著为负值，一方面说明了江西工业逃不过"资源诅咒"（Auty，1993），优渥的自然资源条件反而成为了当地工业产业发展的绊脚石；另一方面说明至少在样本考察期内江西省的基础设施并不利于产业升级。

其次，事实证明不考虑空间效应时，环境规制对产业升级产生的作用将被放大，因此，非常有必要将空间效应控制起来。在考虑空间溢出效应的情况下，环境规制的强度及空间滞后项系数在固定效应（FE）和随机效应（RE）情况下为负，且在统计学上显著，说明江西省各地级市的环境规制及邻近地级市的污染溢出皆会抑制当地的产业升级，同时意味着江西省各地级市之间的环境规制存在"逐底竞争"的现象，而非"逐顶竞争"。政府干预程度基本在 5% 水平上显著为负，表明江西省政府干预对当地的产业升级具有一定的负向作用。

最后，估计了解释变量环境规制变化的直接效应、空间溢出效应和总效应。即环境规制的直接效应、空间溢出效应和总效应依次在 1%、10% 和 5% 的统计学水平上显著为负值，表明江西省环境规制阻碍了本地的产业升级，这从侧面说明波特假说在江西省地级市层面并不成立，这与伍格致和游达明（2019）、袁晓玲等（2021）的研究结论一致。

（四）异质性研究

1. 不同类型环境规制的异质性

使用江西省 2003～2017 年 11 个地级市面板数据进行实证检验，研究发现命令型环境规制均在10%的水平上显著为负；激励型环境规制的影响系数在统计学上皆不显著为正；自愿型环境规制的影响系数在统计学上皆不显著，除模型2和模型3在10%的水平上显著为负外。这意味着江西的环境规制在整体上并不会对产业结构转型造成影响，但具体而言，江西的命令型环境规制政策抑制了产业结构升级；激励型环境规制则能够推动产业升级，只是这种倒逼作用非常微妙；而自愿型环境规制却抑制了产业升级，虽然这种抑制作用从整体上看也是有限的。

2. 空间异质性

使用江西省2003~2017年11个地级市面板数据进行实证检验，将环境规制分为命令型、激励型和自愿型环境规制，选用空间杜宾模型分析三种环境规制影响产业结构升级的异质性。通过研究表明，对本地产业升级而言，仅有命令型环境规制对产业升级起到显著的促进作用，自愿型环境规制抑制了产业升级，而激励型环境规制虽然也能倒逼产业升级，但这种作用可忽略不计。因而，在这三种规制工具中，命令型环境规制的作用最大。邻地命令型环境规制实施强度的增大对本地产业结构升级是显著的负向空间溢出作用；邻地激励型环境规制水平的提高对本地产业升级表现出正向空间溢出效应，且在统计学上显著；邻地自愿型环境规制水平的提高也表现出正向的空间溢出效应，只是在统计学上并不显著，其中，命令型环境规制的作用最大。

二、政策建议

江西省的经济发展相对于东部沿海地区比较落后，而且相对而言是植被覆盖率高、生态环境较好的地区，通过研究江西省环境规制对产业结构升级的驱动效应和形成机制，为其缓解环境保护和经济发展两者之间的矛盾，从政府、产业和企业三个视角出发提出了如下对策和建议：

（一）政府方面

1. 政府要以多元化环境政策试点为媒介。

江西省政府应不断丰富环境规制政策工具，促进资源和环境管理领域从单一监管向多重治理的转变，发挥不同规制工具的不同作用。一方面，要以生产要素市场化改革为契机，丰富环境财税、生态补偿、绿色金融等经济激励性环境政策，加大区域碳减排的市场激励力度。另一方面，地方政府应以法治和建设美丽中国为最终目标，构建"深绿色"环境监管体系，优化环境管理体系，严格执行环境立法，保护公众的生态话语权，最大限度地减少政府与企业的寻租合谋，促进区域经济的绿色转型。

2. 地方政府应根据各地区经济发展的实际情况精准调控环境政策。

江西省区域经济发展不平衡，为消除"经济杂草"而采取的广泛的"一刀切"的环境监管政策往往注定失败。所以各地级市政府应根据自身经济发展的状况，正视主要的环境问题，并科学估算各自的最大环境承载力。然后，政府必须确定各自环境监管政策的主体、对象、范围、模式、依据和责任，以便根据当地条件和时间适当促进环境领域的精确监管，减小环境监管政策操作的阻力，并提高区域环境政策的经济绩效。

3. 政府应搭建技术创新成果转换平台，加快大数据产业结构升级。

各地级市政府应重视对生态环保理念的宣传，加大对企业的扶持力度，尤其是技术创新方面，倡导企业建立环境科创奖励机制和搭建技术创新成果转换平台，为企业营造良好的技术创新环境，并将环保理念融会贯通于整个生产过程，从而不断提升企业的技术创新水平，减少企业对环境的污染，发挥以企业为主体的环境规制对产业升级的倒逼效应。

4. 中国政府要健全环境保护的政策制度。

在强化中央对地方政府环境资源的有效监控与管理的同时，在地方政绩考核评价中赋予环保绩效目标更多的权力，从而形成中央与地方政府对环境规制政策共同监管的激励机制。同时应当注重地方政府职能行为的协同效应，通过不断完善地方政府官员的晋升制度和考核体系，以鼓励地方政府在谋求经济社会发展的同时，更应具有长远的眼光，兼顾考虑环保问题。

5. 中国政府必须建立不同的环境规制政策工具组合。

一方面，命令型环境规制的水平应控制在适宜的程度。过分强有力的命令型环境规制政策反而会事与愿违，使产业的结构调整受挫，导致"政策失灵"，因此必须掌握好命令型环境规制政策水平的高低。另一方面，应大力发挥激励型环境规制政策的促进作用，进一步建立健全市场激励型环境规制体系，完善与环境规制生态补偿机制相关的政策法规基础等。另外，应当积极发挥公民参与自愿型环境规制的功能，进一步加强对环境保护科学知识的教育与传播力度，增强公民的生态环境保护意识，推动全民监督，逐步形成并健全公民参与型环境监督的机制体系，疏通公民监管途径，争取实现优化产业结构与保护环境的"双赢"目标。

（二）产业方面

第一，江西各地级市应有针对性地制定差异化的环境规制政策，具体根据不同地区不同行业的发展状况，适时动态化地调整环境规制的强度，倒逼出环境规制对产业结构合理化和高级化的作用效应。

第二，江西应制定适宜的人才政策，吸引并留住人才，充分发挥人力资本的倒逼作用，推动江西省产业升级。此外，江西应转变利用"资源红利"发展经济，注重可再生和清洁型资源的开发，优化能源结构，从源头上减少高耗能资源的使用，使江西产业朝着资源节约型、绿色环保型方向发展。

第三，江西应当重视引进外资的投资规模和投资质量，并通过建立适当力度的环境规制，严格限制环境污染密集型公司的进驻，以减轻"污染天堂"作用对环境产生的负作用，从而进一步改善当地的生态环境质量。另外，政府应该积极吸引并引进高新技术产业或外溢效应明显的产业，促进本地产业转型升级。

（三）企业方面

第一，一方面，企业应加大对技术创新的支持力度，重视研发人员的培养，适当提高研发资金，促进产学研的协同，推动技术创新成果的转换并应用到实践中。另一方面，企业应注重优化生产流程、改进生产工艺，将环保意识贯穿整个生产过程，实现清洁生产，减少企业生产过程中的污染及浪费。

第二，企业必须要注重能源结构的合理优化，积极研究和运用无污染和洁净燃料，全面挖掘对风电、太阳能等资源能源的合理开发利用，从根源上降低对高耗能资源燃料的再利用，以促进江西省工业产业朝着资源节约型、绿色环保型的方向发展。

第三，对于欠发达的江西而言，企业应持续推广数字技术的应用，加大对数字化基础设施建设的投入，不仅要增加数字化基础设施的数量，更要提高数字化基础设施的质量，不断提升数字化能力，从而推动江西数字经济的发展，以释放更多的数字红利。

三、创新之处

本书在理论构建的基础上，实证分析了江西省环境规制对产业结构升级的影响，剖析了其影响的形成机理，运用计量经济学方法，提出产业之间协调推进的政策建议。具体来说，有以下几点创新：

（一）研究设计的创新：厘清了环境规制对产业升级影响的形成机制

现有研究对环境规制和产业升级的影响路径研究并不全面，仅仅包含几个方面，并没尽可能地涵盖更多的方面，而且对各种路径之间关系也没有进行细致的划分，因此研究的结论不尽相同。本书通过系统梳理文献，将所有影响路径划分为直接和间接两种类别，具体而言，间接路径包括五种（消费需求、投资需求、自然资源利用状况、技术创新和 FDI），在此基础上综合检验遵循成本假说、创新补偿假说、污染避难假说等经典理论验证环境规制对产业结构升级的具体路径，揭示了两者之间的复杂关系。最后，运用江西省的数据进行分析，丰富了理论的适用性。

（二）研究视角的创新：基于多视角研究环境规制对产业升级的驱动效应

环境规制和产业升级的主体包括政府、行业以及个体企业三个方面，以往研究忽略了主体多样性的事实，忽略了三者的特征对环境规制和产业升级的调节效应。因此本书从三个主体的特征事实出发，将特征变量引入经济模型，考察不同主体特征对环境规制和产业升级之间的调节效应。

（三）研究内容的创新：探讨了环境规制的空间溢出效应

环境规制的空间溢出效应已成为当下研究的热点之一，本书进一步利用江西省内的市级面板数据分析江西省内部环境规制的空间溢出效应的大小和溢出方向。同时，由于环境规制与产业结构调整之间存在双向因果关系，地区环境规制政策，通过作用于成本，影响企业的生存与决策；各地产业对自然资源依赖度和经济发展水平差异会影响当地环境规制政策。内生性问题在已有研究中往往容易被忽略，本书通过合理的方法选择控制变量，避免因为遗漏变量问题，同时选用合适的计量方法即 SYS-GMM 来解决模型内生性问题，以期获得无偏估计，准确揭示环境规制对产业结构变化的真实影响。

四、研究展望

本书主要从中国国情和江西省情入手，比较系统地探讨了环境规制对产业结构升级的驱动效应和形成机理，具备一定的理论分析价值和较宽广的应用前景。但是必须说明的是，因为水平有限，还存有一些不足之处。

第一，江西省市级的较为详细的产业层面和企业层面的官方数据指标由地方统计局公布，往往存在数据质量、统计口径、时序连贯性等方面并没有进行统计适应性处理的问题，且有些指标的数据出现很多缺失值，虽然做了适当的处理，但仍可能存在研究结果与现实情况出现偏差的风险。

第二，由于数据收集有限，对江西省 11 个地级市的环境规制、产业结构等情况的描述还不完整，尤其是环境污染数据，如表征不同类型的环境规制时选用其他指标进行替代，或在实证分析时使用单一的衡量方法（如三种类型环境规制的衡量），而这对研究结论的科学性和建议的有效性至关重要。

第三，伴随着中国国民经济的高速成长和互联网的应用，人工智能、大数据分析、物联网、区块链等科技与中国实体经济的进一步融入，可能在更多的领域培育新的增长点和动能，如共享经济、价值链、绿色低碳、现代供应链、产业链、人力资本服务等（李勇建等，2020）。但本书并未考虑环境规制可能会通过这些新的因素对产业结构升级带来的影响。

除以上不足需进一步研究外，关于环境规制对产业结构升级的影响及形成机制方面的研究还有待探究之处。

（1）需要进一步探索环境规制对产业升级影响路径的关键中间变量。本书研究在对现有相关研究整理和数据分析的基础上，从内、外部的视角及与产业升级关系密切程度，分别选取了需求因素（包含消费需求和投资需求）、自然资源利用状况、技术创新、FDI 五个方面，作为中间影响因素开展了相关理论解析与实证结果检验。本书在已有研究基础上虽然作了进一步的扩展，但因为社会经济的运行仍是个动态的且复杂的体系，加上仍可能存在某些主要影响因素（如企业进入、金融、要素集聚、能源消费、外商直接投资、人力资本水平等）尚未列入考察范畴，这也是未来必须深入研究的方向。

（2）要求更细化研究对象的行业异质性特点。各地方在出台环境规制政策过程中，须全面考虑自身所在的社会经济环境和产业结构特征。受制于变量指标衡量方法等的难度以及数据的可获得性，本书只考察了命令型、激励型和自愿型三种类型环境规制对产业结构升级的异质性和环境规制对产业结构升级的空间异质性，而没有考察工业行业的差异性的影响作用。而鉴于不同的工业行业在资源依赖水平、污染物排放量以及环保政策敏感性上具有一定的差别，为研究工业行业异质性的环境规制对产业升级的影响效应，随着企业绿色数据、企业社会责任、公司治理等信息的进一步公开和披露，基于企业微观数据的细分领域的相关研究成为未来值得探讨的方向。

参考文献

［1］ Auty R M. Sustaining development in mineral economies: The resource curse thesis ［M］. London: Routledge, 1993.

［2］ Barrett S. Self-enforcing international environmental agreements ［J］. Oxford Economic Papers, 1994 (1): 878-894.

［3］ Berkowitz D, Moenius J, Pistor K. Trade, law and product complexity ［J］. Review of Economics and Statistics, 2006, 88 (02): 363-373.

［4］ Berman E, Bui L T M. Environmental regulation and productivity: Evidence from oil refineries ［J］. Review of Economics & Statistics, 2001, 83 (03): 498-510.

［5］ Blair B F, Hite D. The impact of environmental regulations on the industry structure of landfills ［J］. Social Science Electronic Publishing, 2005, 36 (04): 529-550.

［6］ Bokpin G A. Foreign direct investment and environmental sustainability in Africa: The role of institutions and governance ［J］. Research in International Business and Finance, 2017, 39 (part A): 239-247.

［7］ Bond S. Dynamic panel data models: A guide to micro data methods and practice ［J］. Portuguese Economic Journal, 2002 (01): 141-162.

［8］ Boyd G A, McClelland J D. The impact of environmental constraints on productivity improvement in integrated paper plants ［J］. Journal of Environmental Economics and Management, 1999 (02): 121-142.

［9］ Brunnermeier S B, Cohen M. Determinants of environmental innovation in US manufacturing industries ［J］. Journal of Environmental Economics and Management, 2003 (02): 278-293.

［10］ Burton D M, Gomez I A, Love H A. Environmental regulation cost and industry structure changes ［J］. Land Economics, 2011, 87 (03): 545-557.

［11］ Cai X, Lu Y, Wu M. Does environmental regulation drive away inbound foreign direct investment? Evidence from a quasi-natural experiment in China ［J］. Journal of Development Economics, 2016 (123): 73-85.

［12］ Chang, N. Changing industrial structure to reduce carbon dioxide emissions: A Chinese application ［J］. Journal of Cleaner Production, 2015 (01): 40-48.

［13］Chenery, H B, Robinson, S, Syrquin, M. Industrialization and growth: A comparative study ［M］. Cambridge: Oxford University Press, 1986.

［14］Christer L, Martin L. Environmental policy and the location of foreign direct investment in China ［R］. Peking University Working Paper, 2005.

［15］Cole M A, Elliott R J R, Wu S. Industrial activity and the environment in China: An industry－level analysis ［J］. China Economic Review, 2008, 19 （03）: 393-408.

［16］Cole M A, Elliott R J R. Determining the trade－environment composition effect: The role of capital, labor and environmental regulations ［J］. Journal of Environmental Economics and Management, 2003, 46 （03）: 363-383.

［17］Cole M A, Robert J R, Shimamoto K. Industrial characteristics, environmental regulations and air pollution: An analysis of the UK manufacturing sector ［J］. Journal of Environmental Economics and Management, 2005, 50 （01）: 121-143.

［18］Colin C. The conditions of economic progress ［M］. London: Macmillan & Co. Ltd, 1940.

［19］Conrad K. Locational competition under environmental regulation when input prices and productivity differ ［J］. Annals of Regional Science, 2005, 39 （02）: 273-295.

［20］Costinot A. On the origins of comparative advantage ［J］. Journal of International Economics, 2009, 77 （02）: 255-264.

［21］Dagum C. A new approach to the decomposition of the gini income inequality ratio ［J］. Empirical Economics, 1997, 22 （04）: 515-531.

［22］Dasgupta, S, Mody, A, Roy, S. Wheeler, D. Environmental regulation and development: A cross－country empirical analysis ［J］. Oxford Development Studies, 2001, 29 （02）: 173-187.

［23］Dean J M, Lovely M E, Wang H. Are foreign investors attracted to weak environmental regulations? Evaluating the evidence from China ［J］. Journal of Development Economics, 2009, 90 （01）: 1-13.

［24］Ederington J, Levinson A, Minier J. Footloose and pollution-free ［J］. Review of Economics & Statistics, 2005, 87 （01）: 92-99.

［25］Ederington J, Minier J. Is environmental policy a secondary trade barrier? An empirical analysis ［J］. Canadian Journal of Economics, 2003 （36）: 137-154.

［26］Ernst D. Global production networks and industrial upgrading—A knowledge－centered approach ［R］. Economics Study Area Working Papers, 2001.

［27］Feix R D, Miranda S H G, Barros G. Environmental regulation and international trade patterns for agro-industrial under a South-North Perspective ［C］. 12th Congress of the European Association of Agricultural, 2008.

[28] Forster B A. Optimal energy use in a polluted environment [J]. Journal of Environmental Economics and Management, 1980, 7 (04): 321-333.

[29] Fredriksson P G, Millimet D L. Strategic interaction and the determination of environmental policy across U.S. States [J]. Journal of Urban Economics, 2002, 51 (01): 101-122.

[30] Gereffi G, Humphrey J, Sturgeon T. The governance of global value chains [J]. Review of International Political Economy, 2005 (01): 78-104.

[31] Gereffi G. International trade and industrial upgrading in the apparel commodity chain [J]. Journal of International Economics, 1999, 48 (01): 37-70.

[32] Goldar B, Banerjee N. Impact of informal regulation of pollution on water quality in rivers in India [J]. Journal of Environmental Management, 2004, 73 (02): 117-130.

[33] Gollop F M, Roberts M J. Environmental regulations and productivity growth: The case of fossil-fueled electric power generation [J]. Journal of Political Economy, 1983, 91 (04): 654-674.

[34] Gray H, Jefferson, Bai H, Guan X J. R & D performance in Chinese industry [J]. Economics of innovation & New Technology, 2006, 15 (4-5): 345-366.

[35] Gray W B. The cost of regulation: OSHA, EPA and the productivity slowdown [J]. American Economic Review, 1987 (77): 998-1006.

[36] Hausmann R, Rodrik D. Economic development as self-discovery [J]. Journal of Development Economics, 2003.

[37] Hausmann R, Klinger B. The structure of the product space and the evolution of comparative advantage [R]. Cid Working Papers, 2007.

[38] Hidalgo C A, Hausmann R. The building blocks of economic complexity [J]. Proceedings of the National Academy of Sciences, 2009, 106 (26): 10570-10575.

[39] Humphrey J, Schmitz H. How does insertion in global value chains affect upgrading in industrial clusters? [J]. Regional Studies, 2002, 36 (09): 1017—1027.

[40] Jacobsen M Z. Atmospheric pollution: History, science and regulation [M]. New York: Cambridge University Press, 2002.

[41] Jaffe A, Palmer K. Environmental regulation and innovation: A panel data study [J]. Review of Economics and Statistics, 1997 (79): 610-619.

[42] Jefferson G H, Tanaka S, Yin W. Environmental regulation and industrial performance: Evidence from unexpected externalities in China [J]. Social Science Electronic Publishing, 2013.

[43] Jin J, Zou H F. How does fiscal decentralization affect aggregate, national, and

subnational government size？［J］. Journal of Urban Economics, 2004, 52（02）：270-293.

［44］Kathuria R. Competitive priorities and managerial performance：A taxonomy of small manufacturers［J］. Journal of Operations Management, 2000, 18（06）：627-641.

［45］Kheder S B, Zugravu N. Environmental regulation and French firms location abroad：An economic geography model in an international comparative study［J］. Ecological Economics, 2012（77）：48-61.

［46］Lanjouw J O, Mody A. Innovation and the international diffusion of environmentally responsive technology［J］. Research Policy, 1996（25）：549-571.

［47］Lanoie P, Patry M, Lajeunesse R. Environmental regulation and productivity：Testing the porter hypothesis［J］. Journal of Productivity Analysis, 2008, 30（02）：121-128.

［48］Le Sage J, Pace R K. Introduction to spatial econometrics［M］. Chapman and Hall, 2009.

［49］Levinson A, Taylor M S. Unmasking the pollution haven effect［J］. International Economic Review, 2008, 49（01）：223-254.

［50］Lin J Y, Liu Z. Fiscal decentralization and economic growth in China［J］. Economic Development & Cultural Change, 2000, 49（01）：1-21.

［51］Liu W, Tong J, Yue X. How does environmental regulation affect industrial transformation? A study based on the methodology of policy simulation［J］. Mathematical Problems in Engineering, 2016（04）：1-10.

［52］Mazzanti M, Zoboli R. Environmental efficiency and labour productivity：Trade-off or joint dynamics? A theoretical investigation and empirical evidence from Italy using NAMEA［J］. Ecological Economics, 2009, 68（04）：1182-1194.

［53］Millimet D L, Roy S, Sengupta A. Environmental regulation and industry dynamics：Influence on market structure［J］. Annual Review of Resource Economics, 2009, 1（01）：99-117.

［54］Moran P A P. Notes on continuous stochastic phenomena［J］. Biometrika, 1950, 37（1/2）：17-23.

［55］Mulatu A, Gerlagh R, Dan R, et al. Environmental Regulation and Industry Location in Europe［J］. Environmental & Resource Economics, 2010, 45（4）：459-479.

［56］Naughton H T. To shut down or to shift：Multinationals and environmental regulation［J］. Ecological Economics, 2014（102）：113-117.

［57］Nesta L, Vona F, Nicolli F. Environmental policies, competition and innovation in renewable energy［J］. Journal of Environmental Economics and Management, 2014,

67 (03): 396-411.

［58］ Pashigian B P. The effect of environmental-regulation on optimal plant size and factor shares ［J］. The Journal of Law and Economics, 1984, 27 (01): 1-28.

［59］ Poon S C. Beyond the global production networks: A case of further upgrading of Taiwan's information technology industry ［J］. International Journal of Technology & Globalisation, 2004, 1 (01): 130-144.

［60］ Porter, M E, Linde C D. Toward a new conception of the environment-competitiveness relationship ［J］. Journal of Economic Perspectives, 1995, 9 (04): 97-118.

［61］ Porter, M E. America's Green Strategy ［J］. Scientific American, 1991, 264 (04): 168-264.

［62］ Rajan, R., Zingales, L. Financial dependence and growth ［J］. American Economic Review, 1998 (03): 559-586.

［63］ Roodman, David. How to do xtabond2: An introduction to difference and system gMM in stata ［R］. Working Paper No. 103. Washington, Center for Global Development, 2006.

［64］ Rubashkina Y, Galeotti M, Verdolini E. Environmental regulation and competitiveness: Empirical evidence on the Porter Hypothesis from European manufacturing sectors ［J］. Energy Policy, 2015 (83): 288-300.

［65］ Selden T M, Song D. Neoclassical growth, the J curve for abatement, and the inverted U curve for pollution ［J］. Journal of Environmental Economics and Management, 1995, 29 (02): 162-168.

［66］ Shi X, Xu Z. Environmental regulation and firm exports: Evidence from the eleventh five-year plan in China ［J］. Journal of Environmental Economics & Management, 2018, 89: 187-200.

［67］ Smarzynska B K, Wei S J. Corruption and composition of foreign direct investment: Firm-level evidence ［R］. NBER Working Paper, No. 7969.

［68］ Tang J. Testing the pollution haven effect: Does the type of FDI matter? ［J］. Environmental and Resource Economics, 2015, 60 (04): 549-578.

［69］ Testa F, Iraldo T, Frey M. The effect of environmental regulation on firms' competitive performance: The case of the building & construction sector in some EU Regions ［J］. Journal of Environmental Management, 2011, 92 (09): 2136-2144.

［70］ Tobler W R. A computer movie simulating urban growth in the detroit region ［J］. Economic Geography, 1970, 46 (2): 234-240.

［71］ Van Beers, C, Van Den Bergh, J. The impact of environmental policy on foreign trade: Tobey revisited with a bilateral trade flow ［C］. The Tinbergen Institute Discussion Paper, 2000.

［72］Wang Y, Shen N. Environmental regulation and environmental productivity：The case of China ［J］. Renewable and Sustainable Energy Reviews, 2016（62）：758-766.

［73］Wheeler D, Pargal S. Informal regulation of industrial pollution in developing countries：Evidence from Indonesia ［J］. Journal of Political Economy, 1996, 104（06）：1314-1327.

［74］Wu H, Guo H, Zhang B, et al. Westward movement of new polluting firms in China：Pollution reduction mandates and location choice ［J］. Journal of Comparative Economics, 2017, 45（01）：119-138.

［75］Xie R H, Yuan Y J, Huang J J. Different types of environmental regulations and heterogeneous influence on "Green" productivity：Evidence from China ［J］. Ecological Economics, 2017（132）：104-112.

［76］Xu X P. International trade and environment policy：How effective is "eco-dumping"？［J］. Economic Modeling, 2000, 17（01）：71-90.

［77］Zarate-Marco A, Valles-Gimenez J. The cost of regulation in a decentralized context：The case of the Spanish regions ［J］. European Journal of Law & Economics, 2012, 33（01）：185-203.

［78］Zhao X, Liu C, Yang M. The effects of environmental regulation on China's total factor productivity：An empirical study of carbon-intensive industries ［J］. Journal of Cleaner Production, 2018, 179（APR. 1）：325-334.

［79］Zhao X, Sun B. The influence of Chinese environmental regulation on corporation innovation and competitiveness ［J］. Journal of Cleaner Production, 2016, 112（JAN. 20PT. 2）：1528-1536.

［80］Zheng D, Shi M. Multiple environmental policies and pollution haven hypothesis：Evidence from China's polluting industries ［J］. Journal of Cleaner Production, 2017, 141（01）：295-304.

［81］Zhu S, He C. Upgrading in China's apparel industry：International trade, local clusters and institutional contexts ［J］. Post-Communist Economies, 2018（01）：1-23.

［82］Zou Y F, Lu Y H, Cheng Y. The impact of polycentric development on regional gap of energy efficiency：A Chinese provincial perspective ［J］. Journal of Cleaner Production, 2019, 224（Jul. 1）：838-851.

［83］安苑, 王珺. 财政行为波动影响产业结构升级了吗？——基于产业技术复杂度的考察 ［J］. 管理世界, 2012（09）：19-35+187.

［84］白雪洁, 宋莹. 环境规制、技术创新与中国火电行业的效率提升 ［J］. 中国工业经济, 2009（08）：68-77.

［85］白重恩, 钱震杰, 武康平. 中国工业部门要素分配份额决定因素研究 ［J］. 经济研究, 2008（08）：16-28.

[86] 毕茜，于连超．环境税与企业技术创新：促进还是抑制？[J]．科研管理，2019，40（12）：116-125.

[87] 薄文广，徐玮，王军锋．地方政府竞争与环境规制异质性：逐底竞争还是逐顶竞争？[J]．中国软科学，2018（11）：76-93.

[88] 卜伟，易倩．OFDI对我国产业升级的影响研究[J]．宏观经济研究，2015（10）：54-61.

[89] 蔡宁，吴婧文，刘诗瑶．环境规制与绿色工业全要素生产率——基于我国30个省市的实证分析[J]．辽宁大学学报（哲学社会科学版），2014，42（01）：65-73.

[90] 蔡乌赶，李青青．环境规制对企业生态技术创新的双重影响研究[J]．科研管理，2019，40（10）：87-95.

[91] 蔡玉蓉，汪慧玲．产业结构升级对区域生态效率影响的实证[J]．统计与决策，2020，36（01）：110-113.

[92] 曹越，辛红霞，张卓然．新《环境保护法》实施对重污染行业投资效率的影响[J]．中国软科学，2020（08）：164-173.

[93] 柴泽阳，杨金刚，孙建．环境规制对碳排放的门槛效应研究[J]．资源开发与市场，2016，32（09）：1057-1063.

[94] 陈德敏，张瑞．环境规制对中国全要素能源效率的影响——基于省际面板数据的实证检验[J]．经济科学，2012，34（04）：49-65.

[95] 陈林，万攀兵．《京都议定书》及其清洁发展机制的减排效应——基于中国参与全球环境治理微观项目数据的分析[J]．经济研究，2019，54（03）：55-71.

[96] 陈明艺，王璐璐．长三角产业结构升级税负因素研究[J]．上海经济研究，2019（01）：70-80.

[97] 陈晓东，杨晓霞．数字经济发展对产业结构升级的影响——基于灰关联熵与耗散结构理论的研究[J]．改革，2021（03）：26-39.

[98] 程中华，李廉水，刘军．环境规制与产业结构升级——基于中国城市动态空间面板模型的分析[J]．中国科技论坛，2017（02）：66-72.

[99] 崔志坤，李菁菁．财政分权、政府竞争与产业结构升级[J]．财政研究，2015（12）：37-43.

[100] 丁菊红，邓可斌．政府干预、自然资源与经济增长：基于中国地区层面的研究[J]．中国工业经济，2007（07）：56-64.

[101] 杜传忠，张远．数字经济发展对企业生产率增长的影响机制研究[J]．证券市场导报，2021（02）：41-51.

[102] 范庆泉，储成君，高佳宁．环境规制、产业结构升级对经济高质量发展的影响[J]．中国人口·资源与环境，2020，30（06）：84-94.

［103］范庆泉．环境规制、收入分配失衡与政府补偿机制［J］．经济研究，2018，53（05）：14-27.

［104］范玉波，刘小鸽．基于空间替代的环境规制产业结构效应研究［J］．中国人口·资源与环境，2017，27（10）：30-38.

［105］方玲．皖江城市带FDI对环境污染的影响分析［J］．统计与决策，2014（08）：142-144.

［106］方颖，纪衍，赵扬．中国是否存在"资源诅咒"［J］．世界经济，2011，34（04）：144-160.

［107］傅京燕，李丽莎．FDI、环境规制与污染避难所效应——基于中国省级数据的经验分析［J］．公共管理学报，2010a，7（03）：65-74+125-126.

［108］傅京燕，李丽莎．环境规制、要素禀赋与产业国际竞争力的实证研究——基于中国制造业的面板数据［J］．管理世界，2010b（10）：87-98+187.

［109］干春晖，郑若谷，余典范．中国产业结构变迁对经济增长和波动的影响［J］．经济研究，2011（05）：4-16+31.

［110］高明，陈巧辉．不同类型环境规制对产业升级的影响［J］．工业技术经济，2019，38（01）：91-99.

［111］宫汝凯．财政不平衡和房价上涨：中国的证据［J］．金融研究，2015（04）：66-81.

［112］龚海林．环境规制促进产业结构优化升级的绩效分析［J］．财经理论与实践，2013，34（05）：85-89.

［113］郭峰，王靖一，王芳，孔涛，张勋，程志云．测度中国数字普惠金融发展：指数编制与空间特征［J］．经济学（季刊），2020，19（04）：1401-1418.

［114］郭捷，杨立成．环境规制、政府研发资助对绿色技术创新的影响——基于中国内地省级层面数据的实证分析［J］．科技进步与对策，2020，37（10）：37-44.

［115］郭进．环境规制对绿色技术创新的影响——"波特效应"的中国证据［J］．财贸经济，2019，40（03）：147-160.

［116］郭晓蓓．环境规制对制造业结构升级的影响研究——基于路径分析与面板数据模型检验［J］．经济问题探索，2019（08）：148-158.

［117］韩超，刘鑫颖，王海．规制官员激励与行为偏好——独立性缺失下环境规制失效新解［J］．管理世界，2016（02）：82-94.

［118］韩超，桑瑞聪．环境规制约束下的企业产品转换与产品质量提升［J］．中国工业经济，2018（02）：43-62.

［119］韩超，张伟广，冯展斌．环境规制如何"去"资源错配——基于中国首次约束性污染控制的分析［J］．中国工业经济，2017（04）：115-134.

［120］韩健，李江宇．数字经济发展对产业结构升级的影响机制研究［J］．统

计与信息论坛，2022，37（07）：13-25.

[121] 韩晶，陈超凡，冯科．环境规制促进产业升级了吗？——基于产业技术复杂度的视角［J］．北京师范大学学报（社会科学版），2014（01）：148-160.

[122] 韩晶，孙雅雯，陈超凡，蓝庆新．产业升级推动了中国城市绿色增长吗？［J］．北京师范大学学报（社会科学版），2019（03）：139-151.

[123] 韩淑娟．资源禀赋对中国人口城市化发展的影响［J］．中国人口·资源与环境，2014，24（07）：52-58.

[124] 韩永辉，黄亮雄，王贤彬．产业政策推动地方产业结构升级了吗？［J］．经济研究，2017（08）：33-48.

[125] 韩永辉，黄亮雄，王贤彬．产业结构升级改善生态文明了吗？——本地效应与区际影响［J］．财贸经济，2015（12）：129-146.

[126] 韩永辉，黄亮雄，王贤彬．产业结构优化升级改进生态效率了吗？［J］．数量经济技术经济研究，2016，33（04）：40-59.

[127] 何枫，祝丽云，马栋栋，姜维．中国钢铁企业绿色技术效率研究［J］．中国工业经济，2015（07）：84-98.

[128] 何文海，张永姣．环境规制、产业结构调整与经济高质量发展——基于长江经济带 11 省市 PVAR 模型的分析［J］．统计与信息论坛，2021，36（04）：21-29.

[129] 何小钢，张耀辉．中国工业碳排放影响因素与 CKC 重组效应——基于 STIRPAT 模型的分行业动态面板数据实证研究［J］．中国工业经济，2012（01）：26-35.

[130] 胡珺，宋献中，王红建．非正式制度、家乡认同与企业环境治理［J］．管理世界，2017（03）：76-94+187-188.

[131] 胡珺，汤泰劼，宋献中．企业环境治理的驱动机制研究：环保官员变更的视角［J］．南开管理评论，2019，22（02）：89-103.

[132] 胡援成，肖德勇．经济发展门槛与自然资源诅咒——基于我国省际层面的面板数据实证研究［J］．管理世界，2007（04）：15-23+171.

[133] 黄和平，易梦婷，曹俊文，邹艳芬，黄先明．区域贸易隐含碳排放时空变化及影响效应——以长江经济带为例［J］．经济地理，2021，41（03）：49-57.

[134] 黄茂兴，李军军．技术选择、产业结构升级与经济增长［J］．经济研究，2009，44（07）：143-151.

[135] 黄清煌，高明．环境规制对经济绩效影响的实证检验［J］．统计与决策，2018，34（02）：113-117.

[136] 黄清煌，高明．中国环境规制工具的节能减排效果研究［J］．科研管理，2016，37（06）：19-27.

[137] 黄群慧，余泳泽，张松林．互联网发展与制造业生产率提升：内在机制

与中国经验 [J]. 中国工业经济, 2019 (08): 5-23.

[138] 黄日福, 陈晓红. FDI 与产业结构升级: 基于中部地区的理论及实证研究 [J]. 管理世界, 2007 (03): 154-155.

[139] 霍伟东, 李杰锋, 陈若愚. 绿色发展与 FDI 环境效应——从"污染天堂"到"污染光环"的数据实证 [J]. 财经科学, 2019 (04): 106-119.

[140] 纪玉俊, 刘金梦. 环境规制促进了产业升级吗？——人力资本视角下的门限回归检验 [J]. 经济与管理, 2016, 30 (06): 81-87.

[141] 冀刚, 黄继忠. 外部性、产业结构与产业增长——来自中国装备制造业省级面板数据的门槛效应分析 [J]. 上海经济研究, 2018 (02): 37-52.

[142] 贾妮莎, 韩永辉, 邹建华. 中国双向 FDI 的产业结构升级效应: 理论机制与实证检验 [J]. 国际贸易问题, 2014 (11): 109-120.

[143] 江珂, 卢现祥. 环境规制与技术创新——基于中国 1997—2007 年省际面板数据分析 [J]. 科研管理, 2011, 32 (07): 60-66.

[144] 江小国, 张婷婷. 环境规制对中国制造业结构优化的影响——技术创新的中介效应 [J]. 科技进步与对策, 2019, 36 (07): 68-77.

[145] 姜涛. 规制环境、组织特征与企业效率 [J]. 管理学报, 2013, 10 (03): 368-374.

[146] 蒋伏心, 王竹君, 白俊红. 环境规制对技术创新影响的双重效应——基于江苏制造业动态面板数据的实证研究 [J]. 中国工业经济, 2013 (07): 44-55.

[147] 蒋仁爱, 贾维晗. 不同类型跨国技术溢出对中国专利产出的影响研究 [J]. 数量经济技术经济研究, 2019, 36 (01): 60-77.

[148] 颉茂华, 王瑾, 刘冬梅. 环境规制、技术创新与企业经营绩效 [J]. 南开管理评论, 2014, 17 (06): 106-113.

[149] 解垩. 环境规制与中国工业生产率增长 [J]. 产业经济研究, 2008 (01): 19-25+69.

[150] 金碚. 资源环境管制与工业竞争力关系的理论研究 [J]. 中国工业经济, 2009 (03): 5-17.

[151] 金刚, 沈坤荣, 孙雨亭. 气候变化的经济后果真的"亲贫"吗 [J]. 中国工业经济, 2020 (09): 42-60.

[152] 金刚, 沈坤荣. 以邻为壑还是以邻为伴？——环境规制执行互动与城市生产率增长 [J]. 管理世界, 2018, 34 (12): 43-55.

[153] 景普秋, 王清宪. 煤炭资源开发与区域经济发展中的"福"与"祸": 基于山西的实证分析 [J]. 中国工业经济, 2008 (07): 80-90.

[154] 靖学青. 城镇化、环境规制与产业结构优化——基于长江经济带面板数据的实证研究 [J]. 湖南师范大学社会科学学报, 2020, 49 (03): 119-128.

[155] 康志勇, 张宁, 汤学良, 刘馨. "减碳"政策制约了中国企业出口吗

［J］．中国工业经济，2018（09）：117-135.

［156］邝嫦娥，路江林．环境规制对绿色技术创新的影响研究——来自湖南省的证据［J］．经济经纬，2019，36（02）：126-132.

［157］李斌，郭庆．山东省污染密集型产业结构调整对策研究［J］．中国人口·资源与环境，2010，20（06）：98-102.

［158］李斌，吴书胜．城市化进程中贸易开放的碳减排效应［J］．商业经济与管理，2016（03）：22-34.

［159］李长青，姚萍，童文丽．中国污染密集型产业的技术创新能力［J］．中国人口·资源与环境，2014，24（04）：149-156.

［160］李春米，魏玮．中国西北地区环境规制对全要素生产率影响的实证研究［J］．干旱区资源与环境，2014，28（02）：14-19.

［161］李逢春．对外直接投资的母国产业升级效应——来自中国省际面板的实证研究［J］．国际贸易问题，2012（06）：124-134.

［162］李虹，邹庆．环境规制、资源禀赋与城市产业转型研究——基于资源型城市与非资源型城市的对比分析［J］．经济研究，2018，53（11）：182-198.

［163］李敬子，毛艳华，蔡敏容．城市服务业对工业发展是否具有溢出效应？［J］．财经研究，2015，41（12）：129-140.

［164］李玲，陶锋．中国制造业最优环境规制强度的选择——基于绿色全要素生产率的视角［J］．中国工业经济，2012（05）：70-82.

［165］李娜，伍世代，代中强，王强．扩大开放与环境规制对我国产业结构升级的影响［J］．经济地理，2016，36（11）：109-115+123.

［166］李强，丁春林．环境规制、空间溢出与产业升级——来自长江经济带的例证［J］．重庆大学学报（社会科学版），2019，25（01）：17-28.

［167］李强，丁春林．资源禀赋、市场分割与经济增长［J］．经济经纬，2017（03）：129-134.

［168］李强，徐康宁．制度质量、贸易开放与经济增长［J］．国际经贸探索，2017（10）：4-18.

［169］李强．环境规制与产业结构调整——基于Baumol模型的理论分析与实证研究［J］．经济评论，2013（05）：100-107.

［170］李强．产业升级与生态环境优化耦合度评价及影响因素研究——来自长江经济带108个城市的例证［J］．现代经济探讨，2017（10）：71-78.

［171］李强．河长制视域下环境规制的产业升级效应研究——来自长江经济带的例证［J］．财政研究，2018b（10）：79-91.

［172］李强．正式与非正式环境规制的减排效应研究——以长江经济带为例［J］．现代经济探讨，2018a（05）：92-99.

［173］李青原，肖泽华．异质性环境规制工具与企业绿色创新激励——来自上

市企业绿色专利的证据［J］．经济研究，2020，55（09）：192-208.

［174］李邃，江可申，郑兵云．新兴产业与中国产业结构优化升级有序度研究［J］．科学学与科学技术管理，2010，31（12）：115-121.

［175］李眺．环境规制、服务业发展与我国的产业结构调整［J］．经济管理，2013，35（08）：1-10.

［176］李拓晨，丁莹莹．FDI技术溢出对我国高技术产业国际竞争力作用机理研究［J］．现代财经（天津财经大学学报），2013，33（07）：107-116+129.

［177］李小平，余东升，余娟娟．异质性环境规制对碳生产率的空间溢出效应——基于空间杜宾模型［J］．中国软科学，2020（04）：82-96.

［178］李晓英．FDI、环境规制与产业结构优化——基于空间计量模型的实证［J］．当代经济科学，2018，40（02）：104-113+128.

［179］李鑫，杜建国，金帅．环境规制对中国工业全要素生产率影响的实证［J］．统计与决策，2014（13）：124-127.

［180］李娅楠，林军，钱艳俊．环境规制下企业绿色生产决策及技术学习因素影响研究［J］．管理学报，2019，16（05）：721-727.

［181］李毅，胡宗义，何冰洋．环境规制影响绿色经济发展的机制与效应分析［J］．中国软科学，2020（09）：26-38.

［182］李永友，沈坤荣．我国污染控制政策的减排效果——基于省际工业污染数据的实证分析［J］．管理世界，2008（07）：7-17.

［183］李勇建，邓芊洲，赵秀堃，申进忠，王军锋．生产者责任延伸制下的绿色供应链治理研究——基于环境规制交互分析视角［J］．南开管理评论，2020，23（05）：134-144.

［184］李昭华，蒋冰冰．欧盟环境规制对我国纺织品与服装出口的绿色壁垒效应——基于我国四种纺织品与服装出口欧盟11国的面板数据分析：1990～2006［J］．中国工业经济，2009（06）：130-140.

［185］李子豪．地区差异、外资来源与FDI环境规制效应研究［J］．中国软科学，2016（08）：89-101.

［186］李子伦．产业结构升级含义及指数构建研究——基于因子分析法的国际比较［J］．当代经济科学，2014，36（01）：89-98+127.

［187］梁圣蓉，罗良文．国际研发资本技术溢出对绿色技术创新效率的动态效应［J］．科研管理，2019，40（03）：21-29.

［188］廖文龙，董新凯，翁鸣，陈晓毅．市场型环境规制的经济效应：碳排放交易、绿色创新与绿色经济增长［J］．中国软科学，2020（06）：159-173.

［189］林伯强，刘泓汛．对外贸易是否有利于提高能源环境效率——以中国工业行业为例［J］．经济研究，2015，50（09）：127-141.

［190］林伯强，谭睿鹏．中国经济集聚与绿色经济效率［J］．经济研究，

2019，54（02）：119-132.

［191］林伯强，邹楚沅．发展阶段变迁与中国环境政策选择［J］．中国社会科学，2014（05）：81-95+205-206.

［192］林春艳，宫晓蕙，孔凡超．环境规制与绿色技术进步：促进还是抑制——基于空间效应视角［J］．宏观经济研究，2019（11）：131-142.

［193］林玲，赵子健，曹聪丽．环境规制与大气科技创新——以 SO_2 排放量控制技术为例［J］．科研管理，2018，39（12）：45-52.

［194］林秀梅，关帅．环境规制对制造业升级的空间效应分析——基于空间杜宾模型的实证研究［J］．经济问题探索，2020（02）：114-122.

［195］刘和旺，刘博涛，郑世林．环境规制与产业转型升级：基于"十一五"减排政策的 DID 检验［J］．中国软科学，2019（05）：40-52.

［196］刘和旺，刘池，郑世林．《环境空气质量标准（2012）》的实施能否助推中国企业高质量发展？［J］．中国软科学，2020（10）：45-55.

［197］刘和旺，张双．清洁生产政策对我国企业转型升级的影响［J］．湖北大学学报（哲学社会科学版），2019，46（06）：154-163.

［198］刘和旺，郑世林，左文婷．环境规制对企业全要素生产率的影响机制研究［J］．科研管理，2016，37（05）：33-41.

［199］刘慧．环境规制对长三角地区产业结构调整效应研究［J］．商业经济研究，2015（19）：131-133.

［200］刘建民，胡小梅．财政分权、空间效应与产业结构升级——基于 SDM 模型的经验研究［J］．财经理论与实践，2017（01）：116-121.

［201］刘金林，冉茂盛．环境规制对行业生产技术进步的影响研究［J］．科研管理，2015，36（02）：107-114.

［202］刘军，杨渊鋆，张三峰．中国数字经济测度与驱动因素研究［J］．上海经济研究，2020（06）：81-96.

［203］刘满凤，李昕耀．产业转移对地方环境规制影响的理论模型和经验验证——基于我国产业转移的实证检验［J］．管理评论，2018，30（08）：32-42.

［204］刘伟，童健，薛景．行业异质性、环境规制与工业技术创新［J］．科研管理，2017，38（05）：1-11.

［205］刘伟，张辉，黄泽华．中国产业结构高度与工业化进程和地区差异的考察［J］．经济学动态，2008（11）：4-8.

［206］刘希章，李富有，邢治斌．民间投资、公共投资与产业升级效应——基于结构主义增长理论视角［J］．当代经济科学，2017，39（01）：21-29+124-125.

［207］刘玉凤，高良谋．异质性环境规制、地方保护与产业结构升级：空间效应视角［J］．中国软科学，2020（09）：84-99.

［208］刘章生，宋德勇，弓媛媛．中国绿色创新能力的时空分异与收敛性研究

［J］．管理学报，2017，14（10）：1475-1483.

［209］龙小宁，万威．环境规制、企业利润率与合规成本规模异质性［J］．中国工业经济，2017（06）：155-174.

［210］陆旸．从开放宏观的视角看环境污染问题：一个综述［J］．经济研究，2012，47（02）：146-158.

［211］陆旸．环境规制影响了污染密集型商品的贸易比较优势吗？［J］．经济研究，2009（04）：28-40.

［212］陆宇海，邹艳芬．面向碳中和的新能源供给侧发展模式研究［J］．中国发展，2021，21（03）：78-85.

［213］逯进，赵亚楠，苏妍．"文明城市"评选与环境污染治理：一项准自然实验［J］．财经研究，2020，46（04）：109-124.

［214］路正南，罗雨森．中国双向FDI对二氧化碳排放强度的影响效应研究［J］．统计与决策，2020，36（07）：81-84.

［215］吕铁，周叔莲．中国的产业结构升级与经济增长方式转变［J］．管理世界，1999（01）：113-125.

［216］马骏，王改芹．环境规制对产业结构升级的影响——基于中国沿海城市系统广义矩估计的实证分析［J］．科技管理研究，2019，39（09）：163-169.

［217］马丽梅，史丹．京津冀绿色协同发展进程研究：基于空间环境库兹涅茨曲线的再检验［J］．中国软科学，2017（10）：82-93.

［218］马歆，薛天天，Waqas Ali，王继东．环境规制约束下区域创新对碳压力水平的影响研究［J］．管理学报，2019，16（01）：85-95.

［219］马艳艳，张晓蕾，孙玉涛．环境规制激发企业努力研发？——来自火电企业数据的实证［J］．科研管理，2018，39（02）：66-74.

［220］毛建辉，管超．环境规制、政府行为与产业结构升级［J］．北京理工大学学报（社会科学版），2019，21（03）：1-10.

［221］毛建辉，管超．环境规制抑制产业结构升级吗？——基于政府行为的非线性门槛模型分析［J］．财贸研究，2020，31（03）：29-42.

［222］毛建辉．政府行为、环境规制与区域技术创新——基于区域异质性和路径机制的分析［J］．山西财经大学学报，2019，41（05）：16-27.

［223］毛琦梁，王菲．制度环境、技术复杂度与空间溢出的产业间非均衡性［J］．中国工业经济，2020（05）：118-136.

［224］梅国平，龚海林．环境规制对产业结构变迁的影响机制研究［J］．经济经纬，2013（02）：72-76.

［225］慕绣如．环境规制与FDI的非线性关系研究［J］．现代管理科学，2016（03）：70-72.

［226］聂辉华，谭松涛，王宇锋．创新、企业规模和市场竞争：基于中国企业

层面的面板数据分析 [J]. 世界经济, 2008 (07): 57-66.

[227] 聂普焱, 罗益泽, 谭小景. 市场集中度和技术创新对工业碳排放强度影响的异质性 [J]. 产经评论, 2015, 6 (03): 25-37.

[228] 齐绍洲, 林屾, 崔静波. 环境权益交易市场能否诱发绿色创新?——基于我国上市公司绿色专利数据的证据 [J]. 经济研究, 2018, 53 (12): 129-143.

[229] 钱俊生. 可持续发展的理论与实践 [M]. 中国环境科学出版社, 1999.

[230] 钱雪松, 杜立, 马文涛. 中国货币政策利率传导有效性研究: 中介效应和体制内外差异 [J]. 管理世界, 2015 (11): 11-28+187.

[231] 任胜钢, 郑晶晶, 刘东华, 陈晓红. 排污权交易机制是否提高了企业全要素生产率——来自中国上市公司的证据 [J]. 中国工业经济, 2019 (05): 5-23.

[232] 任曙明, 魏梦茹. 财政政策、融资约束与全要素生产率 [J]. 现代财经 (天津财经大学学报), 2015, 35 (06): 28-42.

[233] 邵帅, 齐中英. 西部地区的能源开发与经济增长——基于"资源诅咒"假说的实证分析 [J]. 经济研究, 2008 (04): 147-160.

[234] 沈坤荣, 金刚, 方娴. 环境规制引起了污染就近转移吗? [J]. 经济研究, 2017, 52 (05): 44-59.

[235] 沈坤荣, 周力. 地方政府竞争、垂直型环境规制与污染回流效应 [J]. 经济研究, 2020, 55 (03): 35-49.

[236] 沈能, 刘凤朝. 高强度的环境规制真能促进技术创新吗?——基于"波特假说"的再检验 [J]. 中国软科学, 2012 (04): 49-59.

[237] 沈能. 环境效率、行业异质性与最优规制强度——中国工业行业面板数据的非线性检验 [J]. 中国工业经济, 2012 (03): 56-68.

[238] 时乐乐, 赵军. 环境规制、技术创新与产业结构升级 [J]. 科研管理, 2018, 39 (01): 119-125.

[239] 史贝贝, 冯晨, 康蓉. 环境信息披露与外商直接投资结构优化 [J]. 中国工业经济, 2019 (04): 98-116.

[240] 史丹, 李少林. 排污权交易制度与能源利用效率——对地级及以上城市的测度与实证 [J]. 中国工业经济, 2020 (09): 5-23.

[241] 宋林, 张杨. 创新驱动下制造业的产业转型升级 [J]. 西安交通大学学报 (社会科学版), 2020, 40 (01): 38-47.

[242] 宋马林, 王舒鸿. 环境规制、技术进步与经济增长 [J]. 经济研究, 2013, 48 (03): 122-134.

[243] 宋雯彦, 韩卫辉. 环境规制、对外直接投资和产业结构升级——兼论异质性环境规制的门槛效应 [J]. 当代经济科学, 2021, 43 (02): 109-122.

[244] 孙帅帅, 白永平, 车磊, 乔富伟, 杨雪荻. 中国环境规制对碳排放影响的空间异质性分析 [J]. 生态经济, 2021, 37 (02): 28-34.

［245］孙学敏，王杰．环境规制对中国企业规模分布的影响［J］．中国工业经济，2014（12）：44-56.

［246］孙玉环，刘宁宁，张银花．中国环境规制与全要素生产率关系的区域比较［J］．东北财经大学学报，2018（01）：33-40.

［247］孙玉阳，穆怀中，范洪敏，侯晓娜，张志芳．环境规制对产业结构升级异质联动效应研究［J］．工业技术经济，2020，39（04）：89-95.

［248］孙玉阳，宋有涛，王慧玲．环境规制对产业结构升级的正负接替效应研究——基于中国省际面板数据的实证研究［J］．现代经济探讨，2018（05）：86-91.

［249］孙志东．可持续发展战略导论［M］．中山大学出版社，1997.

［250］唐鹏程，杨树旺．环境保护与企业发展真的不可兼得吗？［J］．管理评论，2018，30（08）：225-235.

［251］田光辉，苗长虹，胡志强，苗健铭．环境规制、地方保护与中国污染密集型产业布局［J］．地理学报，2018，73（10）：1954-1969.

［252］田红彬，郝雯雯．FDI、环境规制与绿色创新效率［J］．中国软科学，2020（08）：174-183.

［253］童健，刘伟，薛景．环境规制、要素投入结构与工业行业转型升级［J］．经济研究，2016，51（07）：43-57.

［254］汪伟，刘玉飞，彭冬冬．人口老龄化的产业结构升级效应研究［J］．中国工业经济，2015（11）：47-61.

［255］王镝，唐茂钢．土地城市化如何影响生态环境质量？——基于动态最优化和空间自适应半参数模型的分析［J］．经济研究，2019，54（03）：72-85.

［256］王锋正，姜涛，郭晓川．政府质量、环境规制与企业绿色技术创新［J］．科研管理，2018，39（01）：26-33.

［257］王国印，王动．波特假说、环境规制与企业技术创新——对中东部地区的比较分析［J］．中国软科学，2011（01）：100-112.

［258］王洪庆，张莹．贸易结构升级、环境规制与我国不同区域绿色技术创新［J］．中国软科学，2020（02）：174-181.

［259］王洪庆．人力资本视角下环境规制对经济增长的门槛效应研究［J］．中国软科学，2016（06）：52-61.

［260］王洪庆．外商直接投资如何影响中国工业环境规制［J］．中国软科学，2015（07）：170-181.

［261］王节祥，蔡宁，盛亚．龙头企业跨界创业、双平台架构与产业集群生态升级——基于江苏宜兴"环境医院"模式的案例研究［J］．中国工业经济，2018（02）：157-175.

［262］王杰，刘斌．环境规制与企业全要素生产率——基于中国工业企业数据的经验分析［J］．中国工业经济，2014（03）：44-56.

［263］王丽霞，陈新国，姚西龙，李晓瑜，张晨涛．我国工业企业对环境规制政策的响应度研究［J］．中国软科学，2017（10）：143-152.

［264］王书斌，徐盈之．环境规制与雾霾脱钩效应——基于企业投资偏好的视角［J］．中国工业经济，2015（04）：18-30.

［265］王文剑，覃成林．地方政府行为与财政分权增长效应的地区性差异——基于经验分析的判断、假说及检验［J］．管理世界，2008（01）：9-21.

［266］王文普．环境规制、空间溢出与地区产业竞争力［J］．中国人口·资源与环境，2013，23（08）：123-130.

［267］王文哲，孔庆洋，郭斌．中部地区环境规制的产业结构调整效应分析［J］．地域研究与开发，2020，39（01）：19-23.

［268］王小宁，周晓唯，张夺．"丝绸之路经济带"国际贸易、环境规制与产业结构调整的实证分析［J］．统计与决策，2017（19）：170-172.

［269］王艳丽，钟奥．地方政府竞争、环境规制与高耗能产业转移——基于"逐底竞争"和"污染避难所"假说的联合检验［J］．山西财经大学学报，2016，38（08）：46-54.

［270］王宇澄．基于空间面板模型的我国地方政府环境规制竞争研究［J］．管理评论，2015，27（08）：23-32.

［271］王云，李延喜，马壮，宋金波．媒体关注、环境规制与企业环保投资［J］．南开管理评论，2017，20（06）：83-94.

［272］卫平，余奕杉．环境规制对制造业产业结构升级的影响——基于省级动态面板数据的系统GMM分析［J］．经济问题探索，2017（09）：144-152.

［273］卫平，张玲玉．不同的技术创新路径对产业结构的影响［J］．城市问题，2016（04）：52-59.

［274］魏玮，毕超．环境规制、区际产业转移与污染避难所效应——基于省级面板Poisson模型的实证分析［J］．山西财经大学学报，2011，33（08）：69-75.

［275］吴非，杜金岷，李华民．财政科技投入、地方政府行为与区域创新异质性［J］．财政研究，2017（11）：60-74.

［276］吴丰华，刘瑞明．产业升级与自主创新能力构建——基于中国省际面板数据的实证研究［J］．中国工业经济，2013（05）：57-69.

［277］吴家曦，李华燊．浙江省中小企业转型升级调查报告［J］．管理世界，2009（08）：1-5+9.

［278］吴军．新经济地理：抽象理论与现实模板——来自中国沿海的证据［J］．经济地理，2014，34（09）：7-12.

［279］吴敏洁，徐常萍，唐磊．环境规制与制造业产业结构升级——影响机理及实证分析［J］．经济体制改革，2019（01）：135-139.

［280］吴伟平，何乔．"倒逼"抑或"倒退"？——环境规制减排效应的门槛特

征与空间溢出 [J]. 经济管理, 2017, 39 (02): 20-34.

[281] 吴义爽. 基于商贸平台型龙头企业战略创业的产业集群升级——以海宁皮革集群为例 [J]. 科研管理, 2016, 37 (07): 54-61.

[282] 伍格致, 游达明. 环境规制对技术创新与绿色全要素生产率的影响机制: 基于财政分权的调节作用 [J]. 管理工程学报, 2019, 33 (01): 37-50.

[283] 席鹏辉. 财政激励、环境偏好与垂直式环境管理——纳税大户议价能力的视角 [J]. 中国工业经济, 2017 (11): 100-117.

[284] 夏海力, 叶爱山. 环境规制的作用效应及其异质性分析——基于我国 285个城市的面板数据 [J]. 城市问题, 2020 (05): 88-96.

[285] 肖兴志, 李少林. 环境规制对产业升级路径的动态影响研究 [J]. 经济理论与经济管理, 2013 (06): 102-112.

[286] 谢靖, 廖涵. 技术创新视角下环境规制对出口质量的影响研究——基于制造业动态面板数据的实证分析 [J]. 中国软科学, 2017 (08): 55-64.

[287] 谢伦裕, 张晓兵, 孙传旺, 郑新业. 中国清洁低碳转型的能源环境政策选择——第二届中国能源与环境经济学者论坛综述 [J]. 经济研究, 2018, 53 (07): 198-202.

[288] 谢婷婷, 郭艳芳. 环境规制、技术创新与产业结构升级 [J]. 工业技术经济, 2016, 35 (09): 135-145.

[289] 谢贞发, 严瑾, 李培. 中国式 "压力型" 财政激励的财源增长效应——基于取消农业税改革的实证研究 [J]. 管理世界, 2017 (12): 46-60+187-188.

[290] 徐开军, 原毅军. 环境规制与产业结构调整的实证研究——基于不同污染物治理视角下的系统 GMM 估计 [J]. 工业技术经济, 2014, 33 (12): 101-109.

[291] 徐敏, 姜勇. 中国产业结构升级能缩小城乡消费差距吗? [J]. 数量经济技术经济研究, 2015, 32 (03): 3-21.

[292] 徐敏燕, 左和平. 集聚效应下环境规制与产业竞争力关系研究——基于 "波特假说" 的再检验 [J]. 中国工业经济, 2013 (03): 72-84.

[293] 徐晔, 陶长琪, 丁晖. 区域产业创新与产业升级耦合的实证研究——以珠三角地区为例 [J]. 科研管理, 2015, 36 (04): 109-117.

[294] 徐盈之, 杨英超, 郭进. 环境规制对碳减排的作用路径及效应——基于中国省级数据的实证分析 [J]. 科学学与科学技术管理, 2015, 36 (10): 135-146.

[295] 许广月. 碳排放收敛性: 理论假说和中国的经验研究 [J]. 数量经济技术经济研究, 2010, 27 (09): 31-42.

[296] 许和连, 钱愈嘉, 邓玉萍. 环境污染与劳动力迁移——基于 CGSS 调查数据的经验研究 [J]. 湖南大学学报 (社会科学版), 2019, 33 (02): 68-76.

［297］薛曜祖．环境规制的产业结构效应：理论与实证分析［J］．统计与信息论坛，2016，31（08）：39-46.

［298］鄢德奎．中国邻避冲突规制失灵与治理策略研究——基于531起邻避冲突个案的实证分析［J］．中国软科学，2019（09）：72-81.

［299］闫文娟，郭树龙，史亚东．环境规制、产业结构升级与就业效应：线性还是非线性？［J］．经济科学，2012（06）：23-32.

［300］杨洪涛，李瑞，李桂君．环境规制类型与设计特征的交互对企业生态创新的影响［J］．管理学报，2018，15（10）：1019-1027.

［301］杨慧梅，江璐．数字经济、空间效应与全要素生产率［J］．统计研究，2021，38（04）：3-15.

［302］杨玲．破解困扰"中国制造"升级的"生产性服务业发展悖论"的经验研究［J］．数量经济技术经济研究，2017，34（07）：73-91.

［303］杨骞，秦文晋，刘华军．环境规制促进产业结构优化升级吗？［J］．上海经济研究，2019（06）：83-95.

［304］杨仁发，郑媛媛．环境规制、技术创新与制造业高质量发展［J］．统计与信息论坛，2020，35（08）：73-81.

［305］殷宝庆．环境规制与我国制造业绿色全要素生产率——基于国际垂直专业化视角的实证［J］．中国人口·资源与环境，2012，22（12）：60-66.

［306］殷宇飞，杨雪锋．环境规制、技术创新与城市产业结构升级——基于113个城市样本数据［J］．江汉论坛，2020（04）：48-55.

［307］尹建华，弓丽栋，王森．失信惩戒与寒蝉效应——来自地区环保处罚记录的经验分析［J］．科研管理，2020，41（01）：254-264.

［308］尹礼汇，孟晓倩，吴传清．环境规制对长江经济带制造业绿色全要素生产率的影响［J］．改革，2022（03）：101-113.

［309］游达明，张杨，袁宝龙．财政分权与晋升激励下环境规制对产业结构升级的影响［J］．吉首大学学报（社会科学版），2019，40（02）：21-32.

［310］于斌斌．金融集聚促进了产业结构升级吗：空间溢出的视角——基于中国城市动态空间面板模型的分析［J］．国际金融研究，2017（02）：12-23.

［311］于连超，张卫国，毕茜．环境税对企业绿色转型的倒逼效应研究［J］．中国人口·资源与环境，2019，29（07）：112-120.

［312］于刃刚．配第—克拉克定理评述［J］．经济学动态，1996（8）：63-65.

［313］余伟，陈强，陈华．环境规制、技术创新与经营绩效——基于37个工业行业的实证分析［J］．科研管理，2017，38（02）：18-25.

［314］余泳泽，孙鹏博，宣烨．地方政府环境目标约束是否影响了产业转型升级？［J］．经济研究，2020，55（08）：57-72.

［315］袁航，朱承亮．西部大开发推动产业结构转型升级了吗？——基于PSM-

DID 方法的检验 [J]. 中国软科学, 2018 (06): 67-81.

[316] 袁嘉琪, 卜伟. 环境规制对北京市产业升级的影响 [J]. 城市问题, 2017 (07): 74-84.

[317] 袁晓玲, 李浩, 邸勍. 环境规制强度、产业结构升级与生态环境优化的互动机制分析 [J]. 贵州财经大学学报, 2019 (01): 73-81.

[318] 袁晓玲, 石时, 李彩娟. 环境规制能够促进创新能力提升吗? [J]. 统计与信息论坛, 2021, 36 (10): 77-85.

[319] 原伟鹏, 孙慧, 闫敏. 双重环境规制能否助力经济高质量与碳减排双赢发展?——基于中国式分权制度治理视角 [J]. 云南财经大学学报, 2021, 37 (03): 67-86.

[320] 原毅军, 陈喆. 环境规制、绿色技术创新与中国制造业转型升级 [J]. 科学学研究, 2019, 37 (10): 1902-1911.

[321] 原毅军, 谢荣辉. 环境规制的产业结构调整效应研究——基于中国省际面板数据的实证检验 [J]. 中国工业经济, 2014 (08): 57-69.

[322] 原毅军, 谢荣辉. 环境规制与工业绿色生产率增长——对"强波特假说"的再检验 [J]. 中国软科学, 2016 (07): 144-154.

[323] 曾国安, 马宇佳. 论 FDI 对中国本土企业创新影响的异质性 [J]. 国际贸易问题, 2020 (03): 162-174.

[324] 张成, 郭炳南, 于同申. 污染异质性、最优环境规制强度与生产技术进步 [J]. 科研管理, 2015, 36 (03): 138-144.

[325] 张成, 陆旸, 郭路, 于同申. 环境规制强度和生产技术进步 [J]. 经济研究, 2011, 46 (02): 113-124.

[326] 张崇辉, 苏为华, 曾守桢. 基于 CHME 理论的环境规制水平测度研究 [J]. 中国人口·资源与环境, 2013, 23 (01): 19-24.

[327] 张峰, 宋晓娜, 董会忠. 粤港澳大湾区制造业绿色竞争力指数测度与时空格局演化特征分析 [J]. 中国软科学, 2019 (10): 70-89.

[328] 张华, 冯烽. 非正式环境规制能否降低碳排放?——来自环境信息公开的准自然实验 [J]. 经济与管理研究, 2020, 41 (08): 62-80.

[329] 张建, 李占风. 对外直接投资促进了中国绿色全要素生产率增长吗——基于动态系统 GMM 估计和门槛模型的实证检验 [J]. 国际贸易问题, 2020 (07): 159-174.

[330] 张娟. 资源型城市环境规制的经济增长效应及其传导机制——基于创新补偿与产业结构升级的双重视角 [J]. 中国人口·资源与环境, 2017, 27 (10): 39-46.

[331] 张宁; 张维洁. 中国用能权交易可以获得经济红利与节能减排的双赢吗? [J]. 经济研究, 2019, 54 (01): 165-181.

[332] 张平, 张鹏鹏, 蔡国庆. 不同类型环境规制对企业技术创新影响比较研究 [J]. 中国人口·资源与环境, 2016 (04): 8-13.

[333] 张琦, 郑瑶, 孔东民. 地区环境治理压力、高管经历与企业环保投资——一项基于《环境空气质量标准 (2012)》的准自然实验 [J]. 经济研究, 2019, 54 (06): 183-198.

[334] 张文彬, 张理芃, 张可云. 中国环境规制强度省际竞争形态及其演变——基于两区制空间 Durbin 固定效应模型的分析 [J]. 管理世界, 2010 (12): 34-44.

[335] 张彦彦. 我国地区产业升级动态差异解释及其影响因素分析 [J]. 经济问题探索, 2021 (05): 108-123.

[336] 张优智, 乔宇鹤. 不同类型环境规制对产业结构升级的空间效应研究——基于空间面板杜宾模型的实证分析 [J]. 生态经济, 2021, 37 (06): 66-73.

[337] 张忠杰. 环境规制对产业结构升级的影响——基于中介效应的分析 [J]. 统计与决策, 2019, 35 (22): 142-145.

[338] 赵丽娟, 张玉喜, 潘方卉. 政府 R&D 投入、环境规制与农业科技创新效率 [J]. 科研管理, 2019, 40 (02): 76-85.

[339] 赵爽, 李萍. 环境规制、政府行为与产业结构演进——基于省级面板数据的经验分析 [J]. 生态经济, 2016, 32 (10): 36-39+50.

[340] 赵涛, 张智, 梁上坤. 数字经济、创业活跃度与高质量发展——来自中国城市的经验证据 [J]. 管理世界, 2020, 36 (10): 65-76.

[341] 郑加梅. 环境规制产业结构调整效应与作用机制分析 [J]. 财贸研究, 2018, 29 (03): 21-29.

[342] 郑金铃. 分权视角下的环境规制竞争与产业结构调整 [J]. 当代经济科学, 2016, 38 (01): 77-85+127.

[343] 郑石明. 环境政策何以影响环境质量？——基于省级面板数据的证据 [J]. 中国软科学, 2019 (02): 49-61+92.

[344] 郑晓舟, 郭晗, 卢山冰. 双重环境规制与产业结构调整——来自中国十大城市群的经验证据 [J]. 云南财经大学学报, 2021, 37 (03): 1-15.

[345] 钟茂初, 李梦洁, 杜威剑. 环境规制能否倒逼产业结构调整——基于中国省际面板数据的实证检验 [J]. 中国人口·资源与环境, 2015, 25 (08): 107-115.

[346] 周长富, 杜宇玮, 彭安平. 环境规制是否影响了我国 FDI 的区位选择？——基于成本视角的实证研究 [J]. 世界经济研究, 2016 (01): 110-120+137.

[347] 周济. 可持续发展理论与实践 [M]. 厦门大学出版社, 1999.

［348］朱金生，李蝶．技术创新是实现环境保护与就业增长"双重红利"的有效途径吗？——基于中国34个工业细分行业中介效应模型的实证检验［J］．中国软科学，2019（08）：1-13.

［349］朱平芳，张征宇，姜国麟．FDI与环境规制：基于地方分权视角的实证研究［J］．经济研究，2011，46（06）：133-145.

［350］邹艳芬，陆宇海，方瑄．江西省环境规制对碳排放的影响研究［M］．徐州：中国矿业大学出版社，2021：23-35.

［351］邹艳芬，魏晓平．能源矿产资源跨期优化配置机制研究［M］．徐州：中国矿业大学出版社，2017：5-17.

［352］邹艳芬．区域能源消费行为的时空差异及其驱动机制研究［M］．北京：经济管理出版社，2014：2-12.